高等职业教育财经类**名校精品**规划教材

U0887492

FINANCE
BASIC SKILL

财经
基本技能

陆兴凤 主编
薛春燕 何全庚 副主编

人民邮电出版社
北京

图书在版编目（CIP）数据

财经基本技能 / 陆兴凤主编. -- 北京 : 人民邮电出版社, 2016.4(2017.8重印)
高等职业教育财经类名校精品规划教材
ISBN 978-7-115-41776-3

Ⅰ. ①财… Ⅱ. ①陆… Ⅲ. ①会计－高等职业教育－教材 Ⅳ. ①F23

中国版本图书馆CIP数据核字(2016)第038797号

内容提要

本书依托直观的财经工作所必需的基本技能，采用项目化设计，将财经基本技能划分为财经数字书写技能、验钞与点钞技能、键盘输入技能、传票录入技能、计算机开票及网络抄报税技能、会计凭证的整理与装订技能6大项目，在每个项目中又将知识内容细分为各个任务单元。每个项目都设有学习目标、项目描述、能力训练、项目导入、多个任务和项目小结。每个任务单元在讲授基本知识和技能后，都附有该技能训练的要求和考核参考标准。

本书既可作为高等职业教育相关课程的教材，也可作为财会人员的岗位培训教材，还可作为财会工作者和经营管理人员的参考用书。通过本书的学习，读者可以深入了解财经工作所必须具备的基本技能。

◆ 主　　编　陆兴凤
副 主 编　薛春燕　何全庚
责任编辑　李育民
责任印制　张佳莹　焦志炜

◆ 人民邮电出版社出版发行　　北京市丰台区成寿寺路11号
邮编　100164　　电子邮件　315@ptpress.com.cn
网址　http://www.ptpress.com.cn
固安县铭成印刷有限公司印刷

◆ 开本：787×1092　1/16
印张：11.5　　2016年4月第1版
字数：277千字　　2017年8月河北第2次印刷

定价：29.80元

读者服务热线：(010)81055256　印装质量热线：(010)81055316
反盗版热线：(010)81055315

前言

Preface

按照职业教育培养目标的要求，高职高专层次的会计教育主要培养技术应用型的会计人才。《财经基本技能》一书作为一本适合于财经专业职业技术教育培养和训练的教材，具有以下特点。

1. 适应财经工作的新要求

本书在内容的安排与实际工作相结合、理论课时与实践课时比例的分配等方面都具有创新性，特别是在内容的安排上突出了财会领域对会计人员新知识和新技能的需求。例如，为了适应企业电脑开票及网上抄报税的需要，我们安排了计算机开票及网上报税技能等内容。在结构安排上也体现了新颖性和适用性，将会计工作的基本技能安排成6个项目，可以循序渐进或有选择地进行项目教学。

2. 强调职业技能训练

本书适合财会专业的学生于在校学习的第一个学期或不同学期分段学习，需要安排每周 2～4节课，共72个课时，理论与实践的课时比例约为1∶2，突出对学生动手能力的培养，充分体现理论知识够用、技能训练为主的思想。每个项目都附有与教学进度同步的任务训练和技能考核参考标准，便于学生循序渐进地进行训练，不断提高会计各项基本技能的实际操作能力和水平。

3. 突出自学引导

本书的主要适用对象为高职高专会计类专业的学生，有些项目也适用于统计、企业管理、市场营销等专业的学生。我们在编写时充分考虑到这类学生的学习能力以及其自学成材的需求等情况，突出了教材的可读性和可操作性。教材结构清晰、层次分明，便于学生课下预习和自学，并能培养、锻炼和提高学生的自学能力、理解能力和实际动手操作能力。

4. 实训方法灵活多样

在教学过程中，教师可利用各种教学工具、相关设备、多媒体投影等方式进行直观教学，有些项目的内容也可以进行现场教学，如点钞机的使用、计算机开票及网络报税技能等，并通过组织学生现场模拟或实际操作来实现教学目标。

本书的参考课时为72学时，各任务的参考课时参见下面的学时分配表。

项目	任务	课程内容	总课时	理论课时	实践课时
项目一 财经数字书写技能	任务一	阿拉伯数字的书写	2	1	1
	任务二	中文数字的书写	2	1	1
	任务三	会计摘要及书写更正	2	1	1
项目二 验钞与点钞技能	任务一	验钞技能	2	1	1
	任务二	手工点钞技能	10	3	7
	任务三	机器点钞	2	1	1
	任务四	捆钞技能	2	1	1

续表

项目	任务	课程内容	总课时	理论课时	实践课时
项目三 键盘输入技能	任务一	标准键盘输入技能	6	2	4
	任务二	小键盘输入技能	6	2	4
	任务三	汉字输入技能	8	2	6
	任务四	计算器的输入技能	2	1	1
项目四 传票录入技能	任务一	传票翻打技能	4	1	3
	任务二	电脑传票的录入	4	1	3
项目五 计算机开票及网上抄报税技能	任务一	计算机开票	8	2	6
	任务二	网上抄报税	8	2	6
项目六 会计凭证的整理与装订技能	任务一	会计凭证的整理技能	2	1	1
	任务二	会计凭证的装订技能	2	1	1
课时总计			72	24	48

本书由无锡商业职业技术学院陆兴凤任主编，无锡商业职业技术学院薛春燕、中建路桥集团有限公司何全庚任副主编。项目一由薛春燕编写，项目二的任务一、任务三、任务四及项目六由无锡商业职业技术学院陆红立编写，项目二的任务二由无锡商业职业技术学院朱亚娟编写，项目三由无锡商业职业技术学院苏玉玲编写，项目四、项目五由陆兴凤编写。全书的任务考核设计和考核参考标准由陆兴凤负责。

在本书的编写过程中，我们还参考了大量资料，并吸收了一些同行的成果，同时也得到了学院相关领导及兄弟院校的大力支持，无锡大东方股份财务部长胡蔚玲参与了教材的课程整体设计，并对编写提供了有益的资料和宝贵的建议，在此一并表示衷心的感谢。

本书的出版为教学改革的成果。由于编者水平有限，书中不妥之处在所难免，欢迎广大读者和同仁批评指正。

编　者

2016 年 3 月

目录

Contents

项目一
财经数字书写技能

学习目标

（1）掌握阿拉伯数字书写基本要求与规范以及账表数字书写技能。

（2）掌握财经专用汉字、中文数字的标准写法及运用技能。

（3）掌握财经书写中的会计科目、会计摘要、阿拉伯数字书写错误的更正方法。

项目描述

（1）工作对象：各种会计凭证、票据、会计账簿、会计报表。

（2）技能训练用品：财会专用笔、数字练习纸、直尺。

（3）工作场所：从事会计、审计、统计、金融、税务、营销等各种经济管理工作的场所。

（4）资格和能力：从事会计工作的人员需具备必要的专业知识，且必须取得会计从业资格证书。

能力训练

能力训练项目、目标、相关知识及训练步骤，如表 1-1 所示。

表 1–1 能力训练项目、目标、相关知识及训练步骤

项目	拟实现的能力目标	相关支撑知识	训练方式及步骤
阿拉伯数字的书写	① 能准确、规范地书写阿拉伯数字； ② 能准确、规范地在账本上书写阿拉伯数字	① 阿拉伯数字的书写要求； ② 账本数字的书写规范	用“会计数字练习纸”或账页书写
中文数字的书写	① 能正确地书写中文数字； ② 能标准地书写大、小写金额； ③ 能正确地填写票据的大写日期	① 中文数字的写法要求； ② 大、小写金额的标准写法； ③ 票据大写日期	用票据书写中文大写金额、日期
会计摘要及书写更正	① 能简练、准确地写出经济业务摘要； ② 能对书写错误进行更正	① 会计科目与摘要的书写要求； ② 阿拉伯数字书写错误的更正方法	用凭证或账页书写会计科目与摘要、在书写错误的账页上进行更正

项目导入

会计小周上岗第一天，老会计让他把一批记账凭证逐步过账，并强调了过账的注意事项，但小周刚写了几个数字就被老会计要求暂停了，并说他数字书写得不规范。小周满怀疑惑，也显得很不服气，因为他对自己的字非常自信，书法还得过几次奖。但老会计说：“会计书写不像个性签名或医生写病历，会计职业对书写有自己的要求，特别是我们从小就写的数字的书写习惯要做一个调整。”小周这才意识到，他应该重新认识一下会计基本入门书写规范的重要性。

那么会计书写有哪些规范和要求呢？

任务一 阿拉伯数字的书写

数字是计算的内容，一切计算的过程和结果都要通过数字来反映和表示，数字书写是计算工作中的一个重要环节。正确、规范地书写数字是财经人员的一项基本功。金融事务除了对汉字书写有明确的规范要求外，特别强调数字的汉字大写和阿拉伯数字小写要符合书写规范，字迹必须清晰、工整，避免混同，禁止涂改。

在经济工作中，填写票据、凭证，记账和制表，都要书写数字。因此，数字书写是否规范、正确、工整、清晰，将直接影响工作质量。熟练掌握数字书写技能，能有效提高工作质量和效率；反之，将导致工作失误，甚至会对财产造成重大损失。因此，写好数字是经济工作者的一项基本技能。为此，财政部、人民银行和语言文字工作委员会曾联合下文，对数字的书写做了明确规定。经济工作中用到的数字有阿拉伯数字和中文数字两种。

一、阿拉伯数字的来源

公元 3 世纪，印度的一位科学家发明了阿拉伯数字。印度北部的数学家被抓到了阿拉伯的巴格达，被迫给当地人传授新的数学符号和体系，以及印度式的计算方法。由于印度数字和印度计数法既简单又方便，其优点远远超过了其他的计算法，阿拉伯的学者们很愿意学习这些先进知识，商人们也乐于采用这种方法去做生意。后来，阿拉伯人把这种数字传入西班牙。公元 10 世纪，这种数字又由教皇奥里亚克传到欧洲其他国家。公元 1 200 年左右，学者们正式采用了这些符号和体系。截至 13 世纪，在意大利比萨的数学家费波拿契的倡导下，普通欧洲人也开始采用阿拉伯数字，15 世纪时这种现象已相当普遍。那时的阿拉伯数字的形状与现代的阿拉伯数字尚不完全相同，只是比较接近而已，为使它们变成今天的 1、2、3、4、5、6、7、8、9、0 的书写方式，又有许多数学家花费了不少心血。阿拉伯数字起源于印度，但却是经由阿拉伯人传向四方的，这就是它们后来被称为阿拉伯数字的原因。

阿拉伯数字也称“公用数字”，由于它字数少，笔画简单，人们普遍乐于使用，因此很快就传遍世界各地，成为世界各国的通用数字。

二、阿拉伯数字书写的基本要求

会计工作离不开书写。数字的书写是财经工作者的一项基本功，对会计人员来说尤为重要。财经工作常用的数字有两种：一种是阿拉伯数字，另一种是中文数字。通常将用阿拉伯数字表示的金额数字简称为“小写金额”，将用中文数字表示的金额数字简称为“大写金额”。阿拉伯数字与中文数字有不同的规范化要求，会计数字的书写应规范化。对财会书写的要求是正确、规范、清晰、整洁、美观。

（1）正确。正确是指对所发生的经济业务的记录，一定要正确地反映其内容，反映其全过程及结果，反映其全貌，所用文字与数字一定要书写正确。

（2）规范。规范是指对有关经济活动的记录书写一定要符合财会法规和会计制度的各项规定，符合对财会人员的要求。记账、核算、分析和编制报表，都要书写规范、数字准确、文字适当、分析有理，要严格按书写格式书写。文字要以国务院公布的简化汉字为标准，不要滥造简化字，不要滥用繁体字。数码字要按规范要求书写。

（3）清晰。清晰是指账目条理清晰，书写时字迹清楚，举笔坚定，无模糊不清的现象。

（4）整洁。整洁是指账面清洁，横排、竖排整齐分明，无杂乱无章现象；书写工整、不潦草，无大小不均、参差不齐及涂改现象。

（5）美观。美观是指结构安排合理，字迹流畅，字体大方，显示个人功底。

三、阿拉伯数字的书写规范

阿拉伯数字的写法，过去只有印刷体是统一字形的，手写体是根据人们的习惯和爱好去写，没有统一的标准字体。近年来随着经济发展，金融、商业等部门逐步采用一种适合商业、金融记数和计算工作需要的阿拉伯数字手写体，其标准书写字体如图 1-1 所示。

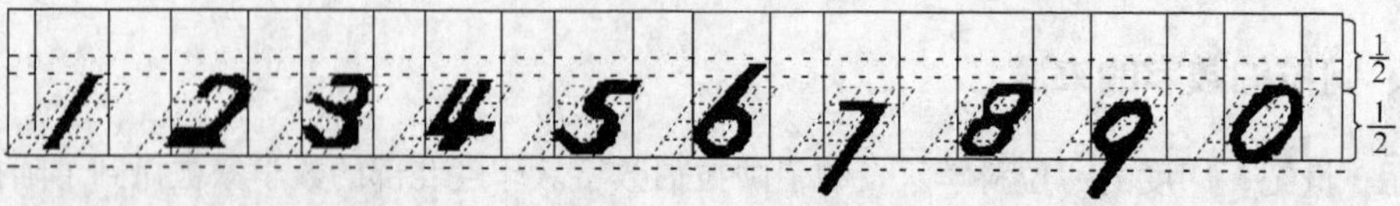

图 1–1　标准书写字体

会计工作中离不开阿拉伯数字，数码要写标准字体。在记账过程中，在有金额分位格的账表凭证上，阿拉伯数码字的书写与普通的书写汉字有所不同，且已经约定俗成，形成会计数字的书写格式，特定的书写要求如下。

1．总体规范

（1）书写数字时应自上而下，先左后右，一个一个地认真书写，不得连笔写，以免分辨不清。

（2）书写时字迹工整、排列整齐有序且有一定的倾斜度（数字与底线成 60° 倾斜）并以向左下方倾斜为好。

（3）同行的相邻数字之间要空出半个阿拉伯数字的位置。

（4）每个数字要紧靠凭证或账表行格底线书写，字体高度占行格高度的 1/2 以下，不能写满格，以便留有改错的空间。

（5）除 4、5 以外的各单数字，均应一笔写成，不能人为地增加数字的笔画。但要注意，整个数字要书写规范、流利、工整、清晰、易认不易改。

（6）在会计运算或会计工作底稿中，运用上下几行数额累计加减时，应尽可能地保证纵行累计数字的位数对应，以免产生计算错误。

（7）阿拉伯小写金额数字前面，均应填写人民币符号“¥”。

2．单个数字规范

（1）“1”的下端应紧靠分位格的左下角。“1”书写时，要斜直，不能比其他数字短，且要合乎斜度要求，否则易改成“4”“6”“7”“9”等。

（2）“2”书写时，不能写成“Z”，落笔应紧贴底线，收笔时笔锋上绕，否则易被改成“3”字。

（3）“3”书写时，拐弯处光滑流畅，起笔处至拐弯处距离稍长，不宜过短，否则易被改成“5”“8”。

（4）“4”书写时，“∠”角要死折，即竖要斜写，横要平直且长，折角不能加圆滑，否则易被改成“6”。

（5）“5”书写时，横、钩必须明显，不可拖泥带水，否则易被改成或混淆成“8”。

（6）“6”书写时，起笔处在上半格的 1/4 处，下圆要明显，否则易被改成“8”。“6”要比一般的数字向右上方长出 1/4，“7”“9”要向左下方（过底线）长出 1/4。

（7）“7”书写时，横书写要平直（即稍长），落笔可下伸到底线外，竖稍斜，拐弯处不能圆滑，否则易与“1”“9”相混淆。

（8）“8”起笔于右上角，结束于右上角，写“8”时，要上边稍小，下边稍大，可以斜“S”起笔也可直笔起笔，终笔与起笔交接处应成菱角，并一定要封口，以防止将“3”改为“8”。

（9）“9”书写时，上部的小圆要闭合，不留间隙，且一竖稍长，出下底线，否则易与“4”混淆。

（10）“0”要写成椭圆形，细看应接近轴对称与中心对称的几何图形，下笔要由右上角按逆时针方向划出，既不要写得太小，又不要开口，不留尾巴，不得写成D形，也不要写成C形。“0”既不要写得太小（以防将“0”改为“6”“8”“9”），又不要有缺口（以防将“0”改为“3”）。

（11）“6”“8”“9”“0”都必须把圆圈笔画写顺，并一定要封口；“2”“3”“5”“8”应各自成体，避免混同。

总之，数码的宽窄与长短比例要均称，字形要完全一致，不许多笔或少笔；同样的数字要笔顺一致，字体一致，宽窄一致，圆韵一致，圆直相接要吻合、自然、柔软、平滑，力求美观大方、眉目清新。

3．“三位分节制”记数法

“三位分节制”记数法是国际上通用的一种记数方法，即对于整数位在四位或四位以上的数，从个位起，向左每三位数字作为一节，用分节点“，”或1/4格分开，最前面不足三位的可单独成一个分节，这种记数方法就是“三位分节制”记数法。

使用分节号能够较容易地辨认数的数位，有利于数字的书写、阅读和计算工作。一般账表凭证的金额栏印有分位格，元位前每三位印一条粗线代表分节号，元位与角位之间的粗线则代表小数点，记数时不要再另加分节号或小数点，即数的小数位不用“三位分节制”记数法。

4．账表数字书写要求

（1）没有位数分割线的凭证账表上的标准写法。

① 阿拉伯金额数字前面应当书写货币币种符号或者货币名称简写，币种符号和阿拉伯数字之间不得留有空白。凡阿拉伯数字前写出币种符号的，数字后面不再写货币单位。

② 以元为单位的阿拉伯数字，除表示单价等情况外，一律写到角分；没有角分的角位和分位可写出“00”或者“－”；有角无分的，分位应当写出“0”，不得用“－”代替。

③ 只有分位金额的，在元和角位上各写一个“0”字并在元与角之间点一个小数点，如￥0.06。

④ 元以上每三位要空出半个阿拉伯数字的位置书写，如￥5 647 108.92；也可以三位一节用“分位号”分开，如￥5 647 108.92。

（2）有数位分割线的凭证账表的标准写法。

① 对应固定的位数填写，不得错位。

② 只有分位金额的，在元和角位上均不得写“0”。

③ 只有角位或角分位金额的，在元位上不得写“0”。

④ 分位是“0”的，在分位上写“0”；角分位都是“0”的，在角分位上各写一个“0”。

⑤ 从最高位起，后面各分位格数字必须写完整，如壹万伍仟捌佰元整（见表1-2）。

表1-2　　账表数字书写示范

千	百	十	万	千	百	十	元	角	分
			1	*5*	*8*	*0*	*0*	*0*	*0*

5．关于人民币符号“￥”的使用

在填制凭证和票证时，小写金额前一般均冠以人民币符号“￥”。“￥”是拼音文字“YUAN”

元的缩写，既代表了人民币的币制，又表示了人民币“元”的单位，所以小写金额前填写“¥”以后，数字后就不要再写“元”了，如¥8 200.05 就已经表示了人民币捌仟贰佰元零伍分。书写时，在“¥”与数字之间不能有空位，以防止金额数字被人涂改。在登记账簿、编制报表时，不能使用“¥”符号，因为账簿、报表上，一般情况下，不存在金额数字被涂改而造成损失的情况。在账簿或报表上如果使用“¥”符号，反而会增加错误的可能性。

从字体上讲，既不能把这些数字写成刻版划一的印刷体，也不能把它们写成难以辨认的草字体，更不能为了追求书写形式把它们写成美术体。从数字本身所占的位置看，既不能把数字写满格，占满行，又不能把字写得太小，密密麻麻，让人不易辨认，更不能超越账页上既定的数格。从字形上看，既不能让数字垂直上下，也不能歪斜过度，更不能左倾右斜，毫无整洁感。况且，书写后要让人看着合乎规定要求，既流利又美观，还方便纠错更改。总之，财会工作中，尤其是会计记账过程中，阿拉伯数码字的书写同普通的书写汉字有所不同，且已经约定俗成，形成了会计数字的书写格式。

任务训练

1．训练要求

（1）每位学生领取一本 80～100 页的阿拉伯数字练习纸，每天练习 1 页，每周上交 1 次，批阅后评讲。

（2）初期练习时可在数字练习纸上的小格子里预先画上 60° 斜线，以帮助学生找准定位，找到感觉后就可以不用画线了。

（3）书写阿拉伯数字应强调数字中的分节号和小数点要有明显的区别，为了区分“,”与“.”，在书写小数点时，笔锋可以向右一些，但不宜过长。

（4）阿拉伯数字小写书写技能规范讲完后，每天练习一页，初始练习只要求规范，没有时间限制，随着练习的深入，要求在 25 分钟内完成整页数字练习纸。

（5）采用“三位分节制”，记忆顺口溜是“3 个撇分前，十亿（位），百万（位），千（位）”。

2．任务

请按标准书写阿拉伯数字，如表 1-3 所示。

表 1–3　　阿拉伯数字书写练习用纸

	千	百	十	万	千	百	十	元	角	分	千	百	十	万	千	百	十	元	角	分	千	百	十	万	千	百	十	元	角	分	千	百	十	万	千	百	十	元	角	分

续表

	千	百	十	万	千	百	十	元	角	分	千	百	十	万	千	百	十	元	角	分	千	百	十	万	千	百	十	元	角	分	千	百	十	万	千	百	十	元	角	分

3．任务考核参考标准

扣分标准：每写错一字扣 2 分；未按规定时间写完，每少写一字扣 2 分，满分 100 分，扣完为止。考核参考标准如表 1-4 所示。

表 1–4　考核参考标准

考核内容	全部达标或 1～5 个数字不达标	6～10 个数字不达标	11～15 个数字不达标	16～20 个数字不达标	20 个以上数字不达标
评价等级	优秀	良好	中等	及格	不及格

数字全部达标时：一级 25 分钟以内完成 ；二级 30 分钟以内完成 ；三级 35 分钟以内完成；四级 40 分钟以内完成。

任务二　中文数字的书写

中文数字大写，主要用于发票、支票、汇票、存单等重要凭证的书写，为了易于辨认、防止涂改，应一律用正楷或者行书体书写。

一、中文数字书写的来历

我国历史上最大的税收案是明代的郭桓案。据史书记载，在朱元璋执政的明朝初年，有四大案件轰动一时，其中有一个重大的贪污案——郭桓案。明朝贪污之风盛行，国家的税款、税粮是贪官污吏攫取的主要目标。郭桓曾任户部侍郎，任职期间利用职权勾结地方官吏，大肆侵吞政府钱粮、渔盐等物，折米计算达 2 400 万石精粮，这个数字几乎与当时全国秋粮的实征总数相等。此案于洪武十八年被人告发，牵连 12 个政府高官、6 个部的大小官员和全国许多地方官僚、地主。朱元璋对此大为震惊，下令将户部左右侍郎以下官吏数百人一律处死。据史书记载，因郭桓案牵连下狱致死者达数万人。与此同时，制定了严格的惩治经济犯罪的法令，并在全国财务管理上实行了一些有效措施，其中有一条就是把记载钱粮、税收数字的汉字“一”“二”“三”“四”“五”“六”“七”“八”“九”“十”“百”“千”改用大写“壹”“贰”“叁”“肆”“伍”“陆”“柒”“捌”“玖”“拾”“陌”“阡”。这一方法的实行，也堵塞了财务管理上的一些漏洞。此后，人们在使用“大写”

的过程中，渐渐以“佰”“仟”二字取代了“陌”“阡”。到了近代，随着阿拉伯数字引入我国，并与汉字的大写数字配合，形成了完整的记账字体系，一直沿用至今，这也是数字大写的由来。

二、金额数字的中文书写

中文大写数字的特点是笔画多，写起来费时又费事，但不易涂改。中文大写数字一般用于书写财务方面有关的单据、发票、银行票据和一切收款、付款凭证，以及合同等正式凭证。用中文大写数字可以防伪、防弊，不宜篡改。中文大写数字与日常书写习惯基本相同，但也要注意符合会计书写规范要求。

1．数字和数位缺一不可

数字包括零、壹、贰、叁、肆、伍、陆、柒、捌、玖；数位包括拾、佰、仟、万、亿、兆等。数字和数位一定要规范用字，切不可自造字，以防篡改。不得用中文小写“一”“二”“三”“四”“五”“六”“七”“八”“九”“十”或“廿”“两”“毛”“另”（或“0”）“园”等字样代替，不得任意自造简化字。如果金额数字书写中使用繁体字，如“貳”“陸”“圓”的，也应受理。

2．数字前加币种（金额与数字之间不能留有空白）

大写金额货币前须冠以货币或货物的名称。有固定格式的重要单证，其大写金额栏一般都印有“人民币”字样，数字须紧连在“人民币”后面书写，在“人民币”与数字之间不得留有空位。大写金额栏没有印“人民币”字样的，应加填“人民币”3 个字。若为外币则须冠以外币名称，如美元、欧元、日元等。例如，“￥46.18”写为“人民币肆拾陆元壹角捌分”。

有固定格式的重要凭证，大写金额栏一般都印有“人民币”字样，书写时，金额数字应紧接在“人民币”后面，在“人民币”与大写金额数字之间不得留有空位。大写金额栏没有印有“人民币”字样的，应在大写金额数字前填写“人民币”3 个字。

在印有大写金额“万”“仟”“佰”“拾”“元”“角”“分”位置的凭证上书写大写金额时，金额前面如有空位，可写“○×”注销，阿拉伯金额数字中间有几个“0”（含分位），汉字大写金额就有几个“零”字。又如，“￥100.50”汉字大写金额应写成“人民币○×万○×仟壹佰零拾零元伍角零分”。

大写金额数字前未印有货币名称的，应当加填货币名称，货币名称与金额数字之间不得留有空白。货币名称后不能用冒号。

其他实物单位的大写前要加实物名称或“计”“合计”“总计”等字样。

【例 1-1】 将“￥1 354.00”表示为大写金额。

表示为“人民币壹仟叁佰伍拾肆元整”。

【例 1-2】 将“62 519 吨大米”表示成中文数字。

表示为“大米陆万贰仟伍佰壹拾玖吨整”或“大米总计陆万贰仟伍佰壹拾玖吨整”。

【例 1-3】 将“$9 861.00”表示为大写金额。

表示为“美元玖仟捌佰陆拾壹元整”。

3．有关“零”的写法

一般在填写重要凭证时，为了增强金额数字的准确性和可靠性，需要同时书写小写金额和大写金额，且二者必须相符。当小写金额数字中有“0”时，大写金额应怎样书写，要看“0”所在的位置。

（1）金额数字尾部的“0”，不管有一个还是有连续几个，大写金额到非零数位后，用一个“整（正）”字结束，都不需用“零”来表示。

【例 1-4】 将“￥4.80”表示为大写金额。

表示为“人民币肆元捌角整”。

【例 1-5】 将“￥200.00”表示为大写金额。

表示为“人民币贰佰元整”。

（2）对于小写金额数字中间有“0”的，大写金额数字应按照汉语语言规律、金额数字构成和防止涂改的要求进行书写。

① 小写金额数字中间只有一个“0”的，大写金额数字要写成“零”。

【例 1-6】 将“￥306.79”表示为大写金额。

表示为“人民币叁佰零陆元柒角玖分”。

【例 1-7】 将“￥305.76”表示为大写金额。

表示为“人民币叁佰零伍元柒角陆分”。

② 小写金额数字中间连续有几个“0”的，大写金额数字可以只写一个“零”。

【例 1-8】 将“￥9 008.36”表示为大写金额。

表示为“人民币玖仟零捌元叁角陆分”。

【例 1-9】 将“￥3 005.76”表示为大写金额。

表示为“人民币叁仟零伍元柒角陆分”。

③ 小写金额数字元位是“0”，或者数字中间连续有几个“0”，元位也是“0”，但角位不是“0”时，大写金额数字中间可以只写一个“零”，也可以不写“零”。

【例 1-10】 将“￥3 480.40”表示为大写金额。

表示为“人民币叁仟肆佰捌拾元零肆角整”或“人民币叁仟肆佰捌拾元肆角整”。

【例 1-11】 将“￥920 000.16”表示为大写金额。

表示为“人民币玖拾贰万元零壹角陆分”或“人民币玖拾贰万元壹角陆分”。

【例 1-12】 将“￥350.76”表示为大写金额。

表示为“人民币叁佰伍拾元柒角陆分”或“人民币叁佰伍拾元零柒角陆分”。

④ 小写金额数字角位是“0”而分位不是“0”时，大写金额“元”字后必须写“零”。

【例 1-13】 将“￥637.09”表示为大写金额。

表示为“人民币陆佰叁拾柒元零玖分”。

【例 1-14】 将“￥350.06”表示为大写金额。

表示为“人民币叁佰伍拾元零陆分”。

4．数字前必须有数量字

大写金额“拾”“佰”“仟”“万”等数字前必须冠有数量字“壹”“贰”“叁”……“玖”等，不可省略。

特别是壹拾几的“壹”字，由于人们习惯把“壹拾几”“壹拾几万”说成“拾几”“拾几万”，所以在书写大写金额数字时很容易将“壹”字漏掉。“拾”字仅代表数位，而不代表数量，前面不加“壹”字既不符合书写要求，又容易被改成“贰拾几”“叁拾几”等。

【例 1-15】 将“￥120 000.00”表示为大写金额。

表示为“人民币壹拾贰万元整”。

此例不能写成“人民币拾贰万元整”，如果书写不规范，“人民币”与金额数字之间留有空位，就很容易被改成“人民币叁（肆、伍……）拾万元整”等。

5．有关“整”的写法

“整”的原始含义是“整数”，将其作为截止符在大写金额中使用，防止大写金额被人涂改。中文大写金额数字到“元”为止的，在“元”之后，应写“整”（或“正”）字；在“角”之后，可以不写“整”（或“正”）字；大写金额数字有“分”的，“分”后面不写“整”（或“正”）字。

【例 1-16】 将“￥8 037.90”表示为大写金额。

表示为“人民币捌仟零叁拾柒元玖角整”。

【例 1-17】 将“￥350.06”表示为大写金额。

表示为“人民币叁佰伍拾元零陆分”。

三、票据的出票日期数字的中文书写

按照我国《票据法》的规定，票据包括汇票、本票和支票等。汇票包括银行承兑汇票和商业承兑汇票。汇票的日期、金额是印制的。

票据和结算凭证是银行、单位和个人凭以记载账务的会计凭证，是记载经济业务和明确经济责任的一种书面证明。根据《支付结算办法》的规定，票据的出票日期必须使用中文大写。为防止编造票据的出票日期，票据的出票日期必须使用汉字大写，金额栏内必须填写正确。

（1）年：应按阿拉伯数字所对应的数字书写。

（2）月：1 月、2 月前必须加“零”；3～9 月前可加“零”也可不加“零”；10 月前应加“零壹”；11 月、12 月前应加“壹”。

（3）日：1～9、10、20、30 日前应加“零”；11～19 日前应加“壹”。

【例 1-18】 将“2009 年 10 月 20 日”表示为大写日期。

表示为“贰零零玖年零壹拾月零贰拾日”。

【例 1-19】 将“2009 年 1 月 16 日”表示为大写日期。

表示为“贰零零玖年零壹月壹拾陆日”。

（4）票据出票日期使用小写填写的，银行不予受理；大写日期未按要求规范填写的，银行可予受理，但由此造成损失的，由出票人自行承担。

票据和结算凭证上金额、出票或者签发日期、收款人名称不得更改，更改的票据一律无效。票据和结算凭证金额以中文大写和阿拉伯数码同时记载的，二者必须一致，否则票据无效，银行不予受理。

票据和结算凭证上一旦写错或漏写了数字，必须重新填写单据，不能在原凭单上改写数字，以保证所提供的数字真实、准确、及时、完整。

任务训练

1．训练要求

（1）个别大写汉字易出错，如“贰”“万”等，需加强练习。

（2）金额大写中“零”的用法需加强练习。

（3）日期大写中年、月、日各自的注意事项要突出。

2．任务

（1）将下列各数写成大写数码字（数字中间连续多“0”用一个“零”字）。

① ¥17 532.48________

② ¥600 094.01________

③ ¥111.00________

④ ¥91 340.69________

⑤ ¥21 005 100.01________

⑥ ¥8 254.97________

⑦ ¥708 090.40________

⑧ ¥4 310.08________

⑨ ¥246 801 357.90________

⑩ ¥62 110.36________

（2）将下列大写金额用小写金额表示（小写数字前的人民币用“¥”表示，“角”“分”用“0”补齐，用“三位分节制”计数法）。

① 肆拾叁万伍仟零陆元整________

② 叁佰肆拾叁元贰角整________

③ 捌佰陆拾伍万肆仟叁佰贰拾壹元玖角壹分________

④ 柒仟贰佰万零叁佰肆拾元零伍角陆分________

⑤ 壹万贰仟捌佰玖拾元整________

⑥ 伍亿叁仟肆佰万元整________

⑦ 贰佰贰拾万元零捌角伍分________

⑧ 陆万零陆佰陆拾元零陆角陆分________

⑨ 柒佰零叁元壹角壹分________

⑩ 玖仟玖佰陆拾捌元零肆分________

（3）将下列小写金额用大写金额表示。

① 人民币¥26.96________

② 人民币¥47.00________

③ 人民币¥10.00________

④ 人民币¥5 007.00________

⑤ 人民币¥3 000.00________

⑥ 人民币￥800 001.26________________

⑦ 人民币￥6 200.10________________

⑧ 人民币￥0.63________________

⑨ 人民币￥0.09________________

⑩ 人民币￥6 000 000 000.00________________

（4）下列各题都没按正确规则书写，请在各题后面按正确规则书写。

① 人民币拾元整________________

② 伍拾玖元整________________

③ 人民币陆仟零零贰元________________

④ 人民币 76.00 元________________

⑤ 人民币肆元陆角________________

⑥ 人民叁元整________________

⑦ 人民币伍仟元________________

⑧ 人民币七十六元________________

⑨ 人民币伍元________________

⑩ 人民币零点伍元整________________

（5）指出下列各中文数字及数位词在书写上正确与否（认为正确的在括号内打"√"符号，不正确的在括号内写上正确的字）

壶（　　）　贰（　　）　参（　　）　肆（　　）　五（　　）

陆（　　）　柒（　　）　柴（　　）　染（　　）　捌（　　）

玖（　　）　玫（　　）　拾（　　）　零（　　）　伯（　　）

佰（　　）　千（　　）　仟（　　）　壹（　　）　万（　　）

亿（　　）　乙（　　）　角（　　）　元（　　）　伍（　　）

（6）写出下列日期的中文大写。

① 1999.3.2

② 2001.5.6

③ 2006.8.9

④ 2010.10.20

⑤ 2011.12.20

⑥ 2009.10.10

⑦ 2007.8.8

（7）请按表 1-5 所示的中文数字标准练习中文数字的书写。

表 1–5　　中文数字书写练习

壹	贰	叁	肆	伍	陆	柒	捌	玖	拾	零	佰	仟	万	元	角	分	整

续表

壹	贰	叁	肆	伍	陆	柒	捌	玖	拾	零	佰	仟	万	元	角	分	整

3．任务考核参考标准

根据表 1-6 所示的任务考核参考标准完成下列各题。

表 1-6　　任务考核参考标准

考核内容	全部正确	1 个汉字不正确	2 个汉字不正确	3 个汉字不正确	4 个以上汉字不正确
评价等级	优秀	良好	中等	及格	不及格

（1）将常见的中文数字大写进行默写，要求按规范化汉字书写，每错一字或非标准字体扣 10 分，满分 100 分，扣完为止。

（2）选取 10 组人民币数据进行中文金额大写，每错一题扣 10 分，满分 100 分，扣完为止。

（3）选取 10 组日期进行中文日期大写，每错一题扣 10 分，满分 100 分，扣完为止。

任务三　会计摘要及书写更正

一、会计科目及摘要的书写要求

会计科目是对会计核算对象的具体内容进行科学分类的项目，设置会计科目是会计核算的专门方法之一。按照会计科目提供信息的详细程度分类，它分为“总分类科目”和“明细分类科目”。在会计工作中，当经济业务发生时，要按照会计科目填制记账凭证，开设并登记账簿。不论是填制记账凭证还是登记账簿，都应将该项经济业务的事由说明清楚，即“摘要”。

（1）“会计科目”应按《会计制度》规定的名称、内容和要求填写，要用全称；凡有明细分类科目者，必须填齐；不能只用科目代号；科目之间的对应关系必须清楚。

（2）填制记账凭证和登记账簿时，必须用碳素笔或钢笔书写，不得使用圆珠笔、铅笔或纯蓝色墨水笔；字体应使用楷书或行书，不能写成草书；文字书写的宽窄与长短比例要匀称，字形要完全一致，不能满格书写；文字上方要向右倾斜，文字的中心线与水平线的交角在60° 为宜；文字的长度占所记录表格的1/2为宜，以备留有改错的空间，同时也是为了保持账面美观。

（3）会计凭证中有关经济业务内容的“摘要”必须真实。“摘要”是以原始凭证为依据，真实反映会计凭证中有关经济业务的内容。

（4）在填写“摘要”时，既要简明，又要全面、清楚，应以说明问题为主。一般来说：写物要有品名、数量、单价；写事要有过程；银行结算凭证要注明支票号码、去向；送存款项要注明现金、支票、汇票；遇有冲转业务，不能只写冲转，应写明冲转某年、某月、某日、某项业务和凭证号码，也不能只写对方账户。“摘要”要能够正确、完整地反映经济活动和资金变化的来龙去脉，切忌含糊不清。

（5）账簿上的“摘要栏”应依据记账凭证上的“摘要”填写，其简明程度以能从账簿上看出经济业务的基本内容为限。摘要不能过于详细以至栏内书写不开，有失账面整洁；也不能过于简单，看不出经济业务的基本情况，需要了解具体内容时还得查阅会计凭证；更不能画点或空白不填。

（6）记账凭证和账簿上所填写的文字也和数字一样，不准随意涂改、刀刮、纸贴、药水洗、橡皮擦。填写错误需要更正时，应将错误的文字用红色墨水单线注销，另填正确的文字，并加盖经手人的印章。

经济业务的发生是编写会计摘要的基础，对经济业务理解得越清楚、越透彻，会计摘要就能编写得越准确、越精练。因此，会计人员必须熟悉本单位业务，掌握资金流动状况，还要勤于学习，善于积累，在实践中不断熟悉业务，提高技能。

【例1-20】 资料：某企业2016年5月月初发生下列业务。

（1）2日厂部李华出差借支旅差费200元，现金支付。

（2）2日从银行提取现金1 000元备用。

（3）2日接银行通知凤华公司汇来前欠货款9 000元，已入账。

（4）3日银行存款支付厂部办公费600元。

（5）3日已存款支付光华厂货款5 000元。

将上述业务编制简化记账凭证如表1-7所示。

表1-7　　记账凭证的简化格式

2016年		凭证字号	摘要	会计科目	借方金额	贷方金额
月	日					
5	2	现付字1	李华借支差旅费	其他应收款	200.00	
				现金		200.00
	2	银付字1	提现金备用	现金	1 000.00	
				银行存款		1 000.00

续表

2016 年		凭证字号	摘要	会计科目	借方金额	贷方金额
月	日					
	2	银收字 1	收到凤华公司前欠货款	银行存款	9 000.00	
				应收账款		9 000.00
	3	银付字 2	支付厂部办公费	管理费用	600.00	
				银行存款		600.00
	3	银付字 3	支付前欠光华厂货款	应付账款	5 000.00	
				银行存款		5 000.00

二、财经数字书写错误的更正

（1）中文大写金额数字通常是在填写会计单据，如支票、发票等重要凭证时使用，一旦书写有误，一般应另行填写新的凭证，写错的凭证随即注销作废，但不能随便丢弃，应当妥善保管。如因其他原因不能更换写错的凭证时，应采取画线更正法更正写错的中文数字，具体要求与阿拉伯数字画线更正法相同。在制作记账凭证或登记账表的过程中，不慎发生小写金额数字差错，当需要更正数字时，要应用正确的小写金额数字更正方法——划线更正法。

划线更正法，就是在包含错误数字的全部数字正中间划一条红线，表示注销，然后再将正确的数字写在被注销数字的上方，并由更改人员在更正处加盖经手人私章，以示负责。

阿拉伯数字出现书写错误时的更正方法如表 1-8 所示。

表 1-8　　阿拉伯数字出现书写错误时的更正示例

不合规定的更正方法									合规定的更正方法							
① 涂改								3					2	6	7	3
					2	6	7	~~2~~					~~2~~	~~6~~	~~7~~	~~2~~
② 只改错数						3							4	3	9	8
					4	~~5~~	9	8					~~4~~	~~5~~	~~9~~	~~8~~
③ 未全部画线				1	8	3						1	8	3	4	7
				~~1~~	~~6~~	~~3~~	4	7				~~1~~	~~6~~	~~3~~	~~4~~	~~7~~
④ 更正位置不对未全部画线												8	4	0	0	0
	8	4		~~8~~	~~4~~	0	0	0	~~8~~	~~4~~	~~0~~	~~8~~	~~4~~	~~0~~	~~0~~	~~0~~

（2）在填写单据、登记账簿时，除复写的以外，必须用碳素笔或钢笔认真书写，不得使用圆珠笔或铅笔。在书写时，要专心细致，防止发生书写错误。如果不慎发生书写错误，应按正确的方法进行更正，不得随意涂改、刮擦、挖补，更不能用药水消字。复写时要保证最后一页也清晰可认。

（3）对于会计凭证、账簿记录中所发生的错误应视不同情况按照规定的方法加以更正。

① 在记账凭证中出现书写错误。

如果尚未记账，应当重新填制；如果已经记账，但尚未进行年度结账，可以用红字填写一张与原内容相同的记账凭证，同时再用蓝字重新填制一张正确的记账凭证，不能撕掉重填。如果会计科目没有错误，只是金额错误，也可以将正确数字与错误数字之间的差额，另编制一张调整的记账凭证，调增金额用蓝字，调减金额用红字；如果已经进行了年度结账，即以前年度记账凭证有错误的，应当用蓝字填制一张更正的记账凭证。

② 在结账前发现账簿记录有文字或数字错误，而记账凭证没有错误。

可以采用画线更正法。更正时，先在错误的文字或数字上画一条红线，将其全部注销，然后，在错误文字或数字上方的空白处，用蓝色或黑色墨水笔填写上正确数字，予以更正，并由经手人在更正处盖章，以明确责任。需要注意的是，在划红线注销时，要把错误数字全部划去，不可只划去其中一部分，划销的部分要保持原有数字清晰可辨，以便审查和明确责任。

③ 在原始凭证中出现书写错误。

不能用画线更正法更正，需要重新填写。收据、支票等原始凭证若有书写错误，不能毁掉，而应在其上注明“作废”字样，并与重新写好的凭证订在一起保存好，以便备查。

产生错误的原因虽然很多，但主要是业务不够熟悉、计算不够准确、精神不够集中、填写不够认真所致。如果仔细审查业务，计算功夫过硬，全神贯注地书写数字，差错应能基本消灭与杜绝。

任务训练

1．训练要求

（1）特别强调会计科目错一个字也算错。

（2）会计摘要训练可从句意缩写开始训练，逐步锻炼言简意赅的能力。

（3）强调在实际工作中要将书写更正的责任明确到位。

2．任务

（1）立新工厂 2016 年 12 月发生下列业务。

5 日，收到投资人 100 000 元投资存入银行。

9 日，从工商银行取得一项为期 5 年的长期借款 500 000 元。

11 日，从银行提取现金 2 000 元备用。

18 日，从某单位购甲材料 30 000 元，验收入库，货款未付。

20 日，以现金 2 500 元直接用于支付上述材料的运输及装卸费用。

26 日，用银行存款偿还所欠某供货单位材料款 30 000 元。

27 日，向 A 公司销售库存商品价款 60 000 元，A 公司以转账支票支付部分货款 40 000 元，余款暂欠。

30 日，董事会决议向投资者分配股利 80 000 元。

31 日，将现金 30 000 元存入银行。

31 日，职工刘林出差预借差旅费 5 000 元，以现金付款。

要求：请写出上述业务所使用的会计科目和每一项业务的摘要、金额，填入表 1-9 所示的简化记账凭证中。

表 1–9 简化记账凭证

2016 年		凭证字号	摘要	会计科目	明细科目	借方金额	贷方金额
月	日						

（2）下列数字前面是正确的，后面是错误的，请用画线更正法更正错误的数字。

① 64.27	64.37
② 786.34	786.54
③ 9 764.21	9 764.31
④ 432.16	432.15
⑤ 76 342.67	76 342.87
⑥ 438.67	468.67

⑦ 865 432　　865 443

⑧ 9 876.54　　9 876.24

⑨ 126.27　　127.63

⑩ 7 643.29　　8 643.29

3．任务考核参考标准

选取 20 道常见的经济业务题，要求书写会计摘要与会计科目，每错一处扣 5 分，满分 100 分，扣完为止。

项目小结

本项目讲解了阿拉伯数字的来源与书写规范及账页书写数字的规范，在此基础上，结合实际案例学习了金额数字中文大写及票据日期大写的要求，最后还学习了会计摘要、会计科目书写及数字书写更正的方法。在任务训练中，我们总结了这些基本技能练习中技巧与训练注意事项，并给出了每一项技能的参考考核标准，以便于教师对学生进行技能测试评价。这些知识和技能是会计入门的基本要素，它们在会计实践中被广泛运用。

项目二
验钞与点钞技能

学习目标

（1）准确辨别人民币的真伪，能在点钞中识别假钞并剔除残缺污损钞票。

（2）熟练掌握手持式单指单张手工点钞法，基本掌握手工点钞的其他方法。

（3）能正确使用点钞机点钞。

（4）正确、熟练掌握捆钞技能。

项目描述

（1）工作对象：各种币别的点钞券。

（2）技能训练用品：点钞机、点钞券、扎钞条、计时器、点钞蜡、印油、名章、假币。

（3）工作场所：从事会计、审计、统计、金融、税务、营销等各种经济管理工作的场所。

（4）资格和能力：从事会计工作的人员需具备必要的专业知识，且必须取得会计从业资格证书。

能力训练

能力训练项目、目标、相关知识及训练步骤，如表 2-1 所示。

表 2–1　能力训练项目、目标、相关知识及训练步骤

项目	拟实现的能力目标	相关支撑知识	训练方式及步骤
验钞技术	① 能准确掌握识别真假币的基本方法； ② 能熟练掌握第五套人民币的识伪特征； ③ 能基本熟悉常见货币符号及其基本特征； ④ 了解人民币以外常见货币的识伪特征	① 识别真假币的基本方法； ② 第五套人民币的识伪特征； ③ 常见货币符号及其基本特征； ④ 人民币以外常见货币的识伪特征	用第五套人民币练习识伪技术
手工点钞技术	① 能熟练掌握手持式单指单张点钞法； ② 能基本掌握其他点钞法	① 手持式单指单张点钞法指法要求； ② 其他点钞法指法要求	用手持式单指单张点钞法和其他点钞法进行交替点钞训练
机器点钞	① 能熟练进行机器点钞； ② 能熟练使用点钞机，并进行简单的故障处理	① 机器点钞的基本方法和要求； ② 点钞机简单故障处理方法	用点钞机熟练进行点钞训练
捆扎技术	① 能熟练掌握缠绕式手工捆钞方法； ② 能基本掌握拧结式手工捆钞方法； ③ 能熟练掌握机器捆钞的方法	① 缠绕式手工捆钞的基本方法； ② 拧结式手工捆钞的基本方法； ③ 机器捆钞的基本方法	反复进行各种捆扎技术训练

项目导入

王云是一家超市的收银员。一周前上班时，验钞机突然出现故障，为了不耽误收银工作，她继续收取货款。当天的顾客实在太多，王云虽然一直小心翼翼，但下班后向财务缴款时，仍被告知收到 3 张百元假币。劳动合同中已明确约定“收到假钞，后果自负”，超市要王云承担全部损失。

在会计工作中有哪些较实用的鉴别真假币的方法呢？

任务一　验钞技能

一、人民币的沿革

中国是世界上较早使用货币的国家之一，使用货币的历史长达 5 000 年之久。中国古代货币在形成和发展的过程中，先后经历了 6 次重大的演变。

中华人民共和国的法定货币是人民币，中国人民银行是国家管理人民币的主管机关，负责人

民币的设计、印制和发行。人民币的单位为元，人民币的辅币单位为角、分。1 元等于 10 角，1 角等于 10 分。中华人民共和国自发行人民币以来，历时 60 多年，随着经济建设的发展以及人民生活的需要而逐步完善和提高，至今已发行五套人民币，形成纸币与金属币、普通纪念币与贵金属纪念币等多品种、多系列的货币体系。除 1 分、2 分、5 分 3 种硬币外，第一套、第二套和第三套人民币已经退出流通。目前流通的人民币，是中国人民银行自 1987 年以来发行的第四套人民币和 1999 年发行的第五套人民币，两套人民币同时流通。

1．第一套人民币

1948 年 12 月 1 日，中国人民银行成立并发行第一套人民币，共 12 种面额、62 种版别，其中 1 元券 2 种、5 元券 4 种、10 元券 4 种、20 元券 7 种、50 元券 7 种、100 元券 10 种、200 元券 5 种、500 元券 6 种、1 000 元券 6 种、5 000 元券 5 种、10 000 元券 4 种、50 000 元券 2 种。

统一发行人民币促进了人民解放战争的全面胜利，在新中国成立初期经济恢复时期发挥了重要作用。

2．第二套人民币

第二套人民币于 1955 年 3 月 1 日开始发行，同时收回第一套人民币。第二套人民币和第一套人民币折合比率为 1∶10 000。第二套人民币共有 1 分、2 分、5 分、1 角、2 角、5 角、1 元、2 元、3 元、5 元、10 元 11 个面额，其中 1 元券有 2 种，5 元券有 2 种，1 分、2 分和 5 分券别有纸币、硬币 2 种。为便于流通，自 1957 年 12 月 1 日起发行 1 分、2 分、5 分 3 种硬币，与纸分币等值流通。1961 年 3 月 25 日和 1962 年 4 月 20 日分别发行了黑色 1 元券和棕色 5 元券，分别对票面图案、花纹进行了调整和更换。由于大面额钞票技术要求很高，在当时情况下 3 元、5 元、10 元由苏联代印。

3．第三套人民币

第三套人民币于 1962 年 4 月 20 日发行，共有 1 角、2 角、5 角、1 元、2 元、5 元、10 元 7 种面额、13 种版别，其中 1 角券别有 4 种（包括 1 种硬币），2 角、5 角、1 元有纸币、硬币 2 种。1966 年和 1967 年，又先后两次对 1 角纸币进行改版，主要是增加满版水印，调整背面颜色。

4．第四套人民币

为了适应经济发展的需要，进一步健全中国的货币制度，方便流通使用和交易核算，中国人民银行自 1987 年 4 月 27 日，发行第四套人民币，共有 1 角、2 角、5 角、1 元、2 元、5 元、10 元、50 元、100 元 9 种面额，其中 1 角、5 角、1 元有纸币、硬币 2 种。与第三套人民币相比，增加了 50 元、100 元大面额人民币。为了适应反假人民币工作的需要，1992 年 8 月 20 日，又发行了改版后的 1990 年版的 50 元、100 元券，增加了安全线。

5．第五套人民币

1999 年 10 月 1 日，中国人民银行陆续发行第五套人民币，共有 1 角、5 角、1 元、5 元、10 元、20 元、50 元、100 元 8 种面额，其中 1 角、5 角、1 元有纸币、硬币 2 种。第五套人民币根据市场流通的需要，增加了 20 元面额，取消了 2 元面额，使面额结构更加合理。第五套 2005 年版 5 元以上的人民币纸币如图 2-1 所示。

图 2–1　第五套 2005 年版人民币纸币

6．普通纪念币

普通纪念币是具有特定主题、限量发行的人民币。中国人民银行从 1984 年发行第一套普通纪念币至今，共发行了 63 套、75 枚（张）普通纪念币，总发行量约 8.5 亿枚（张）。这些纪念币选题丰富多彩，设计独具匠心，规格材质多种多样，图案新颖美观，面额有 1 角、1 元、5 元、10 元、50 元、100 元不等，将中华人民共和国 60 多年的辉煌成就及重大历史事件浓缩于纪念币的方寸之间。这些纪念币是人民币系列的重要组成部分，丰富和完善了中国货币制度，弘扬了中国货币文化，并不断探索和创新，为促进商品流通和经济发展、扩大对外交流发挥了积极作用。

7．常见货币符号

常见货币符号如表 2-2 所示。

表 2–2　常见货币符号一览表

亚洲	货币名称		货币符号	
	中文	英文	原有旧符号	标准符号
中国香港	港元	HongKong Dollars	HK $	HKD
中国澳门	澳门元	Macao Pataca	PAT.;P.	MOP
中国	人民币元	Renminbi Yuan	RMB ¥	CNY
日本	日元	Japanese Yen	¥;J. ¥	JPY

续表

亚洲	货币名称		货币符号	
	中文	英文	原有旧符号	标准符号
新加坡	新加坡元	Ssingapore Dollar	S. $	SGD
澳大利亚	澳大利亚元	Australian Dollar	$ A.	AUD
欧洲货币联盟	欧元	Euro	EUR	EUR
俄罗斯	卢布	Russian Ruble (or Rouble)	Rbs. Rbl.	SUR
瑞士	瑞士法郎	Swiss Franc	SF.;SFR.	CHF
英国	英镑	Pound，Sterling	£ ; £ Stg.	GBP
加拿大	加元	Canadian Dollar	Can. $	CAD
美国	美元	U.S.Dollar	U.S. $	USD

二、纸币的识伪

1. 识伪方法

真伪人民币的鉴别方法以印刷的理论为依据进行比较检验，常用的技巧是眼看、手摸、耳听、尺量、仪器测。通过这些方法检验后再综合分析判断，真伪纸币即可现出本来面目。

（1）眼看。

① 看古钱币图案有无搭接的痕迹，正反面对印是否准确。

② 看钞票的水印是否清晰、有无层次和浮雕效果，是否在纸内形成。

③ 看有无安全线，是否在纸内形成，安全线上的面额数字是否清晰。

④ 看隐形数字，钞票右上方图案中藏有面额的隐形数字。

⑤ 看光变油墨，50 元与 100 元钞票，当迎光角度不一样时，左下角钞票面额颜色会有变化。

⑥ 看隐形图像，钞票左边空白处迎光看会有隐形图案。

⑦ 看冠字号码排列距离是否适中，背面有无压痕。

（2）手摸。用手摸票面上的凹印部位，如盲文点、国徽、主景图案、花边等处，看有无凹凸感。用手摸纸张的厚薄度、坚韧度、光滑度等。

（3）耳听。钞票纸张是特殊的纸张，质韧，挺括耐折。用手抖动或弹纸张，真钞纸张声音清脆，假钞纸张声音沉闷。

（4）笔拓。将薄页纸敷在钞票水印位置，用软芯铅笔轻拓，真币会在薄纸上出现清晰的水印轮廓图，而假币则拓不出水印。

（5）仪器测。用放大镜或显微镜仔细观察钞票票面图纹的色彩过渡、衔接是否准确、平滑，凹印部位有无凸起印痕。用紫外灯检测荧光图文；用磁性检验仪检测磁性印记。用多功能检测仪器对票面水印、荧光、磁性、凹印凸起等特征进行检测。

（6）尺量。第五套（1999 年版）人民币 100 元纸币，主色调为红色，票幅长 155mm、宽 77mm；20 元纸币，主色调为棕色，票幅长 145mm、宽 70mm。

在进行真伪纸币的识别过程中，最简单的方法是比较检验，比较是否是同一版号的，比较印刷版型、印刷方法、版面图文等。借助仪器的比较可用放大镜、显微镜、紫外灯、文检仪、验钞机等；对于高仿真的假币还可以进行纸张成分分析、油墨成分、颜色显色反应、薄层色谱分析等综合分析。

2．识伪技术

（1）纸张。防伪技术中有 4 项防伪措施是集中在纸张上进行防伪的，它们是印钞纸本身、水印、磁性微文字或全息磁性开窗安全线、红蓝纤维丝或荧光纤维丝。这 4 项防伪措施都是在造纸过程中完成的。

（2）油墨。防伪技术中有 3 项防伪措施是集中在油墨上进行的，它们是荧光油墨、光学变色油墨、磁性油墨。这 3 项防伪措施都是通过油墨来进行的。

（3）制版印刷。防伪技术中有 8 项防伪措施是集中在制版印刷上进行防伪的，它们是隐形面额数字、花纹对接、多色接线印刷、彩虹印刷、正背双面对印、缩微文字、凸版、凹版，都是集中在平版、凹版和凸版 3 种版型的印刷技术方面进行防伪的。

3．仪器鉴别

用以上方法很难鉴别真伪时，就需要借助于检测仪器来鉴别。简单的是用放大镜观察，看其线条、图案是否与真币相同。还可利用磁性检测仪和紫光灯检测，看在磁性印记部位有无磁性反应，在紫光灯下检测无色荧光图纹，以及是否出现异常荧光反应。例如，第五套人民币 100 元券安全线防伪措施是缩微文字和磁性，横号码有磁性，两种彩色纤维是红色、蓝色。

4．防伪特征

随着第五套人民币的逐渐发行，相应的假币也逐渐出现，且造假技术不低，单凭感觉已难以鉴别。但假钞制作得再逼真，毕竟是两种工艺。只要了解真币的防伪特征，识别假币并不是一件难事。就目前来说，第五套人民币有以下 10 种防伪特征。

（1）纸张。真钞用纸是专用的造币纸，手感薄，整张币纸在紫外光下无荧光反应。币纸中不规则地分布着黄蓝色荧光纤维，日光下肉眼可见，在紫外光下纤维有荧光反射。

假钞用纸是普通胶版纸或普通书写纸，手感较厚，表面平滑，在紫外光下币纸呈现白色荧光，且无黄蓝色荧光纤维。但有时真币也会在紫外光下呈现白色荧光，这是因为纸币被含荧光剂的物质（最普遍的就是日用的洗衣粉）污染了。

（2）印刷。真钞正背面图案均为雕刻凹版印刷、人物的头发根根丝缕、清晰可辨，线条光洁凸立。仔细触摸，能够感觉到人像上每根头发的纹路。

假钞是平印印刷、四色套印，所以图案着墨不匀、纹理不清晰。特别是肖像的头发由网点油墨堆积成片，因此发丝无法辨认。假钞纸纹同样是由网点组成，如借助 8 倍左右放大镜观察，根根直线或曲线呈现为一个个小点形成的线，杂乱、错落、无序。

（3）磁性安全线。真钞的安全线具有磁性，可用机器辅助识别，肉眼可见安全线内有缩微文字（限于 100 元、50 元、20 元），文字清晰，间隔有序，线条宽窄一致。

假钞的安全线很难做到有磁性，虽也有文字但并不齐整，线有宽窄。由于是手工埋设，纸张皱褶不平，加上塑料质的安全线与纸张的伸缩率不同，埋设得又不伏贴，致使安全线两端长出一段，呈银白色的点状线头，由此可以看出蛛丝马迹。

（4）水印。真钞的水印是在造纸过程中趁纸浆未完全吃水、干燥之前经模具挤压形成的，压力的大小形成图像的明暗层次，且层次过渡自然，富有神韵，图像清晰，立体感强。

假钞的水印由手工制作，质量低劣。目前所知的制作方法有揭开纸张的夹层，在其中涂上一层糊状物，再将两层纸一并合压，趁湿把纸垫在刻有图像的凹版上，经压而成。手工操作，动作笨拙，致使具有水印一端的假钞纸张发皱不平。

（5）正背互补对印。真钞的正背互补对印图案是印钞专用设备正背面一次印刷完成。正背面的互补对印图案，在透视条件下完全吻合，准确无误。

假钞分为正背面两次平印印刷，对印图案往往不能吻合，如果加上纸张的伸缩原因，对印偏离更大，如对印图案上下错位、图案间距宽窄不一或叠压等。

（6）无色荧光油墨。真钞左上角在紫外光下显现出一矩形框“100/50/20/10/5”字样，发出强亮的橘黄色荧光。

假钞在紫外光下，同样在上述真钞部位有荧光反映，但颜色浓度、荧光强度均相差甚远，黯淡无色。如发现荧光有异，可与真币进行对比。

（7）光变油墨。真钞正面左下角在号码下面有“100/50/20/10”字样，是用光变油墨印制的（新版5元无此设计），正常视角观察为草绿色，直观或平视都呈现蓝黑色。视角改变过程中色彩渐变。

假钞在制作时，由于无法得到这种特别的光变油墨，只得用草绿色油墨印刷“100/50/20/10”字样，不会变色。

（8）隐形数字。真钞右上角在“100/50/20/10/5”字样下端团花装饰内有“100/50/20/10/5”字样隐形数字，从右端横向平视钞票时清晰可见，字样系由规律性线条组成，用雕刻凹印印刷，直视或平视时产生不同的视角效应。

假钞因是平印印刷，线条由网点组成，全然破坏了设计者构想的视角效应，凭此一点也完全可以判断钞票的真伪。平视，没有“100/50/20/10/5”隐形字样的钞票一定是假钞无疑。

（9）号码。真钞的号码是计量数字。绝对没有重号，而且字形工整、标准，墨量、颜色、压力均匀一致，质量好。真钞号码是由凸印印刷，号码部位的背面有压痕。

假钞号码数字多相同，字形不标准，颜色深浅不一，由于是平印印刷，故其背面无压力痕迹。

（10）磁性油墨。真钞正面左下角采用双色横号码（两位冠字、8位号码）具有磁性，可用机器辅助鉴别（新版5元无此设计）。

假钞双色横号码无磁性，但往往制作假钞时会在该部位涂上磁粉，以欺骗机器，所以有磁性并不代表一定为真币，但无磁性一定为假币。

需要强调的是，上述10种防伪方法，是基于第五套人民币的防伪特征，因此并不适用于第四套人民币。

5．第五套人民币各币种的基本特征

（1）人民币100元票面（2005年版，见图2-2、图2-3）。票面特征为主色调为红色，票幅长155mm、宽77mm；票面正面印有阿拉伯数字“100”、面额“壹佰圆”和椭圆形花卉图案；票面背面主景为人民大会堂的图案，左侧为人民大会堂内圆柱的图案。

主要防伪技术有双色异形横号码、固定人像水印、胶印微缩文字、胶印对印图案、光变油墨数字、白水印、雕刻凹版印刷、隐形面额数字、凹印手感线、手工雕刻头像、盲文面额标记、全息磁性开窗安全线。

图 2–2　第五套百元钞票正面防伪特征

图 2–3　第五套百元钞票背面防伪特征

（2）人民币 50 元票面（2005 年版）。票面特征为主色调为绿色，票幅长 150mm、宽 70mm；票面正面印有阿拉伯数字“50”、面额“伍拾圆”和花卉图案，左上角为中华人民共和国国徽图案；票面背面主景为布达拉宫的图案，如图 2-1 所示。

主要防伪技术有双色异形横号码、固定人像水印、胶印微缩文字、胶印对印图案、光变油墨数字、白水印、雕刻凹版印刷、隐形面额数字、凹印手感线、手工雕刻头像、盲文面额标记、全息磁性开窗安全线。

（3）人民币 20 元票面（2005 年版）。票面特征为主色调为棕色，票幅长 145mm、宽 70mm；票面正面印有阿拉伯数字“20”、面额“贰拾圆”和花卉图案；票面背面主景为桂林山水的图案，如图 2-1 所示。

主要防伪技术：双色异形横号码、固定人像水印、胶印对印图案、光变油墨数字、白水印、雕刻凹版印刷、隐形面额数字、凹印手感线、手工雕刻头像、盲文面额标记、全息磁性开窗安全线。

（4）人民币 10 元票面（2005 年版）。票面特征为主色调为蓝黑色，票幅长 140mm、宽 70mm；票面正面印有阿拉伯数字“10”、面额“拾圆”和花卉图案；票面背面主景为长江三峡的图案，如图 2-1 所示。

主要防伪技术有双色异形横号码、固定花卉水印、胶印微缩文字、胶印对印图案、光变油墨数字、白水印、雕刻凹版印刷、隐形面额数字、凹印手感线、手工雕刻头像、盲文面额标记、全息磁性开窗安全线。

三、2015 年版百元纸币的识伪

2015 年版第五套人民币 100 元纸币在保持 2005 年版第五套人民币 100 元纸币规格、正背面主图案、主色调、“中国人民银行”行名、国徽、盲文和汉语拼音行名、民族文字等不变的前提下，对部分图案做了适当调整，对整体防伪性能进行了提升。

1．正面图案

票面中部增加了光彩光变数字“100”，票面右侧增加了光变镂空开窗安全线和竖号码；其下方团花中央花卉图案调整为紫色；取消左下角光变油墨面额数字，调整为胶印对印图案，其上方为双色横号码；右上角面额数字由横排改为竖排，并对数字样式进行了调整；取消了票面右侧的凹印手感线、隐形面额数字和左下角的光变油墨面额数字；中央团花图案中心花卉色彩由橘红色调整为紫色，取消了花卉外淡蓝色花环，并对团花图案、接线形式做了调整；胶印对印图案由古钱币图案改为面额数字“100”，并由票面左侧中间位置调整至左下角，如图 2-4 所示。

图 2-4　2015 年版 100 元纸币正面

（1）光变镂空开窗安全线：位于票面正面右侧；垂直票面观察，安全线呈品红色；与票面成一定角度观察，安全线呈绿色；透光观察，可见安全线中正反交替排列的镂空文字“¥100”，如图 2-5 所示。

（2）光彩光变数字：位于票面正面中部；垂直票面观察，数字以金色为主；平视观察，数字以绿色为主；随着观察角度的改变，数字颜色在金色和绿色之间交替变化，并可见到一条亮光带上下滚动，如图 2-6 所示。

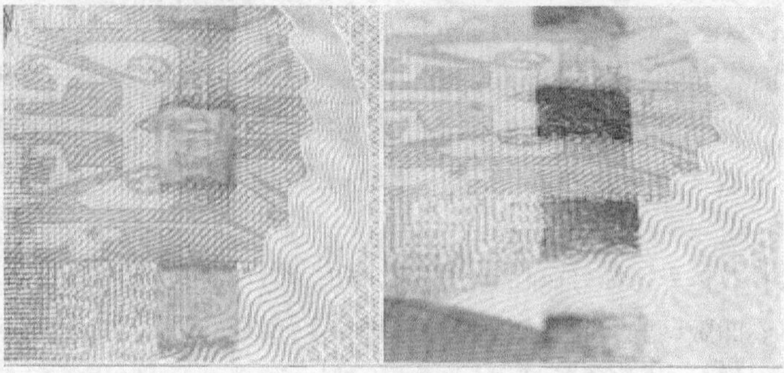

图 2-5 光变镂空开窗安全线

图 2-6 光彩光变数字

（3）人像水印：位于票面正面左侧空白处；透光观察，可见立体感很强的毛泽东头像，如图 2-7 所示。

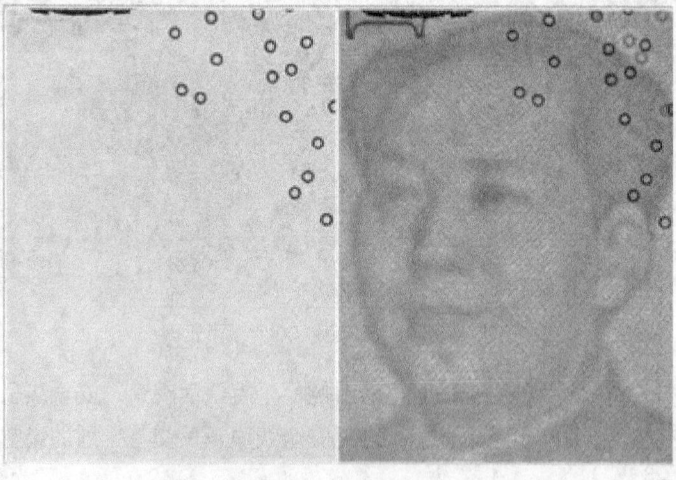

图 2-7 人像水印

（4）胶印对印图案：票面正面左下方和背面右下方均有面额数字“100”的局部图案；透光观察，正背面图案组成一个完整的面额数字“100”，如图 2-8 所示。

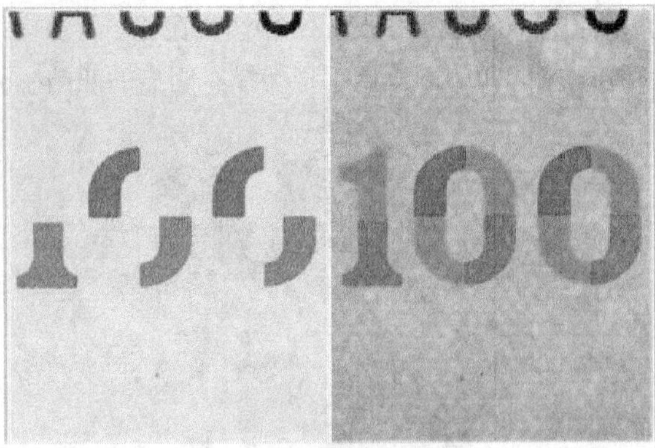

图 2-8　胶印对印图案

（5）横竖双号码：票面正面左下方采用横号码，其冠字和前两位数字为暗红色，后 6 位数字为黑色，右侧竖号码为蓝色；其冠字和号码数字完全相同，如图 2-9 所示。

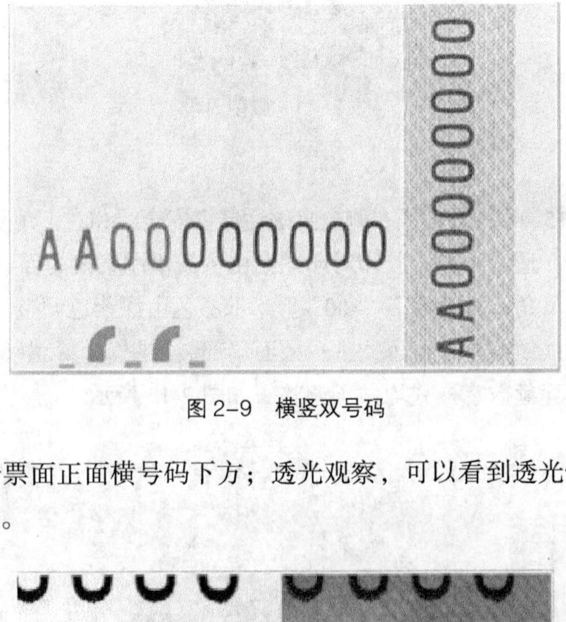

图 2-9　横竖双号码

（6）白水印：位于票面正面横号码下方；透光观察，可以看到透光性很强的水印面额数字“100”，如图 2-10 所示。

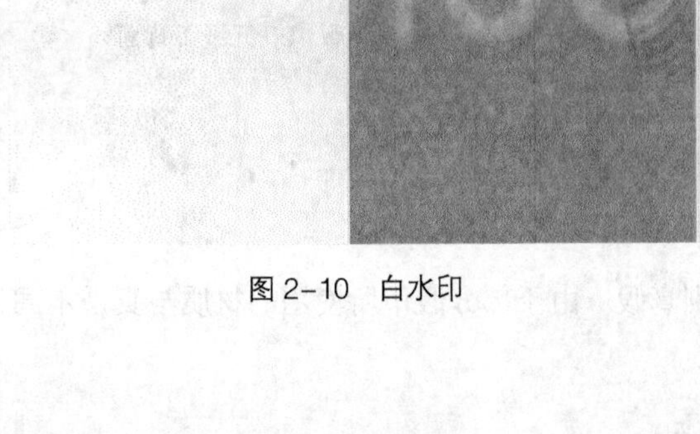

图 2-10　白水印

（7）雕刻凹印：票面正面毛泽东头像、国徽、“中国人民银行”行名、右上角面额数字、盲文及背面人民大会堂等均采用雕刻凹印印刷，用手指触摸有明显的凹凸感，如图 2-11 所示。

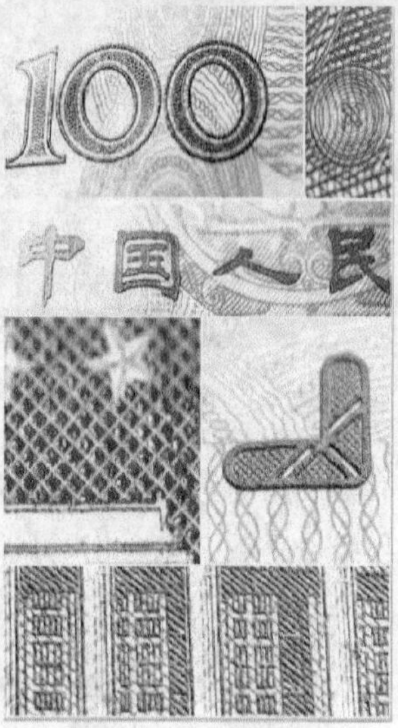

图 2-11　雕刻凹印

2．背面图案

票面年号改为“2015 年”；取消了右侧全息磁性开窗安全线和右下角防复印图案；减少了票面左右两侧边部胶印图纹，适当留白；胶印对印图案由古钱币图案改为面额数字“100”，并由票面右侧中间位置调整至右下角；面额数字“100”上半部颜色由深紫色调整为浅紫色，下半部由大红色调整为橘红色，并对线纹结构进行了调整；票面局部装饰图案色彩由蓝、红相间调整为紫、红相间；左上角、右上角面额数字样式均做了调整，如图 2-12 所示。

图 2-12　2015 年版 100 元纸币背面

四、硬币的识伪

1．看颜色

通过观察颜色来辨别真假。由于部分假币所使用的材质与真币不同，所以颜色上有一定的差异，有些假硬币缺乏金属光泽，甚至表面发乌、生锈。

2．看外形

通过观察外形来辨别真假。与真币相比，假硬币平整度较差，边部有起毛刺现象，且厚度不均匀，假硬币花纹模糊，图案缺乏层次和立体感，边缘滚字或丝齿清晰度、规整度较差，丝齿齿线不直，光洁度差，丝齿间距与真币不同。

3．对比正、背面图案方向

观察硬币的正、背面图案方向是否一致。将硬币水平翻转会发现有些假硬币正、背面之间存在一定的倾斜角度，而真币正、背面之间方向则完全一致。

五、挑剔与兑换残损人民币

（1）全额兑换：能辨别面额，票面剩余 3/4（含 3/4）以上，其图案、文字能按原样连接的残缺、污损人民币。

（2）半额兑换：能辨别面额，票面剩余 1/2（含 1/2）至 3/4 以下，其图案、文字能按原样连接的残缺、污损人民币。纸币呈正十字形缺少 1/4 的，按原面额的一半兑换。兑付额不足 1 分的，不予兑换；5 分按半额兑换的，兑付 2 分。

（3）在办理残缺、污损人民币兑换业务时，应向持有人说明认定的兑换结果。不予兑换的残缺、污损人民币，应退回原持有人。

六、人民币以外的常见货币的识伪

1．美元的识伪

美元的纸币面额主要有 100 元（见图 2-13）、50 元、20 元、10 元、5 元、2 元、1 元 7 种。同种类的美元纸币只要面额相同，其正、背面的主景图案都是相同的。钞票尺寸不分面额，均为 156mm×66mm。美元 100 元纸币如图 2-13 所示。

图 2–13　美元 100 元纸币

美元纸币的主要防伪特征如下。

（1）纸张：无荧光的亚麻材料。

（2）彩色纤维丝：色彩为红、蓝色。

（3）安全线：从1990年版起，纸张（人像左侧）加入了一条聚酯安全线，仰光透视可以看见在安全线上有“USA”及面额数字。1996年版50美元、20美元的安全线上还增加了美国国旗图案。1996年版美元的安全线还是荧光安全线，在紫外光下呈现出不同的颜色。

（4）油墨：1996年版100美元、50美元、20美元、10美元的正面左下角面额数字是用光变油墨印刷的。美元正面凹印油墨带有磁性。

（5）印刷：雕刻凹版印刷、凸版印刷、细线印刷（该设计有很强的防复印效果）、凹印微缩文字。

2．欧元的识伪

欧元由欧洲中央银行和欧元成员国的中央银行发行。欧元的纸币面额主要有 500 欧元、200 欧元、100欧元（见图2-14）、50欧元、20欧元、10欧元、5欧元7种。

图 2–14　欧元 100 元纸币

欧元纸币的主要防伪特征如下。

（1）纸张：纯绵纸。

（2）纤维：无色荧光纤维，荧光下呈红、蓝、绿色。

（3）安全线：黑色安全线，安全线上印有欧元（EURO）和不同面额对应的数字。

（4）油墨：光变油墨、有色荧光纤维印刷。

（5）印刷：对印图案、雕刻凹版印刷、微缩文字。

3．英镑的识伪

英镑由英格兰银行（Bank of England）发行。英镑的纸币面额主要有100英镑（见图2-15）、50英镑、20英镑、10英镑、5英镑5种。

英镑的主要防伪特征如下。

（1）纸张：英镑的纸张洁白，正面比背面光滑，比较坚韧。

（2）安全线：开窗式安全线；仰光观察时为黑色的实线。

（3）油墨：采用红外油墨相隔色，英镑右侧的单色连号在红外光照射下会消失。

（4）印刷：雕刻凹版印刷、微缩文字印刷。

图 2-15 100 英镑纸币

4．日元的识伪

日元由日本银行发行流通，日本“大藏省印制局”印刷。日本银行发行了 10 000 日元（见图 2-16）、5 000 日元、2 000 日元、1 000 日元 4 种纸币。

图 2-16 10 000 日元纸币

日元的主要防伪特征如下。

（1）纸张：日元的纸张采用的是日本特有的以三桠皮纤维为原料的纸张，纸张的手感圆润、爽滑、柔软。

（2）水印：日元正、背面的中间白色圆形中有水印图案，水印图案与主景图案相同。

（3）油墨：磁性油墨、防复印油墨、光变油墨、珠光油墨。

（4）印刷：雕刻凹版印刷、微缩文字印刷。

（5）隐形字：2 000 日元正面左下角有一装饰图案，将票面置于与视线接近平行的位置，面对光源，作 45° 或 90° 的旋转，可看到面额数字“2 000”字样。2 000 日元背面右上角的绿色底纹处印有隐形字母，垂直角度下无法看到，将票面倾斜一定角度即可看到“NIPPON”字样，且前 3 个字母呈蓝绿色，后 3 个字母呈黄色。

5．港币的识伪

现行流通的港币纸币主要是由香港上海汇丰银行、香港渣打银行和中国银行 3 家银行分别发行的。

由香港上海汇丰银行、香港渣打银行和中国银行发行的钞票主要有 1 000 元、500 元、100 元（见图 2-17）、50 元、20 元港币 5 种面额，此外还有香港渣打银行发行的 10 元面额的港币。现在流通的港币主要是 1993 年发行的、2000 年发行的新版 1 000 元港币，以及 2004 年发行的新版 20 元、50 元、1 000 元港币。

不论是哪家银行发行的港币，其防伪特征都具有共通性。其防伪特征主要表现在以下几个方面。

图 2–17　港币 100 元纸币

（1）水印：所有票面正面右侧的水印图案。新版 1 000 元港币在原水印上方增加了“1 000”字样的白水印。

（2）纤维：新港币在纸张中增加了荧光纤维，在紫外光照射下呈现红、蓝、绿的荧光色。

（3）安全线：票面采用了全埋深色安全线，其中，新版港币还在票面正面右侧增加了一条全息开窗文字安全线。

（4）印刷：票面正、背面主景、行名、面额数字等均采用了凹版印刷，用手触摸有明显的凹凸感。票面正、背面多处印有凹印微缩文字，文字内容为各银行的英文全称。

（5）隐形字：在票面正面右下角的长方形图案中印有隐形面额数字。将票面置于与视线接近平行的位置，面对光源旋转钞票，可见该面额钞票的面额数字（香港上海汇丰银行和中国银行使用）。

（6）油墨：在紫外光下，票面正面会出现明亮的荧光图案，背面局部图案会出现明显的荧光反应（香港渣打银行和中国银行使用）。

任务训练

1．训练要求

（1）熟记第五套人民币看、摸、听、测的基本要领，并进行反复训练，要求能在一把真币中找出假币。

（2）熟悉第五套人民币各个币别的识伪特征，并反复训练。

2．任务

（1）2005 年版和 2015 年版人民币 100 元票面识伪训练。

（2）2005 年版人民币 50 元票面识伪训练。

（3）2005 年版人民币 20 元票面识伪训练。

（4）2005 年版人民币 10 元票面识伪训练。

3．任务考核参考标准

在不少于 50 张人民币真钞中放置 5 张假币，要求找出假币，每找出一张假币并能准确说出其几处明显的反常之处的加 20 分，少说一处假币特征的扣 5 分。

任务二 手工点钞技能

清点钞票是一项比较重要的、技术性很强的工作，要求迅速、准确并能鉴别真假。掌握过硬的点钞技能，是每个财会人员必须具备的业务素质。点钞对于为社会经济提供信用中介、支付中介以及各项金融服务的银行来说尤其重要。

一、认识点钞

1．点钞的总体要求

出纳人员在办理现金的收付与整点时，要做到准、快、好。“准”就是钞券清点不错不乱，准确无误；“快”是指在准的前提下，加快点钞速度，提高工作效率；“好”就是清点的钞券要符合“五好”钱捆的要求，即点准、挑净、墩齐、捆紧、盖章清楚。“准”是做好现金收付和整点工作的基础和前提，“快”和“好”是银行加速货币流通、提高服务质量的必要条件。

在人民币的收付和整点中，要把混乱不齐、折损不一的钞票进行整理，使之整齐美观。

- 平铺整齐，边角无折。同券一起，不能混淆。
- 券面同向，不能颠倒。验查真伪，去伪存真。
- 剔除残币，完残分放。百张一把，十把一捆。
- 扎把捆捆，经办盖章。清点结账，复核入库。

2．点钞的基本程序

点钞是一个从拆把开始到扎把为止的一个连续、完整的过程。它一般包括拆把持钞、清点、记数、墩齐、扎把、盖章等环节。要加速点钞速度，提高点钞水平，必须把各个环节的工作都做好。

（1）拆把持钞。清点前，首先需将腰条纸拆下。拆把时可将腰条纸脱去，保持其原状，也可将腰条纸用手指勾断。通常初点时采用脱去腰条纸的方法，以便复点时发现差错进行查找，复点时一般将腰条纸勾断。

持钞的速度和姿势也会影响点钞速度。要注意每一种点钞方法的持钞方法。

（2）清点。清点是点钞的关键环节。清点的速度和准确性直接关系到点钞的准确与速度。因此，要勤学苦练清点基本功，做到清点既快又准。

在清点过程中，还需将损伤券按规定标准剔出，以保持流通中票面的整洁。例如，若该把钞券中夹杂着其他版面的钞券，应将其挑出。

在点钞过程中如发现差错，应将差错情况记录在原腰条纸上，并把原腰条纸放在钞券上面一起扎把，不得将其扔掉，以便事后查明原因，另作处理。

（3）记数。记数也是点钞的基本环节，与清点相辅相成。在清点准确的基础上，必须做到记数准确。

（4）墩齐。钞券清点完毕扎把前，先要将钞券墩齐，以便扎把保持钞券外观整齐美观。钞券墩齐要求四条边水平，不露头或不呈梯形错开，卷角应拉平。墩齐时，双手松拢，先将钞券竖起来，双手将钞券捏成瓦形在桌面上墩齐，然后将钞券横立并将其捏成瓦形在桌面上墩齐。

（5）扎紧。每把钞券清点完毕后，要扎好腰条纸。腰条纸要求扎在钞券的 1/2 处，左右偏差不得超过 2 厘米。同时要求扎紧，以提起第一张钞券不被抽出为准。

（6）盖章。盖章是点钞过程的最后一环，在腰条纸上加盖点钞员名章，表示对此把钞券的质量、数量负责。所以，每个出纳员点钞后均要盖章，而且图章要盖得清晰，以看得清行号、姓名为准。

3．点钞的基本要领

（1）坐姿端正。点钞的坐姿直接影响点钞技术的发挥和提高。正确的坐姿应该是直腰挺胸，身体自然，肌肉放松，双肘自然放在桌上，持票的左手腕部接触桌面，如图 2-18 和图 2-19 所示。

图 2–18　端正坐姿正面

图 2–19　端正坐姿侧面

（2）肌肉要放松。点钞时，两手各部位的肌肉要放松。肌肉放松，能够使双手活动自如，动作协调，并减轻劳动强度。否则，会使手指僵硬，动作不准确，既影响点钞速度，又消耗体力。正确的姿势是：肌肉放松，双肘自然放在桌面上，持票的左手手腕接触桌面，右手手腕稍抬起。

（3）钞券要墩齐。需清点的钞券必须清理整齐、平直，这是点准钞券的前提。钞券不齐不易点准。将折角、弯折、揉搓过的钞券弄直、抹平，挑出明显破裂、质软的钞券。清理好后，将钞券在桌面上墩齐。

票币点好后必须墩齐（四条边水平，不露头，卷角拉平）了才能扎把。

（4）用品定位。点钞时使用的印泥、图章、水盒、腰条等要按使用顺序固定位置放好，以便点钞时使用顺手。

（5）开扇均匀。使用各种点钞方法时，都应在钞券清点前，将票面打开成缴扇形和小扇开，使钞券有一个坡度，便于捻动。开扇均匀是指每张钞券的间隔距离必须一致，使之在捻钞过程中不易夹张。因此，扇面开得是否均匀，决定着点钞是否准确。

（6）手指触面要小。手工点钞时，捻钞的手指与票子的接触面要小。如果手指接触面大，手指往返动作的幅度随之增大，就会使手指频率减慢，影响点钞速度。

（7）扎把捆紧。扎小把，以提起把中第一张票币不被抽出为准。按“#”字形捆扎的大捆，以用力推不变形，抽不出票把为准，如图 2-20 所示。

图 2-20　捆紧后的特征

（8）动作连贯。动作连贯是保证点钞质量和提高效率的必要条件，点钞过程中的各个环节必须密切配合，环环相扣。清点时双手动作要协调，速度要均匀，要注意减少不必要的小动作。

点钞时各个动作之间相互连贯是加快点钞速度的必要条件之一。动作连贯包括下列两方面的要求。一是点钞过程中的各个环节必须紧张协调，环环相扣。如点完 100 张墩齐钞券后，左手持票，右手取腰条纸，同时左手的钞券跟上去，迅速扎好小把；在右手放票的同时，左手取另一把钞券准备清点，而右手顺手沾水清点等。这样就使扎把、持票及清点各环节紧密地衔接起来了。二是清点时的各个动作要连贯，即第一组动作和第二组动作之间，要尽量缩短甚至不留空隙时间。如用手持式四指拨动点钞法清点时，当第一组的食指捻下第四张钞券时，第二组动作的小指要迅速跟上，不留空隙。这就要求在清点时双手动作要协调，清点动作要均匀，切忌忽快忽慢、忽多忽少。另外，在清点中要尽量减少不必要的小动作、假动作，以免影响动作的连贯性和点钞速度。

（9）点数要协调。点和数是点钞过程的两个重要方面，这两个方面要相互配合，协调一致。点的速度快，记数跟不上，或点的速度慢，记数过快，都会造成点钞不准确，甚至造成差错，给国家带来财产损失。所以，点和数二者必须一致，这是点准的前提条件之一。为了使两者紧密结合，记数通常采用分组法。单指单张以十为一组记数，多指多张以清点的张数为一组记数，以使点和数的速度能基本吻合。同时记数通常要用脑子记，尽量避免用嘴数。

（10）盖章清晰。腰条上的名章是分清责任的标志。票币整点后都要盖章，图章要清晰可辨。

4．点钞方法

点钞包括整点纸币和清点硬币。点钞方法是相当多的，概括而言，可以划分为手工点钞和机器点钞两大类。根据持票姿势不同，手工点钞又可划分为手持式点钞法、手按式点钞法和扇面式点抄法。手按式点钞法是将钞票放在台面上操作；手持式点钞法是在手按式点钞法的基础上发展而来的，其速度远比手按式点钞法快，因此，手持式点钞法在全国各地应用比较普遍。扇面式点钞法其实也是一种特殊的手持式点钞法，只是由于适用范围及不同于一般的手持式指法，所以本书把它单独列出来讲解。

手持式点钞法，根据指法不同又可分为单指单张、单指多张、多指多张等。手按式点钞法也可分为单指单张、单指多张。扇面式点钞法一般采用单指多张和多指多张。

手工清点硬币的方法也是一种手工点钞法。在没有工具之前，硬币全部用手工清点，这是清点硬币的一种基本方法，它不受客观条件的限制，只要熟练掌握，在工作中与工具清点速度相差不大。

二、手持式点钞

1．手持式单指单张点钞

手持式单指单张点钞是一种适用面较广的点钞方法，可用于收款、付款和整点各种新旧大小钞券。这种点钞方法的优点是，持票人持票所占的票面较小，视线可及票面的 3/4，容易发现假票，挑剔残破币也较方便。因此，手持式单指单张点钞法的具体操作步骤如下。

（1）拆把持钞。

① 拆把的方法有以下两种。

第一种方法：持把时左手拇指在钞券正面的左端，约在票面的 1/4 处，食指和中指在钞券背面与拇指一起捏住钞券，无名指和小指自然弯曲；捏起钞券后，无名指和小指伸向票前压住钞券的左下方，中指弯曲稍用力，与无名指和小指夹住钞券；食指伸直，拇指向上移动按住钞券的侧面将钞券压成瓦形，并使左手手心向下，然后用右手脱去钞券上的腰条。同时，左手将钞券在桌面上轻轻擦，拇指借用桌面的摩擦力将钞券向上翻成微形票面。右手的拇指、食指、中指沾水做点钞准备。从上面可以看出，这种拆把方法不撕断纸条，便于保留原纸条查看图章。此拆把方法通常用于初点现金。

第二种方法：钞券横执，正面朝着身体，用左手的中指和无名指夹住票面的左上角，拇指按住钞券上边沿处，食指伸直，中指稍用力，把钞券放在桌面上，并使左端翘起成瓦形，然后用左手食指向前伸勾断腰条纸并抬起食指使腰条自然落在桌面上，左手大拇指翻起钞票的同时用力向外推使钞券成小扇面（约 30° ～45° ），右手拇指、食指、中指蘸水做好点钞准备。这种方法的特点是左右手可同时操作，拆把速度快，但腰条纸勾断后不能再使用。这种拆把方法通常用于复点现金。

② 持钞：钞券横执，钞券的反面朝着身体。用左手中指和无名指夹住钞券的左端中间，

食指和中指在前面，中指弯曲，食指伸直；无名指和小指放在钞券后面并自然弯曲。左手拇指在钞票下边沿后侧约占票面的 1/3 处用力将钞券向上翻起呈瓦形，使钞券正面朝向身体，并用拇指捏住钞票里侧边缘向外推，食指协助拇指，使钞票打开呈微扇形状。持钞步骤如图 2-21～图 2-25 所示。

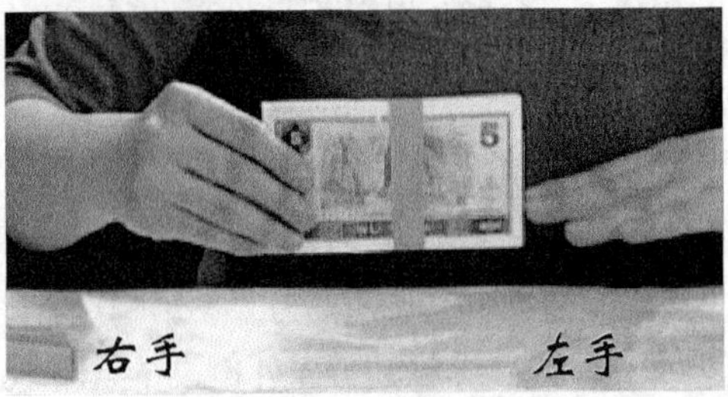

图 2-21　手持式持钞第一步

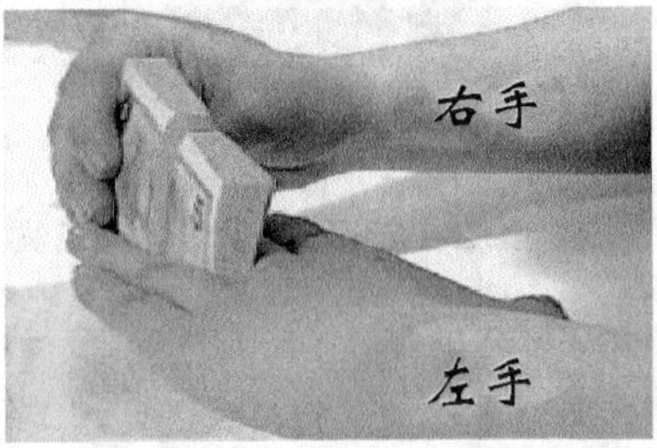

图 2-22　手持式持钞第二步

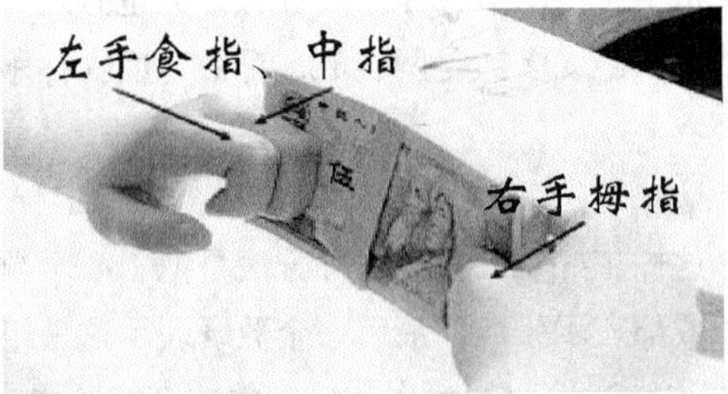

图 2-23　手持式持钞第三步

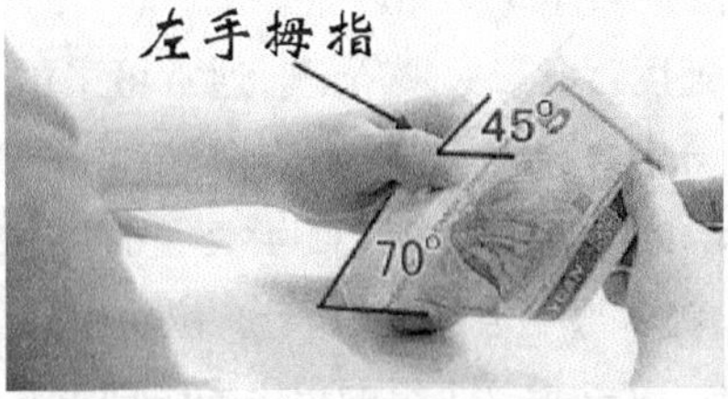

图 2-24　手持式持钞第四步

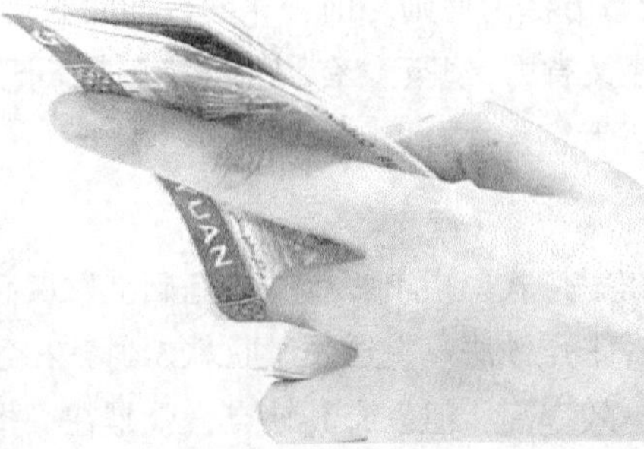

图 2-25　手持式持钞背面

（2）清点。拆把后，左手持钞稍斜，正面对胸前，右手捻钞。捻钞从右上角开始。用右手拇指尖向下捻动钞票的右上角，拇指不要抬得太高，动作的幅度也不宜太大，以免影响速度；食指在钞票背面托住少量钞票配合拇指工作，随着钞票的捻出要向前移动，以及时托住另一部分钞票；无名指将捻下来的钞票往怀里方向弹，每捻下一张弹一次，要注意轻点快弹；中指翘起不要触及票面，以免妨碍无名指动作。在清点中拇指上的水用完向中指沾一下便可点完 100 张。同时，左手一指也要配合动作，当右手将钞券下捻时，一指要随即向后移动，并用指尖向外推动钞券，以利捻钞时下钞均匀。在这一环节中，要注意右手拇指捻钞时，主要负责将钞券捻开，下钞主要靠无名指弹拨，如图 2-26、图 2-27 所示。

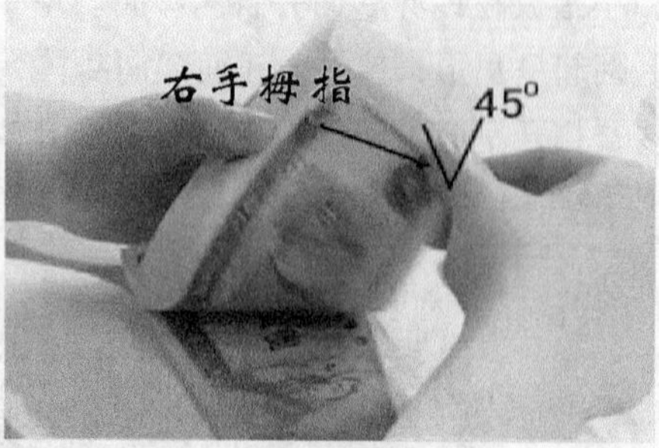

图 2-26　手持式单指单张指法（1）

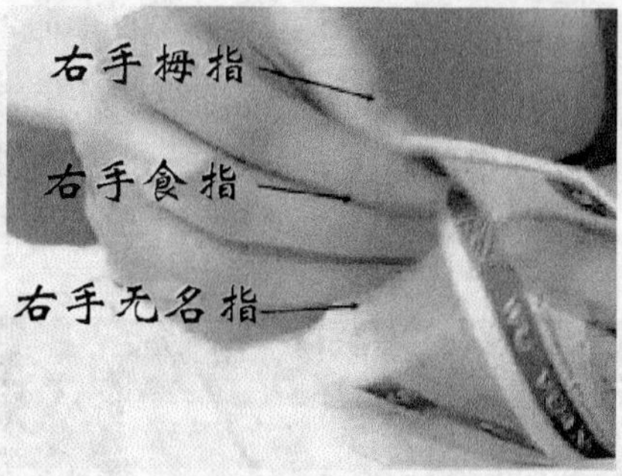

图 2-27　手持式单指单张指法（2）

（3）挑残破券。在清点过程中，如发现残破券应按剔旧标准将其挑出。为了不影响点钞速度，点钞时不要急于抽出残破券，只要用右手中指、无名指夹住残破券将其折向外边，待点完 100 张后再抽出残破券补上完整券。

（4）记数。在清点钞券的同时要记数。由于单指单张每次只捻一张钞券，记数也必须一张一张地记，直至记到 100 张。从“1”到“100”的数中，绝大多数是两位数，记数速度往往跟不上捻钞速度，所以必须巧记。通常可采用分组计数法。

分组记数法具体来说有两种。一种是 1、2、3、4、5、6、7、8、9、1；1、2、3、4、5、6、7、8、9、2……1、2、3、4、5、6、7、8、9、10。这样正好 100 张。这种方法是把 100 个数编成 10 个组，每个组都由 10 个一位数组成，前面 9 个数都表示张数，最后一个数既表示这一组的第 10 张，又表示这个组的组序号码即第几组。这样在点数时记数的频率和捻钞的速度能基本吻合。另一种是 0、2、3、4、5、6、7、8、9、10；1、2、3、4、5、6、7、8、9、10……9、2、3、4、5、6、7、8、9、10。这种记数方法的原则与前种相同，不同的是把组的号码放在每组数的前面。这两种记数方法既简捷、迅速又省力、好记，有利于准确记数。记数时要注意不要用嘴念出声来，要用心记。做到心、眼、手三者密切配合。

2．手持式单指多张点钞

手持式单指多张点钞是在手持式单指单张点钞的基础上发展起来的。点钞时，一指同时点两张或两张以上的方法叫单指多张点钞法。它适用于收款、付款和各种券别的整点工作。用这种方法点钞时，记数简单、省力，效率高；但也有其缺点，就是在一指捻几张时，由于不能看到中间几张的全部票面，所以假钞和残破券不易被发现。这种点钞法除了记数和清点外，其他均与单指单张点钞法相同。

（1）清点。清点时右手拇指肚放在钞券的右上角，拇指尖略超过票面。如点双张时，先用拇指肚捻下第 1 张，拇指尖捻下第 2 张；如点 3 张及 3 张以上时，同样先用拇指肚捻下第 1 张，然后依次捻下后面一张，用拇指尖捻下最后一张，要注意拇指均衡用力，捻的幅度也不要太大，食指、中指在钞券后面配合拇指捻动，无名指向怀里方向弹。为增大审视面，并保证左手切数准确，点数时眼睛要从左侧向右看，这样容易看清张数和残破券、假币。

（2）记数。由于一次捻下多张，应采用分组记数法，以每次点的张数为组记数。如点 3 张，即以 3 张为组记数，每捻 3 张记一个数，33 组余 1 张就是 100 张；又如点 5 张，即以 5 张为组记数，每捻 5 张记一个数，20 组就是 100 张。依此类推。

3．手持式四指四张点钞

手持式四指四张点钞法，点钞时用小指、无名指、中指、食指依次捻下一张钞票，一次清点四张钞票的方法。它适用于收款、付款和整点工作，是一种适用广泛，比较适合于柜面收付款业务的点钞方法。它的优点是速度快、效率高。由于每指点一张，票面可视幅度较大，看得较为清楚，有利于挑出假币和损破券。

（1）持钞。钞券横立，左手持钞。持钞时，手心朝胸前，手指向下，中指在票前，食指、无名指、小指在后，将钞券夹紧；以中指为轴心五指自然弯曲，中指第二关节顶住钞券，向外用力，小指、无名指、食指、拇指同时向手心方向用力，将钞券压成“U”形，“U”形口朝里；这里要注意食指和拇指要从右上侧将钞券往里下方轻压，打开微扇面；手腕向里转动 90°，使钞券的凹面向左但略朝里，凸面朝外向右；中指和无名指夹住钞券，食指移到钞券外侧面，用指尖管住钞券，以防下滑，大拇指轻轻按住钞券外上侧，既防钞券下滑又要配合右手清点。最后，左手将钞券移至胸前约 20 厘米的位置，右手五指同时沾水，做好清点准备。手持式四指四张点钞持钞如图 2-28～图 2-30 所示。

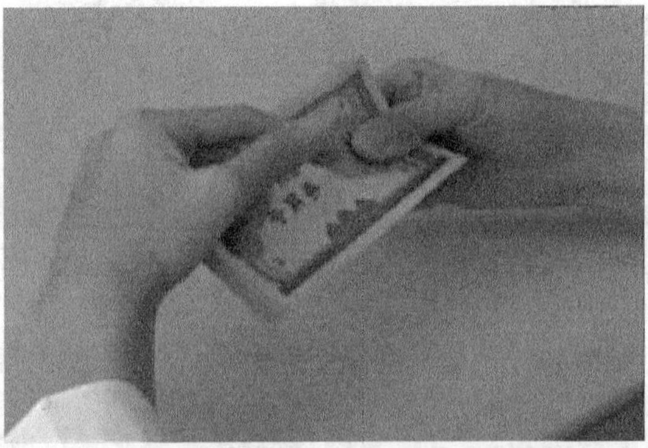

图 2–28　手持式四指四张点钞持钞第一步

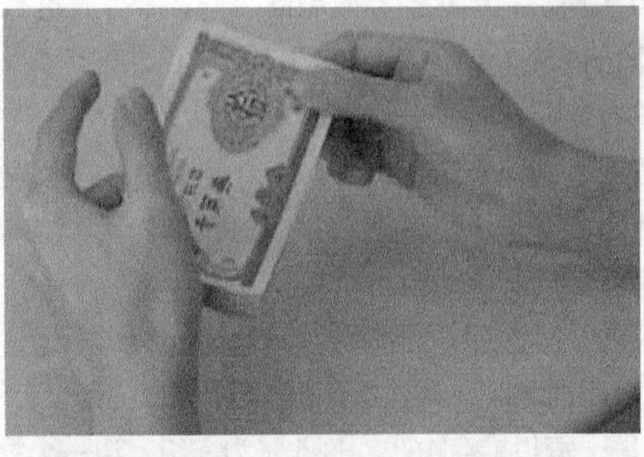

图 2–29　手持式四指四张点钞持钞第二步

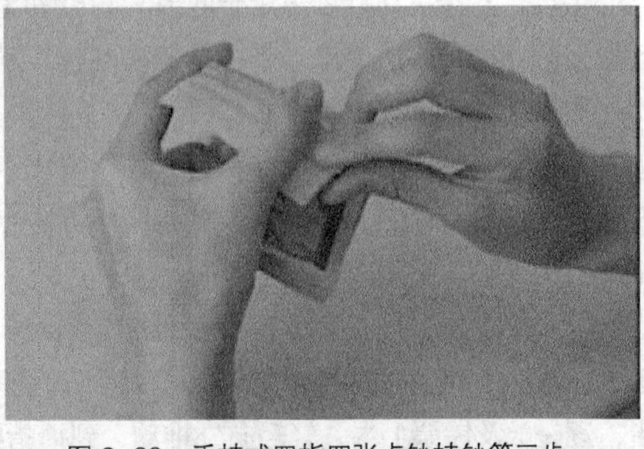

图 2–30　手持式四指四张点钞持钞第三步

（2）清点。两只手摆放要自然。一般左手持钞略低，右手手腕抬起高于左手。清点时，右手拇指轻轻托住内上角里侧的少量钞券；其余 4 指自然并拢，弯曲成弓形；食指在上，中指、无名指、小指依次略低，4 个指尖呈一条斜线。然后从小指开始，4 个指尖依次顺序各捻下一张，4 指共捻 4 张。接着以同样的方法清点，循环往复，点完 25 次即点完 100 张。

注意

使用手持式四指四张点钞法清点要注意以下几个方面。

① 捻钞券时动作要连续，下张时一次一次连续不断，当食指捻下本次最后一张时，小指要紧紧跟上，每次之间不要间歇。

② 捻钞的幅度要小，手指离票面不要过远，4个指头要一起动，加快往返速度。

③ 4个指头与票面接触面要小，应用指尖接触票面进行捻动。

④ 右手拇指随着钞券的不断下捻向前移动，托住钞券，但不能离开钞券。

⑤ 在右手捻钞的同时左手要进行配合，每当右手捻下一次钞券，左手拇指就要推动一次，两指同时松开，使捻出的钞券自然下落，再按住未点的钞票，往复动作，使下钞顺畅自如。手持式四指四张点钞法的清点指法如图2-31、图2-32所示。

图2-31 手持式四指四张点钞指法（1）

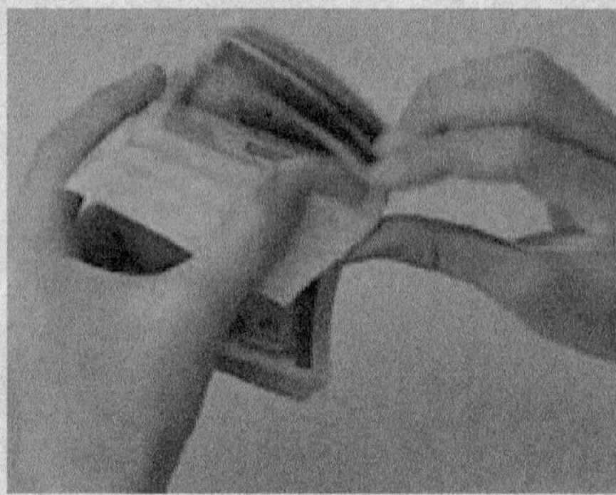

图2-32 手持式四指四张点钞指法（2）

（3）记数。采用分组记数法。以4个指头顺序捻下4张为1次，每次为1组，25次即25组即为100张。

4．手持式五指拨动点钞法

手持式五指拨动点钞适用于收款、付款和整点工作。它的优点是效率高、记数省力，可减轻动力强度。这种方法要求5个手指依次动作，动作准度较大。

操作方法有以下3种。

（1）除点数外，其他均与手持式四指拨动点钞法相同。点数时先从拇指开始触及票面及票面弧形面上，然后以二、三、四、五指顺序逐一点数，向怀里下方拨票，手腕旋转连续拨动钞票，每5张为1组，记1个数。

（2）持把方法与手持式单张点钞法基本相同，不同的是左手二指略伸出票面夹住钞票不让其下垂，拇指夹住钞票侧面上端。点钞时右手5个指头同时沾水后，从五指开始，依次四、三、二、拇指，逐一触及钞票上端，轻轻向外推动，到拇指收尾，每指推点1张，每5张为一组，记一个数。

（3）持把与手持式单张点钞法相同。点钞时左手5个手指稍离开，微曲，向怀里下方轻轻拨动钞票的右上角（或中间）。点数时先从拇指开始，到五指收尾，每个手指拨点1张，拨动一次是5张，记数与上法相同。

以上介绍的五指拨动法是单向拨动，即右手始终是从拇指开始依次向怀里方向拨动，直至小指收尾止。五指拨动法也可里外双向拨动，即先从拇指开始，食指、中指依次向怀里方向拨动，到无名指收尾为止，再从小指开始，依次无名指、中指向外方向拨动。直至食指收尾为止。这样来回拨动，一次 8 张，点 12 个来回余 4 张即为 100 张。这种点钞方法准确度较大、速度快、效率高。

三、扇面式点钞

扇面式点钞法最适合用于整点新券及复点工作，是一种效率较高的点钞方法。但这种点钞方法清点时往往只看票边，票面可视面极小，不易挑剔残破券和鉴别假钞，不适用于整点新旧币混合的钞券。

扇面式点钞法一般有拆把、开扇、清点、记数、合扇、墩齐或扎把等基本环节。由于清点方法不同，可分为单指一按多张点钞（单指多张法）和多指各按单张（多指多张法）两种。一次按得越多，点数的难度就越大，初学者应注意选择适当的张数。下面分别介绍这两种方法。

1．扇面式单指多张点钞法

（1）持票拆把。钞券竖拿，左手拇指在票前、食指和中指在票后一并捏住钞券左下角约 1/3 处，左手无名指和小指自然弯曲。右手拇指在票前，其余四指横在票后约 1/2 处，用虎口卡住钞券，并把钞券压成瓦形，再用拇指勾断钞券上的腰条纸做开扇准备。

（2）开扇。开扇也叫打扇面，是扇面点钞最关键的环节。扇面开得匀不匀，直接影响到点钞的准确性。因此，扇面一定要开得均匀，即每张钞券的间隔要均匀。开扇效果如图 2-33 所示。开扇有一次性开扇和多次开扇两种方法。

① 一次性开扇的方法是：以左手为轴，以左手拇指和食指持票的位置为轴心，右手拇指用力将钞券往外推，右手食指和中指将钞券往怀里方向转过来然后向外甩动，同时左手拇指和食指从右向左捻动。左手捻、右手甩要同时进行。一次性开扇效率高，但难度较大。开扇时要注意左右手协调配合，右手甩扇面要用劲，右手甩时左手拇指要放松，这样才能一性甩开扇面，并使扇面开得均匀。

② 多次开扇的方法是：以左手为轴、右手食指和中指将钞券向怀里左下方压，用右手腕把钞券压弯，稍用力往怀里方向从右侧向左侧转动，转到左侧时右手将压弯的钞券向左上方推起，拇指和食指向左捻动，左手拇指和食指在右手捻动时略放松，并从右向左捻动。这样反复操作，右手拇指逐次由钞券中部向下移动，移至右下角时即可将钞券推成扇形面。然后双手持票，将不均匀的地方抖开，钞券的左半部向左方抖开，右半部向右方抖开。这种开扇方法比前一种费时，但比较容易掌握。用这种方法开扇时要注意开扇动作的连贯性，若动作不连贯，则会影响整体点钞速度。

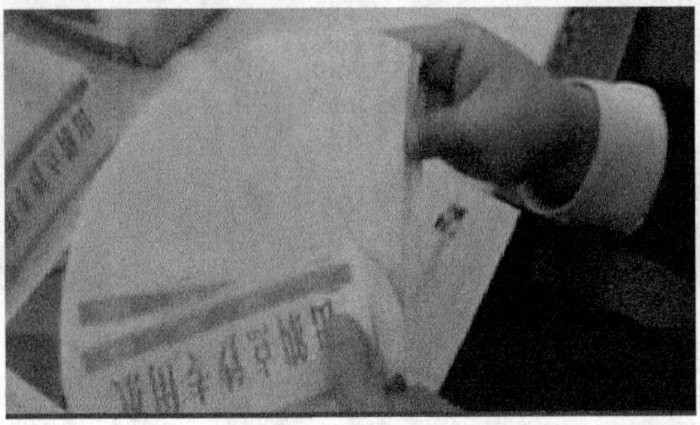

图 2–33　开扇

（3）清点。清点时，左手持扇面，扇面平持但钞券上端略上翘使钞券略倾斜，右手中指、无名指、小指托住钞票背面，右手拇指一次按 5 张或 10 张钞券，按下的钞券由食指压住，接着拇指按第二次，依此类推。同时，左手应随着右手点数的速度以腕部为轴稍向怀里方向转动用。这种方法清点时，要注意拇指下按时用力不宜过大，下按的拇指一般按在钞券的右上角。从下按的张数来看，如出纳员经验丰富，也可一次下按 6 张、8 张、12 张、14 张、16 张等。扇面点钞单指多张指法如图 2-34 所示。

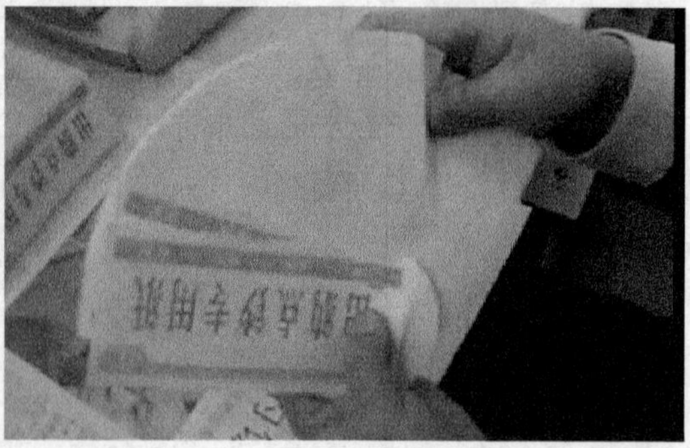

图 2–34　扇面点钞单指多张指法

（4）记数。采用分组记数法。一按 5 张即每 5 张为一组，记满 20 组为 100 张。一按 10 张即每 10 张为一组，记满 10 组即为 100 张。其余类推。

（5）合扇。清点完毕即可合扇。合扇时，左手用虎口松拢钞券向右边压；右手拇指在前，其余四指在后托住钞券右侧并从右向左合拢，左右手一起往中间稍用力，使钞券竖立在桌面上，两手松拢轻墩。钞券墩齐后即可扎把。

2．扇面式多指多张点钞法

扇面式多指多张点钞，有一指下 5 张、6 张、7 张、8 张等，最多可达 15 张，因此这种点钞方法的速度相当快。这种点钞法的持票、拆把、开扇、记数、合扇等方法与扇面一按多张点钞相同，仅清点方法有所区别。故这里只介绍它的清点操作过程，并以四指 5 张为例。

清点时，左手持扇面，右手清点。先用左手拇指下按第一个 5 张。然后右手指沿钞券上端向前移动按下第二个 5 张，中指和无名指依次下按第三、第四个 5 张，这样即完成一组动作。当无名指下按第四个 5 张后，拇指应迅速接着下按第一个 5 张，即开始第二轮的操作。四个手指依次轮流反复操作。由于左手指移动速度快，在清点过程中要注意右臂要随各个手指的点数轻轻向左移动。还应注意每指清点的张数应相同。下按 6 张、7 张等钞券的方法与下按 5 张相同。

用 5 个手指、3 个手指、2 个手指均可清点。其清点方法与四指多张相同。

四、手按式点钞法

手按式点钞法可分为手按式单张点钞法、手按式双张点钞法、手按式三张和四张点钞法、手按式四指拨动点钞法、手按式五张扳数点钞法等几种。

1．手按式单张点钞法

这种点钞法适用于收款、付款和整点各种新、旧大小钞票，特别适宜于整点辅币及残破票多的钞票。此法看到的票面较大，便于挑剔残破票，但在速度上比手持式单张点钞法慢，劳动强度也大些。

操作时，把钞票横放在桌上，对正点钞员，用左手无名指、小指按住钞票的左上角，用右手拇指托起右下角的部分钞票；用右手食指捻动钞票，每捻起 1 张，左手拇指即往上推动送到食指和中指之间夹住，即完成了一次点钞动作，以后依次连续操作，点数至 100 张。手按式单指单张的按钞及清点指法如图 2-35～图 2-38 所示。

图 2–35　手按式单指单张的按钞

图 2–36　手按式单张点钞指法（1）

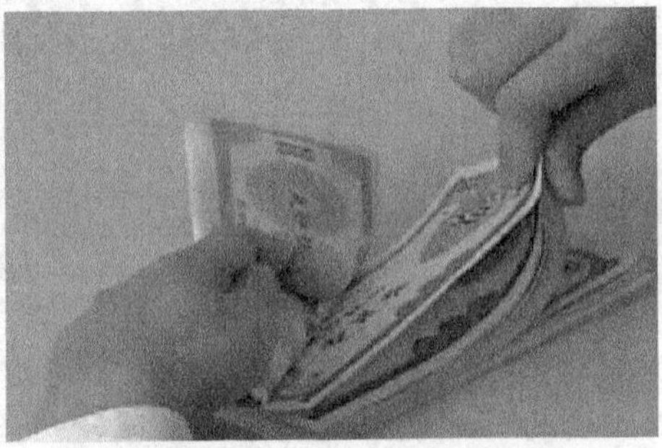

图 2–37　手按式单张点钞指法（2）

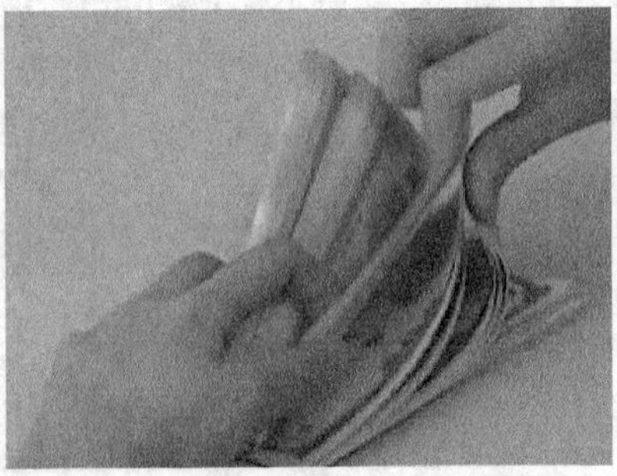

图 2–38　手按式单张点钞指法（3）

2．手按式双指双张点钞法

这种方法的速度比手按式单张点钞法快一些，但挑残破币不方便，所以不适用于整点残破券的钞票。

操作时，把钞票斜放在桌上，左手的小指、无名指压住钞票的左上方约占 3/4 处；右手食指、中指沾水，沾水后，用拇指托起右下角的部分钞票。右臂倾向左前方，然后用中指向下捻起第一张，随即用食指再捻起第二张，捻起的这两张钞票由左手拇指向上送到食指和中指间夹住。分组记数，两张为一组，数到 50 即为 100 张。

3．手按式三指三张点钞法

这种点钞法适用于收款、付款和整点各种新旧主币、角币。它的速度较快，但除第一张外，其余各张能看到的票面小，不宜整点残破券较多的钞票。

操作时，可以分为以下 4 个步骤。

（1）放票。把钞票斜放在桌上，使其右下角稍伸出桌面，坐的椅子要向右斜摆，使身体与桌子成一个三角形，便于右手肘部枕在桌面上，操作起来省力。手按式多指多张的放钞位置及按钞如图 2-39、图 2-40 所示。

图 2-39　手按式多指多张点钞法的放钞

图 2-40　手按式多指多张点钞法的按钞

（2）清点。以左手小指、无名指、中指按住钞票的左上角，右手肘部枕在桌面上，拇指托起右下角的部分钞票，小指弯曲。三张点钞是以无名指先捻起第一张，随即以中指、食指顺序各捻起一张。将捻起的 3 张钞票用左手拇指向上推送到食指和中指间夹住。手按式多指多张清点指法如图 2-41、图 2-42 所示。

图 2-41　手按式多指多张点钞法指法（1）

图 2-42　手按式多指多张点钞法指法（2）

（3）记数。采用分组记数，3 张点钞是每 3 张为 1 组，记 1 个数，数到 33 最后剩余 1 张，即为 100 张。4 张点钞是每 4 张为 1 组，记 1 个数，数到 25 正好是 100 张。

4．手按式四指拨动点钞法

这种方法在操作时，将钞票横放在桌上，左手小指、无名指、中指压住钞票的左上角，右手食指、中指、无名指和小指沾水后，用食指从钞票右上角向胸前方向拨动第一张钞票；紧接着，再用中指、无名指、小指分别拨起第二张、第三张、第四张钞票；每拨起 4 张钞票就以左手拇指向上推，用食指、中指夹住，即完成一组动作。记数时，与四张点钞法相同。

5．手按式五张扳数点钞法

这种方法适用于整点各种主币及复点工作，速度快，但不便于挑剔残破票及鉴别假票。新旧残破票混在一起时，不宜用本方法。

操作时，双手持票，两手拇指在票前，其余各指在票后，捏住钞票的下半部将其竖立；然后以左手拇指向右推，右手 4 个手指向左推，下端约伸出桌面 2 厘米；左手中指、无名指、小指按住钞票右下角扳起钞票，使其向左散开，然后左手拇指在扳起的钞票中部一次扳 5 张，每扳一次用中指、食指夹住。

记数时，5 张为一组，记一个数，数到 20 即为 100 张。

任务训练

1．训练要求

（1）加强指法练习。初学者应先从练习单指单张点钞法开始，待点钞指法熟练后，依次练习单指多张点钞法、多指多张点钞法、扇面式点钞法。

（2）强化动作协调。动作连贯是保证点钞质量和提高效率的必要条件，点钞过程的各个环节（拆把、清点、墩齐、扎把、盖章）必须密切配合，环环相扣。清点中双手动作要协调，速度要均匀。

（3）练手。手指活动要灵活，接触的感觉要灵敏，动作的幅度要小，捻钞不重张，以提高捻钞速度。

（4）练眼力。眼睛与手相配合，在手指迅速捻动票币的过程中，能辨别张数、面额、花纹、色彩。

（5）练记数。大脑与手、眼协作，时刻掌握清点的张数。要注意不要用嘴念出声来，要用心记。

2．任务

（1）10 分钟手持式点钞分组竞赛训练与集中训练相结合。

（2）10 分钟手按式点钞分组竞赛训练与集中训练相结合。

（3）10 分钟扇面点钞分组竞赛训练与集中训练相结合。

3．任务考核参考标准

（1）坐姿端正，点钞手法优美大方，点钞期间无间歇、停顿。

（2）在点钞期间有两次要求重新开始的机会，第一次扣 2 分，第二次扣 5 分。

（3）在点钞环节规定时间内点够 100 张（单指单张 50 秒，单指多张 40 秒），每超出 1 秒扣 2 分，扣完为止，50 秒以上为不合格。

（4）点钞数目与实际不符给一次重新点钞的机会，但一次扣 10 分。

任务三 机器点钞

机器点钞就是使用点钞机代替手工整点钞票。机器点钞代替手工点钞，对提高工作效率、减轻出纳人员的劳动强度、改善临柜服务态度、加速资金周转都有积极的作用。随着金融事业的不断发展，出纳的收付业务量也日益增加，机器点钞已成为银行出纳点钞的主要方法。

一、认识点钞机

由于各种点钞机的外形不尽相同，同时相对的一些附加功能也各有差异，大部分点钞机主要由三大部分组成。第一部分是捻钞；第二部分是计数；第三部分是传送整钞。

捻钞部分由下钞斗和捻钞轮组成。其功能是将钞券均匀地捻下送入传送带。捻钞是否均匀、计数是否准确，其关键在于下钞斗下端一组螺丝的松紧程度。使用机器点钞时，必须调节好螺丝，掌握好下钞斗的松紧程度。下钞斗和捻钞轮用来将钞券均匀地捻下送入传送带；捻钞轮捻出的每张钞券通过光电管和灯泡后，由计数器记忆并将光电信号转换到数码管上显示出来。

计数部分（以电子计数器为例）由光电管、灯泡、计数器和数码组成。捻钞轮捻出的每张钞券通过光电管和灯泡后，由计数器记忆并将光电信号轮换到数码管上显示出来。数码管显示的数字，即为捻钞张数。

传送整钞部分由传送带、接钞台组成。传送带的功能是传送钞券并拉开钞券之间的距离，加大票币审视面，以便及时发现损伤券和假币。接钞台是将落下的钞券堆放整齐，为扎把做好准备。常见点钞机如图 2-43 所示。

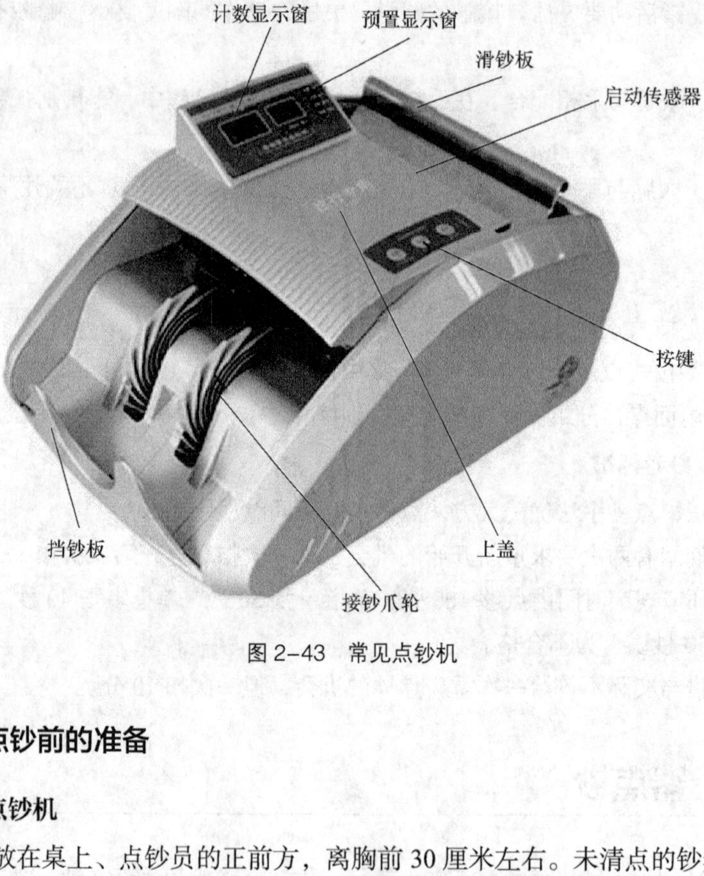

图 2-43　常见点钞机

二、机器点钞前的准备

1．放置好点钞机

点钞机一般放在桌上、点钞员的正前方，离胸前 30 厘米左右。未清点的钞券放在机器右侧，已经清点的钞券放在机器左侧。腰条纸横放在机器前面即靠点钞员胸前的那一侧。临柜收付款时也可将点钞机放在点钞桌抽屉内，桌子台面上用玻璃板，以便看清数字和机器运转情况。

2．放置好钞券和工具

在准备点钞环节还包括了整理票币，在整理过程中要将以下几种纸币挑出：用纸或透明胶补疤、被水洗过、有严重污渍、有破损的纸币。使用点钞机前再次对照使用说明确认使用步骤，确保使用方法的准确。

机器点钞是连续作业，且速度相当快，因此清点的钞券和操作用具的摆放位置必须固定，这样才能做到忙而不乱。一般未点的钞券放在机器右侧，按大小票面顺序排列，或从大到小，或从小到大，切不可大小夹杂排列；经复点的钞券放在机器左侧；腰条纸应横放在点钞机前面即靠点钞员胸前的那一侧，其他各种用具的放置要适当、顺手。点钞物品放置效果如图 2-44 所示。

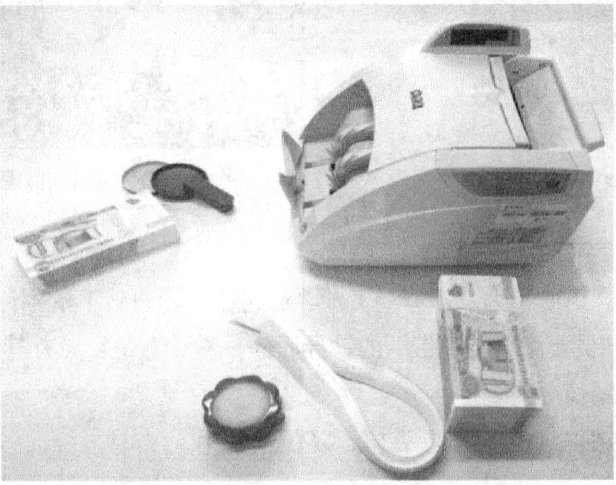

图 2–44　物品放置

3．试机

首先检查各机件是否完好，再打开电源，检查捻钞轮、传送带、接钞台的运行是否正常；灯泡、数码管显示是否正常，如荧光数码显示不是“00”，则按“0”键，使其复位“0”。然后开始调试下钞斗，松紧螺母，通常以壹元券为准，调到不松、不紧、不夹、不阻塞为宜。调试时，右手持一张壹元券放入下钞斗，捻钞轮将券一捻住，马上用手抽出，以捻得动、抽得出为宜。

调整好点钞机后，还应拿一把钞券试试，看看机器转速是否均匀，下钞是否流畅、均匀，点钞是否准确，落钞是否整齐。若传送带上钞券排列不均匀，说明下钞速度不均，要检查原因或调节下钞斗底冲口而出的螺丝；若出现不整齐、票面歪斜现象，说明下钞斗与两边的捻钞轮相距不均匀，往往造成距离近的一边下钞慢，钞券一端向送钞台倾斜，传送带上钞券呈一斜面排列，反之下钞快。这样应将下钞斗两边的螺丝进行微调，直到调好为止。

三、点钞机的操作程序

1．持票拆把

用右手从机器右侧拿起钞券，右手钞券横执，拇指与中指、无名指、小指分别捏住钞券两侧，拇指在里侧、其余三指在外侧，将钞券横捏成瓦形（见图 2-45），中指在中间自然弯曲。然后用左手将腰条纸抽出，右手将钞券迅速移到下钞斗上面，同时用右手拇指和食指捏住钞券上侧，中指、无名指、小指松开，使钞券弹回原处并自然形成侧面小扇面（见图 2-46），这样即可将钞券放入下钞斗。

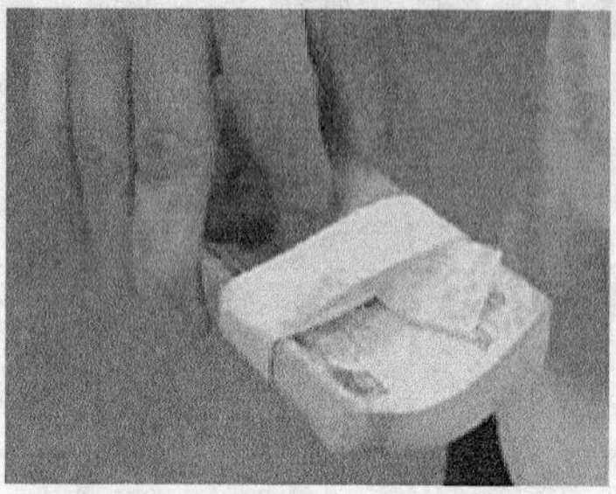

图 2-45　持钞

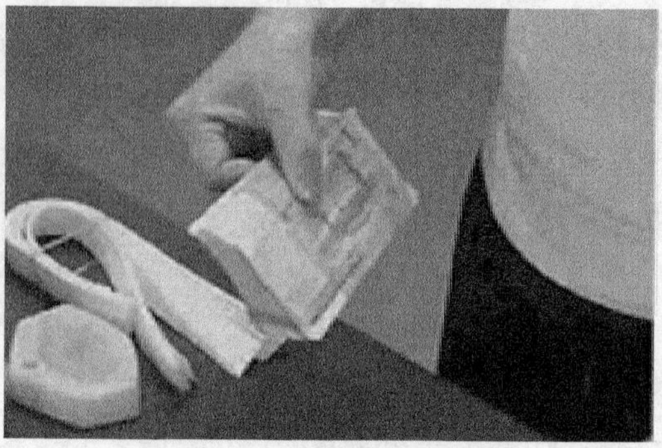

图 2-46　拆把放置前

2．点钞机点钞

将钞券放入下钞斗，不要用力。钞券经下钞斗通过捻钞轮自然下滑到传送带，落到接钞台（见图 2-47）。下钞时，点钞员要注意传送带上的钞券面额，看钞券是否夹有其他票券、损伤券、假钞等，同时要观察数码显示情况。

拆下的封条纸先放在桌子一边不要丢掉，以便查错用。

图 2-47　机器点钞

3．记数

当下钞斗和传送带上的钞券下张完毕时，要查看数码显示是否为“100”。如显示的数字不为“100”，必须重新复点。在复点前应先将数码显示置“00”状态并保管好原把腰条纸。如经复点仍是原数，又无其他不正常因素，则说明该把钞券张数有误，即应将钞券连同原腰条纸一起用新的腰条纸扎好，并在新的腰条纸上写上差错张数，另作处理。

一把点完，计数为百张，即可扎把。扎把时，左手拇指在钞券上面，手掌向上，将钞券从接钞台里拿出，把钞券墩齐后进行扎把。

4．盖章

复点完全部钞券后，点钞员要逐把盖好名章。盖章时要做到先轻后重，整齐、清晰。

由于机器点钞速度快，需要两手动作协调，下钞、拿钞、扎把等动作要连贯，当右手将一把钞券放在下钞斗后，马上拆开第二把，准备下钞，当传送带上最后一张钞券落到接钞台后，左手迅速将钞券拿出，同时右手将第二把钞券放入下钞斗，然后对第一把钞券进行扎把。扎把时仍应注意观察传送带上的钞券。当左手将第一把钞券放在机器左侧的同时，右手从机器右侧拿起第三把钞券做好下钞准备，顺势抹掉第三把钞券的腰条纸后，左手迅速从接钞台上取出第二把钞券进行扎把。

口诀：一把投入拆二把，眼睛跟着跑道走；看准计数防差错，左手取钞忌留张；券别把数要分清，右拿左放不混淆；各个环节衔接好，连续作业效率高。

5．注意事项

（1）原把腰条纸要顺序更换，不得将前把与后把腰条纸混淆，以分清责任。

（2）钞券进入接钞台后，左手取钞必须取净，然后右手再放入另一把钞券，以防止串把现象。

（3）如发现钞券把内有其他券种或损伤券及假币时，应随时挑出并补上完整券后才能扎把。

6．机器点钞的技巧

机器点钞连续操作，归纳起来要做到以下“五个二”。

二看：看清跑道票面，看准计数。

二清：券别、把数分清，接钞台取清。

二防：防留张，防机器吃钞。

二复：发现钞券有裂缝和夹带纸片时要复，计数不准时要复。

二经常：经常检查机器底部，经常保养、维修点钞机。

四、点钞机的常见故障及其处理

虽说点钞机的维修需要一定的专业知识和技能，要由厂家专业的维修技术人员去完成。但有时，点钞机出现的一些小故障，对于非专业人员来说也是可以处理的。

点钞机常见的故障有计数不准、荧光鉴伪不报警、开机后没有显示、开机后出现故障提示等。

1．计数不准

除了电路毛病和钞券本身的问题外，光电管、小灯泡积灰或电源、电压大幅度升降都会造成计数不准。

计数不准的处理方法是：经常打扫光电管和小灯泡上的灰尘；荧光数码管突然计数不准，要立即停机，检查机器的线路或测试电压等；调节托钞盘后部的垂直螺丝，顺时针拧一周或两周；清理光电记数传感器上的积尘；清尘后还不能恢复正常，则看阻力橡皮、捻钞轮是否严重磨损，换好阻力橡皮、捻钞轮后再进行调整；调节送钞台光电计数器传感器的对正位置。

2．荧光鉴伪不报警

对于荧光鉴伪不报警的问题，可以先调节一下荧光鉴伪的灵敏度（具体方法一般在使用说明书上写得很清楚）。如果仍不能解决，可以试着更换紫外灯管。如果更换灯管和调整均无效，则需要请专业的维修人员去做进一步的处理。

3．开机后无显示

开机后无显示多和电源有关系。可以查看一下电源的插座是否有电，换一个插座试一下；如果还不行，可检查机器的插座是否插好，机器的保险丝是否已断。如果查不出原因，那就需要请专业的维修人员处理。

4．接钞台留张

左手到接钞台取钞时，有时会漏拿一张，造成上下不符。防止接钞台留张的方法是，取尽接钞台内的钞券，或不同的票面交叉清点。

5．机器“吃钞”

引起机器“吃钞”的主要原因是：钞券较旧，很容易卷到输钞轴上或带进机器肚内；出钞歪斜，容易引起输钞紊乱、挤扎或飞张，也有可能被下钞轮带进机器肚内。防止机器“吃钞”的方法是，调整好面板和调节螺丝，使下钞流畅、整齐；输钞紊乱、挤扎时要重新清点一遍；要检查机器底部和前后输钞轴是否有钞券被夹住。

6．开机后出现故障提示代码

一般点钞机具有故障自检功能，开机后点钞机就自诊是否有故障。不同的点钞机，故障代码也不一样。请参考说明书。

7．启停方式失灵

启停方式失灵一般检查送钞传感器是否积尘；送钞传感器和主电路板连接开路，接好即可；点钞机皮带是否折断。

现在许多点钞机具有故障自诊断功能，开机后机器自己就可以检测有没有故障。可是，这种检测本身也有发生故障的情况。这时需要检查机器里面有没有残留什么不属于机器的东西，如是否有纸币的碎角等东西挡住了机器的传感器，机器的可拆卸部分是否没有上好等。若排除这些情况后仍不能解决问题，则需要请专业的维修人员来维修。

除了以上提到的故障以外，点钞机还可能出现其他故障。但无论出现什么故障，首先应该确认是否是因为杂物掉入机器内所引起的，如果不是，较安全可靠的办法就是请厂家专业的维修人员来维修，以使机器故障尽早去除。

五、硬币的整点

1．手工整点硬币

手工整点硬币一般常用在收款、收点硬币尾零款，以 100 枚为一卷，一次可清点 5 枚、12 枚、14 枚或 16 枚，最多可一次清点 18 枚，主要依个人技术熟练程度而定。其操作方法如下。

（1）拆卷。右手持硬币卷的 1/3 部位，放在待清点完包装纸的中间，左手撕开硬币包装纸的一头，然后右手大拇指向下从左到右打开包装纸，把纸从卷上面压开后，左手食指平压硬币，右手抽出已压开的包装纸，这样即可准备清点。

（2）点数。按币值由大到小的顺序进行清点，用左手持币，右手拇指、食指分组清点。为保证准确性，用右手中指从一组中间分开查看，如一次点 18 枚为一组，则从中间分开，一边 9 枚；如一次点 10 枚为一组，则一边为 5 枚。记数方法为分组计数，一组为一次，如点 10 组则记 10 次，其他依此类推。硬币清点效果如图 2-48 所示。

图 2–48　清点硬币

（3）包装。硬币清点完毕后，用双手的无名指分别顶住硬币的两头，用拇指、食指、中指捏住硬币的两端，将硬币取出放入已准备好的包装纸的 1/2 处，再用双手拇指把里半部的包装纸向外掀起掖在硬币底部，再用右手掌心用力向外推卷，然后用双手的中指、食指、拇指分别将两头包装纸压下均贴至硬币，这样使硬币两头压 3 折，包装完毕。

2．工具整点硬币

工具整点硬币是指大批的硬币用整点工具进行整点，具体操作步骤如下。

（1）拆卷。拆卷有以下两种方法。

① 震裂法拆卷，即用双手的拇指与食指、中指捏住硬币的两端向下震动，在震动的同时左手稍向里扭动，右手稍向外扭动。值得注意的是，用力要适度，使包装纸震裂，取出震裂的包装纸准备清点。

② 刀划法拆卷，首先在硬币整点器的右端安装一个坚硬刃向上的刀片，拆卷时用双手的拇指、食指、中指捏住硬币的两端，将左端至右端从刀刃上划过，这样包装纸即被刀刃划破一道口，硬币进入整点器盘内，然后将被划开的包装纸拿开，准备点数。

（2）点数。硬币放入整点器内进行清点时，用双手食指扶在整点器的两端，拇指推动弹簧轴，眼睛从左端到右端，看清每格内是否是 5 枚，如有氧化变形及伪币则随时挑出，并如数补充进去，然后准备包装。

（3）包装。工具整点硬币的包装方法与手工整点硬币相同。

任务训练

1．训练要求

（1）试用多种型号的点钞机，对比功能后熟练运用。

（2）机器点钞放钞所成的小扇形，要能单手完成。

2．任务

（1）单手拆把开小扇面练习。

（2）流畅、迅速地进行机器点钞。

（3）点钞机卡钞故障排除。

3．任务考核参考标准

能流畅、快速地在规定时间内进行点钞机点钞，并能顺利处理小故障（主要是卡钞）为合格；在规定的时间内不能排除小故障，即为不合格。

任务四 捆钞技能

捆钞是点钞的一个有机组成部分。钞券整点完毕全部扎把盖章后，还需捆扎。捆扎时把钞券按一定的方向排列，每把按一定方法扎好后，再按双“十”字扎成一捆。捆钞有手工捆钞和机器捆钞两种。

一、钞票的整理

（1）应保持桌面干净、整齐，不得乱放其他杂物，尤其是现金，避免出现混杂不清的情况。

（2）按硬币和纸币分类，再按不同的面值分类。硬币应当码齐，纸币应当平放铺开。

（3）清分票币时，损伤券要挑出来，断裂的纸币可用纸粘好，但不得用大头针、回形针或订书针随意夹钉。

（4）对于破损严重难以辨认的损伤票币应予以退回；不便退回的应做书面记录并由交款人确认，待送存银行时照有关规定办理。

（5）对于伪造、变造的票币必须当场向有关当事人声明，同时予以退回或作废处理。

（6）对于停止流通的票币应予以退回。

（7）挑净选好后，将票币整好码齐，准备清点。

二、手工捆钞

点钞完毕后需要对所点钞票进行扎把，通常是 100 张捆扎成一把，分为缠绕式和扭结式两种方法。

1．缠绕式

临柜收款采用此种方法，需使用牛皮纸腰条，其具体操作方法如下。

（1）将点过的钞票 100 张墩齐。

（2）左手从长的方向拦腰握着钞票，使之成为瓦状（瓦状的幅度影响扎钞的松紧，在捆扎中幅度不能变）。缠绕式捆钞第一步、第二步如图 2-49、图 2-50 所示。

（3）右手握着腰条头将其从钞票长的方向夹入钞票的中间（离一端 1/4～1/3 处），从凹面开始绕钞票两圈。缠绕式捆钞第三步、第四步如图 2-51、图 2-52 所示。

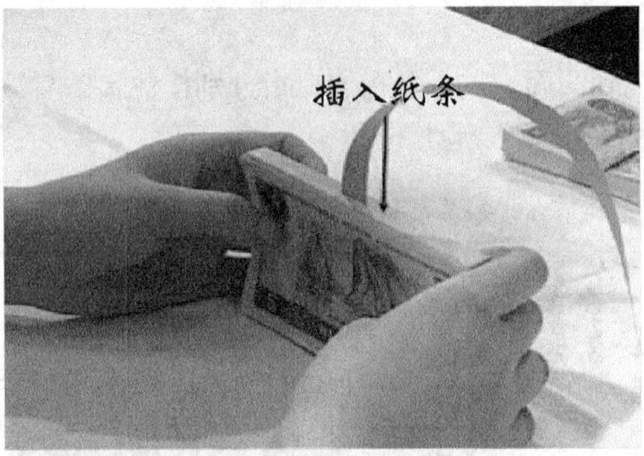

图 2-49　缠绕式捆钞第一步

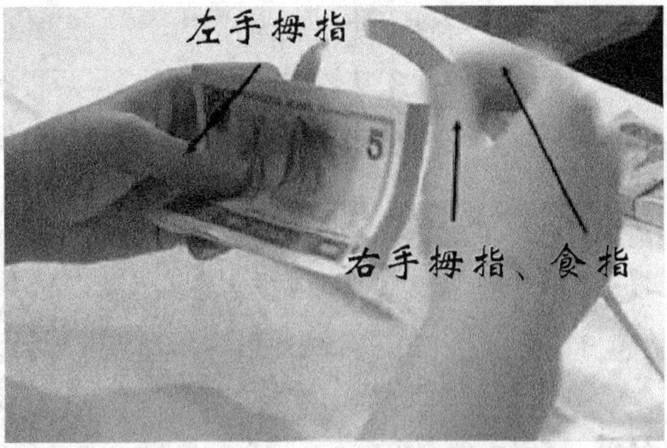

图 2-50　缠绕式捆钞第二步

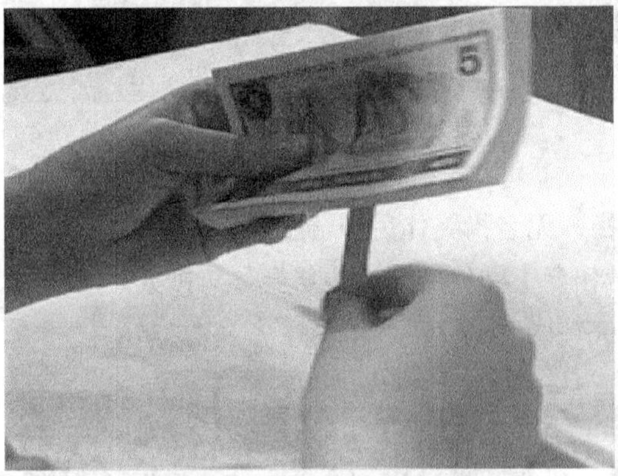

图 2-51　缠绕式捆钞第三步

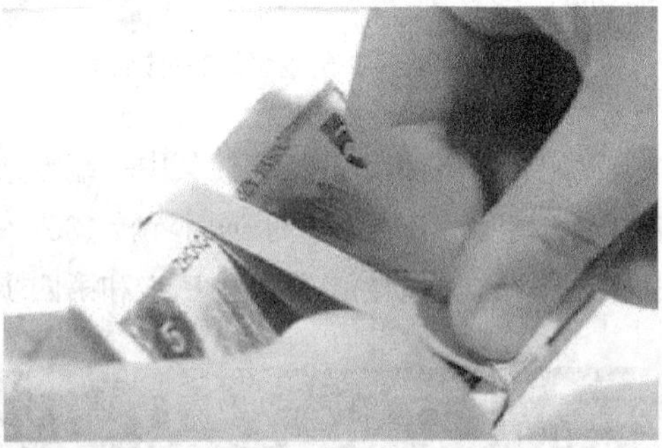

图 2-52　缠绕式捆钞第四步

（4）翻到钞票厚度转角处将腰条向右折叠 90°。将腰条头绕捆在钞票的腰条转两圈打结。缠绕式捆钞第五步如图 2-53 所示。

（5）整理钞票。

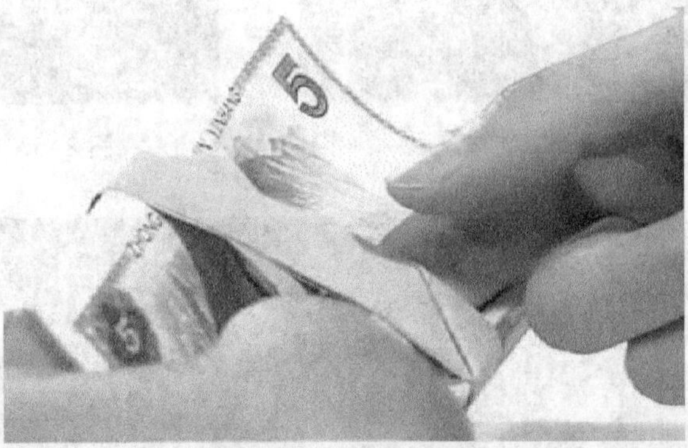

图 2-53　缠绕式捆钞第五步

2．扭结式

考核、比赛采用此种方法，需使用韧性较强的绵质腰条，其具体操作方法如下。

（1）将点过的钞票 100 张墩齐。

（2）左手握钞，使之成为瓦状。

（3）右手将腰条从钞票凸面放置，将两腰条头绕到凹面，左手食指、拇指分别按住腰条与钞票厚度交界处。拧结式捆钞第一步如图 2-54、图 2-55 所示。

图 2-54　拧结式捆钞第一步背面

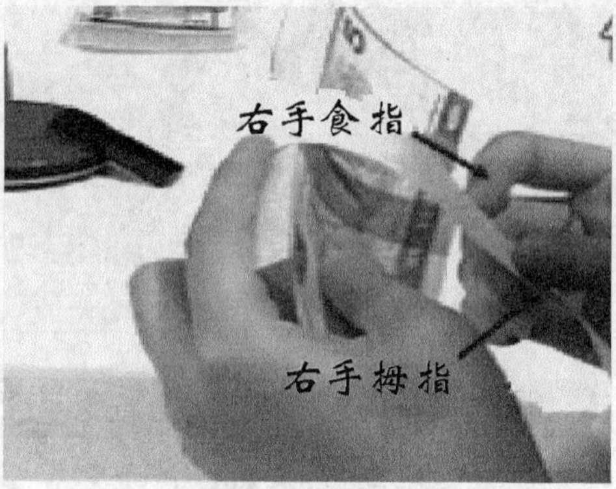

图 2-55　拧结式捆钞第一步正面

（4）右手拇指、食指夹住其中一端腰条头，中指、无名指夹住另一端腰条头，并合在一起，右手顺时针转 180°，左手逆时针转 180°，将拇指和食指夹住的那一头从腰条与钞票之间绕过、打结。拧结式捆钞第二步、第三步和第四步如图 2-56～图 2-58 所示。

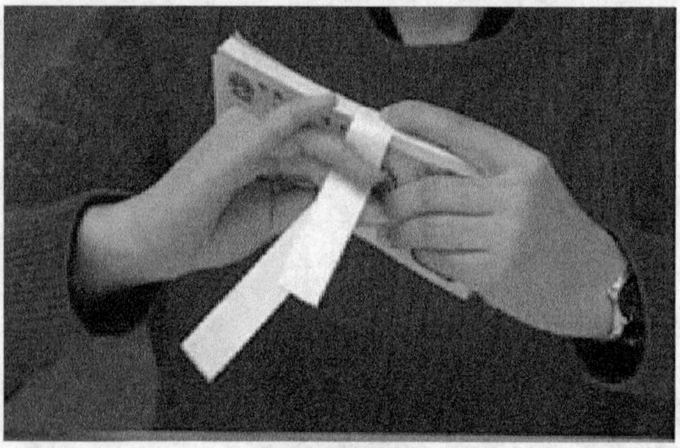

图 2-56　拧结式捆钞第二步

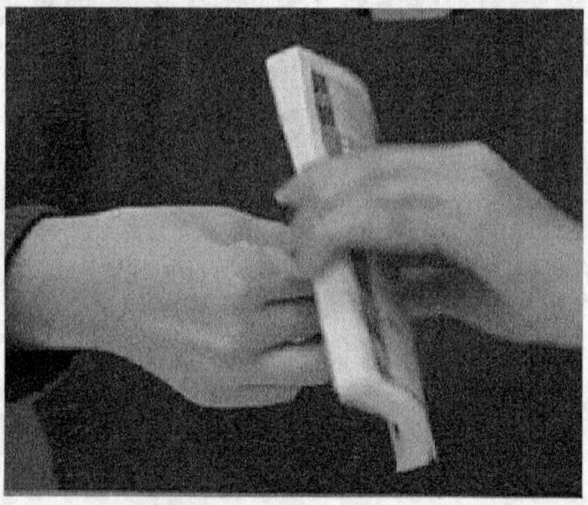

图 2-57　拧结式捆钞第三步

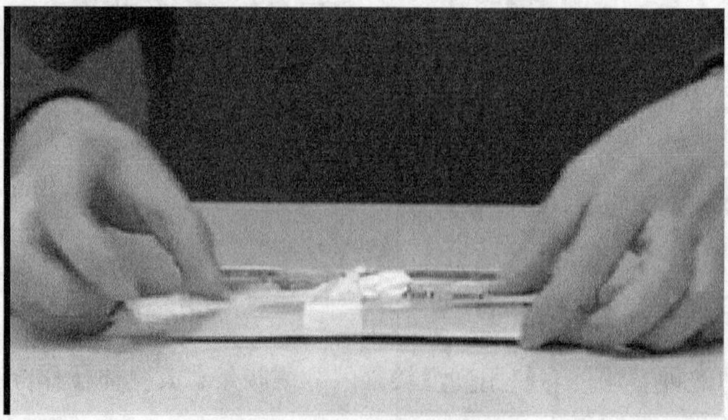

图 2-58　拧结式捆钞第四步

三、机器捆钞

（1）准备工作。使用捆钞机前，首先要仔细检查捆钞机各部位是否正常。手动捆钞机要检查手柄、齿轮上下运动是否自如；电动和液压捆钞机要打开开关各转一次，检查马达和液压装置是否正常，液压管道有无漏油现象。

检查完毕后，调整机器螺丝，使之适合所捆券别的松紧程序，然后固定螺丝。

（2）放绳。将线绳拧成麻花扣，双“十”字放置在捆钞机底面平台的凹槽内。绳的两头留的长度要相等。

（3）放钞。用两手各取五把钞券并在一起墩齐。然后将十把钞券叠起，票面向上，放在捆钞机的平台上，再放垫纸。

（4）压钞。合上活动夹板，右手扳下压力扶手，反复操作，使钞券压到已调整好的松紧度。如为电动捆钞机则按下“紧”开关。

（5）系绳。两手分别捏住绳子的两头，从上端绳套穿过，然后双手各自拉紧，从两侧把绳子绕到钞券的正面，使绳子的两头合拢拧麻花扣。然后用左手按住叉点，右手捏住绳子的一头从钞券上面竖线穿过结上活扣，贴上封签，加盖名章和日期戳。

四、捆钞的有关规定

（1）捆钞时要坚持操作程序，必须每只手各取 5 把，以防钞券多把或少把，发生差错。

（2）整捆钞券在捆扎时要垫衬纸，用于粘贴封签。衬纸垫在钞券上与其一并捆扎，封签贴在捆扎绳外，要注意衬纸与封签都须切去一角，以便看清票面。

（3）不论是手工捆扎钞券还是机器捆扎钞券，都要以“捆紧”为标准，要通过拉紧捆钞绳进行交叉固定，使钞券不易松开。

（4）捆扎绳必须完好，不能有结，以防被人解开。最后的活扣结只能打在衬纸表面，并用封签纸粘住。

（5）钞券捆扎完毕后，要在封条纸上加盖日期戳以及点钞员、捆钞员名章，以明确职责，便于查找差错。

任务训练

1．训练要求

（1）缠绕式不插入纸条边缘要求左手食指的配合更多，顺时针绕圈。

（2）拧结式的右手打结、转圈较难，应反复练习。

2．任务

（1）缠绕式 10 分钟计时捆钞练习，采取分组竞赛与集中训练相结合。

（2）拧结式 10 分钟计时捆钞练习，采取分组竞赛与集中训练相结合。

3．任务考核参考标准

每把钞券清点完毕后，要扎好腰条纸。腰条纸要求在 10 秒内捆扎完毕，每超 1 秒扣 5 分。扎在钞券的 1/2 处，左右偏差不得超过 2 厘米，同时要求扎紧，以提起任一张钞券不被抽出为合格，若一抽就散则为不合格。

项目小结

本项目讲解了识别真假人民币的基本要领和常见外币识伪技巧，特别讲解了 2015 年版百元纸币的识伪技术。在此基础上，重点学习了手持式点钞、手按式点钞及扇面式点钞等，还学习了利用点钞机点钞的方法及常见点钞机故障的排除，最后学习了缠绕式和拧结式捆钞技术。在任务训练中，我们总结出了这些基本技能练习中技巧与训练注意事项，并给出每一项技能的考核参考标准，以便于教师与学生进行技能测试评价。学习这些知识和技能是会计入门的基本要素，它们是十分有用的基本技能，在会计实践中被广泛运用。

项目三
键盘输入技能

学习目标

（1）掌握标准键盘的结构、操作与指法。

（2）掌握小键盘数字输入的坐姿及指法。

（3）掌握汉字拼音输入法与五笔输入法的基本方法和技巧。

（4）了解常见计算器按键，并掌握计算器的正确操作方法。

项目描述

（1）工作对象：字母、数字、标点符号、文字。

（2）技能训练用品：标准键盘、小键盘、计算器。

（3）工作场所：从事会计、审计、统计、金融、税务、营销、文秘等各种经济管理工作的场所。

（4）资格和能力：从事会计工作的人员需具备必要的基本技能，且必须取得会计从业资格证书。

能力训练

能力训练项目、目标、相关知识及训练步骤，如表 3-1 所示。

表 3–1　能力训练项目、目标、相关知识及训练步骤

项目	拟实现的能力目标	相关支撑知识	训练方式及步骤
标准键盘输入	① 熟知26个英文字母的位置并使用正解的指法； ② 熟知各功能键及组合键的使用	① 标准键盘指法要求； ② 坐姿要求	用“金山打字通”进行英文字母输入训练
小键盘输入	① 熟知小键盘的数字分布； ② 熟知小键盘输入的正确坐姿与指法	① 坐姿要求； ② 小键盘指法要求	用小键盘进行数字输入训练
汉字输入	① 掌握拼音输入法； ② 掌握五笔输入法	① 拼音输入规则； ② 五笔字根、拆字规则、简码字、词组	用“金山打字通”进行拼音输入及五笔字根、字、词的输入训练
计算器输入	① 能用正确的指法敲击计算器； ② 能快速进行数字算术	① 常用计算器的按键功能； ② 计算器输入指法（参照小键盘）	用计算器熟练地进行数字输入及运用相关的计算功能

项目导入

同学王明在参加会计技能比赛时，发现其他院校打字快的同学，都不是采用拼音输入法，而是采用一种叫“五笔字型”的输入法。这时王明想起之前老师的建议。他本来也是可以选择学习这种方法的，但一想到还要花费大量的时间从头学习，怕时间来不及，还不如在拼音输入法上刻苦练习，但事实证明他的选择是错的。

五笔字型输入法真的有那么难吗？练成之后真有那么快吗？

任务一　标准键盘输入技能

21 世纪人类已步入电脑信息时代。用键盘打字成为计算机输入的主要方式，成为越来越多的人日常生活必不可少的一项内容，因此进行专门的键盘输入学习和训练是非常有必要的。

一、标准键盘的结构

键盘是计算机使用者向计算机输入数据或命令的最基本的设备。常用的键盘上有 101 个键或 103 个键，分别排列在 4 个主要部分，即打字键区、功能键区、编辑键区、辅助小键盘区，如图 3-1 所示。

1．打字键区

这是键盘的主要组成部分，它的键位排列与标准英文打字机的键位排列一样。该键区包括数字键、字母键、常用运算符以及标点符号键，除此之外还有几个必要的控制键。

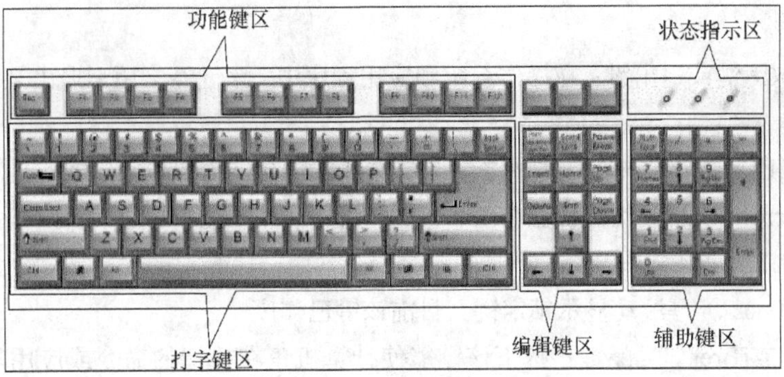

图 3–1 标准键盘结构图

（1）空格键：键盘上最长的条形键。每按一次该键，将在当前光标的位置上空出一个字符的位置。

（2）[Enter↙]回车键：每按一次该键，将换到下一行的行首输入。也就是说，按下该键后，表示输入的当前行结束，以后的输入将另起一行。或在输入完命令后，按下该键，表示确认命令并执行。

（3）[CapsLock]大写字母锁定键：在打字键区左边。该键是一个开关键，用来转换字母的大小写状态。每按一次该键，键盘右上角标有“CapsLock”的指示灯发亮或熄灭。如果“CapsLock”指示灯发亮，则键盘处于大写字母锁定状态，这时直接按下字母键，则输入为大写字母；如果按住[Shift]键的同时，再按字母键，输入的反而是小写字母。如果这时“CapsLock”指示灯不亮，则大写字母锁定状态被取消。

（4）[Shift]换档键：换档键在打字键区共有两个，它们分别在主键盘区（从上往下数，下同）第四排左右两边对称的位置上。

对于符号键（键面上标有两个符号的键，这些键也称为上下档键或双字符键）来说，直接按下这些键时，所输入的是该键键面下半部所标的那个符号（称为下档键）；如果按住[Shift]键的同时再按下双字符键，则输入为键面上半部所标的那个符号（称为上档键）。如直接按“5”键是5，若按[Shift]键的同时再按“5”键则是%。

对于字母键而言：当键盘右上角标有“CapsLock”的指示灯不亮时，按住[Shift]键的同时再按字母键，输入的是大写字母。例如，CapsLock指示灯不亮时，按[Shift] + S组合键会显示大写字母S。

（5）[←BackSpace]退格删除键：在打字键区的右上角。每按一次该键，将删除当前光标位置的前一个字符。

（6）[Ctrl]控制键：在打字键区第五行，左右两边各一个。该键必须和其他键配合才能实现各种功能，这些功能是在操作系统或其他应用软件中进行设定的。例如，按[Ctrl] + [Break]组合键，则起中断程序或命令执行的作用（说明：指同时按下[Ctrl]键和[Break]键，此类键称为复合键）。

（7）[Alt]转换键：在打字键区第五行，左右两边各一个。该键要与其他键配合使用。例如，按[Ctrl]+[Alt]+[Del]组合键，可重新启动计算机（称为热启动）。

（8）[Tab]制表键：在打字键区第二行左首。该键用来将光标向右跳动8个字符间隔（除非另作改变）。

2．功能键区

（1）[ESC]取消键或退出键：在操作系统和应用程序中，该键经常用来退出某一操作或正在执行的命令。

（2）[F1]～[F12]功能键：在计算机系统中，这些键的功能由操作系统或应用程序所定义。

（3）[PrintScreen]屏幕硬拷贝键：在已联机的情况下，按下该键可以将计算机屏幕的显示内容通过打印机输出。

（4）[ScrollLock]屏幕滚动显示锁定键：目前该键已作废。

（5）[Pause]或[Break]暂停键：按下该键能使计算机正在执行的命令或应用程序暂时停止工作，直到按键盘上任意一个键才继续。另外，按[Ctrl] + [Break]组合键可中断命令的执行或程序的运行。

3．编辑键区

（1）[Insert]或[Ins]插入字符开关键：按一次该键，进入字符插入状态；再按一次，则取消字符插入状态。

（2）[Delete]或[Del]字符删除键：按一次该键，可以把当前光标所在位置的字符删除掉。

（3）[Home]行首键：按一次该键，光标会移至当前行的开头位置。

（4）[End]行尾键：按一次该键，光标会移至当前行的末尾。

（5）[PageUp]（或[PgUp]）向上翻页键：该键用于浏览当前屏幕显示的上一页内容。

（6）[PageDown]（或[PgDn]）向下翻页键：该键用于浏览当前屏幕显示的下一页内容。

（7）←↑→↓光标移动键：使光标分别向左、向上、向右、向下移动一格。

说明　[Ins]、[Del]、[PgUp]、[PgDn]键都在小键盘区，[Home]、[End]键及光标移动键在小键盘区上也有。

4．小键盘区

小键盘区也称辅助键盘区，位于键盘的最右侧，主要是为大量的数据输入提供方便。在小键盘区上，大多数键都是上下档键（即键面上标有两种符号的键）。它们一般具有双重功能：一是代表数字键，二是代表编辑键。小键盘的转换开关键是[NumLock]数字锁定键。

[Num Lock]数字锁定键：该键是一个开关键。每按一次该键，键盘右上角标有“Num Lock”的指示灯会发亮或熄灭。这时，如果“Num Lock”指示灯亮，小键盘的上下档键则作为数字符号键来使用；反之，则具有编辑键或光标移动键的功能。

二、键盘录入的姿势

在初学键盘操作时，必须十分注意打字的姿势。如果打字姿势不正确，就不能准确、快速地输入，也容易疲劳。正确的姿势应做到以下几点，如图 3-2 所示。

（1）面向计算机坐在椅子上，全身放松，身体坐正，双手自然地放在键盘上，腰部挺直，上身微微前倾。上臂轻靠身体，自然下垂。小臂伸出时与上臂约成 90°。必要时调整座椅高度及身体与键盘的距离。

图 3–2　坐姿示意图

（2）手肘应有支撑，不要悬空。

（3）手腕与上臂尽量成一直线，长期外弯会造成累积性伤害。

（4）双脚的脚尖和脚跟自然垂落到地面上，无悬空，大腿自然平直，小腿与大腿之间的角度约为 90° 的直角。

（5）手指自然弯曲，放松不可紧绷。

（6）打字时轻击键盘，不要过度用力。

（7）椅子高度与计算机键盘、显示器的放置高度要适中。

（8）眼睛距显示器的距离为 30～40 厘米。

打字姿势归纳为直腰、弓手、立手、弹键。

三、标准键盘的指法

键盘的指法是指运用 10 个手指击键的方法，即规定每个手指分工负责击打哪些键位，以充分调动十个手指的作用，并实现不看键盘地输入（盲打），从而提高击键的速度。

1．键位及手指分工

键盘上的 A、S、D、F 和 J、K、L、；这 8 个键位被定为基本键。输入时，左右手的 8 个手指（大拇指除外）从左至右自然平放在这 8 个键位上，拇指放在空格键上，如图 3-3 所示。

图 3–3　手指基本键位示意图

准备打字时，除拇指外其余的 8 个手指分别放在基本键上，拇指放在空格键上，包键到指，分工明确，如图 3-4 所示。

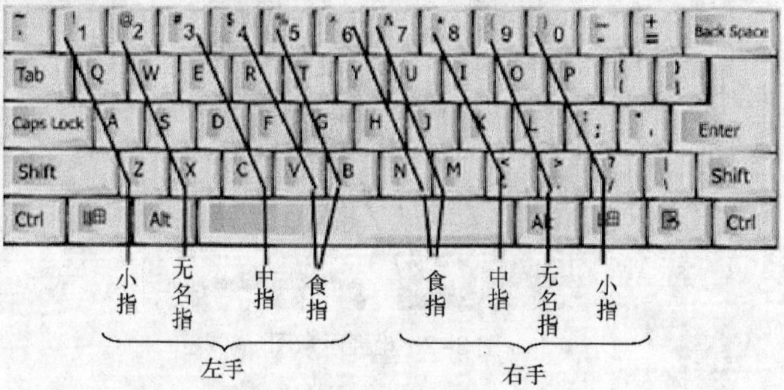

图 3–4　标准键盘手指分工

每个手指除了指定的基本键外，还分工有其他的字键，称为它的范围键。范围键是指手指所对应的上方和下方键位，如左手中指还应负责 E 键和 C 键，左手无名指还应负责 W 键和 X 键，食指负责范围较大些，依此类推。

大多数键盘上的 F、J 键键面有一点不同于其余各键：触摸时，这两个键键面均有一道微凸的横杠，这对盲打找键位很有用。这样才能做到十指分工，包键到指，各司其职，实践证明能有效提高击键的准确率和速度。

2．正确的击键方法

掌握了正确的操作姿势，还要掌握正确的击键方法。

（1）平时各手指要放在基本键上。打字时，每个手指只负责相应的几个键，不可混淆。

（2）打字时，一只手击键，另一只手必须在基本键上处于预备状态。

（3）手腕平直，手指弯曲自然，击键只限于手指指关节，身体其他部分不得接触工作台或键盘。

（4）击键时，手抬起，只有要击键的手指才可伸出击键，不可压键或按键。击键之后手指要立刻回到基本键上，不可停留在已击的键上。

（5）击键速度要均匀，用力要轻，有节奏感，不可用力过猛。

初学打字时，要讲求击键的准确率，其次再求速度，开始时可用每秒打一下的速度。

3．训练方法

键盘录入是一种技术，只有通过大量的打字训练实践才能熟记各键的位置，从而实现盲打。

（1）步进式练习。先练习基本键 A、S、D、F 及 J、K、L，做一批练习；再加上 E、I 键，做一批练习；补齐基本行的 G、H 键，再做一批练习；然后再依次加上 R、T、U、Y 键→ W、Q、M、N 键→ C、X、Z、？键进行练习等。

（2）重复式练习。练习中可选择一些英文词句或短文，反复练习多次，并记录自己完成的时间。

（3）强化式练习。对一些弱指所负责的键要进行有针对性的练习，如小指、无名指等。

（4）坚持训练盲打。在训练打字的过程中，应先讲求准确地击键，不要贪图速度。一开始，键位记不准，可稍看键盘，但不可总是偷看键盘。经过一定时间的训练，要能达到不看键盘也能准确击键。

四、“金山打字”软件

1．基准键练习

启动“金山打字”软件后，单击“英文打字”按钮，然后单击“键位练习（高级）”选项卡，单击“课程选择”按钮，在打开的对话框中选择“键盘布局”章节。最后单击“确定”按钮，从闪烁的光标处按照上行英文进行对应输入练习，如图 3-5 和图 3-6 所示。

图 3-5　基准键练习（1）

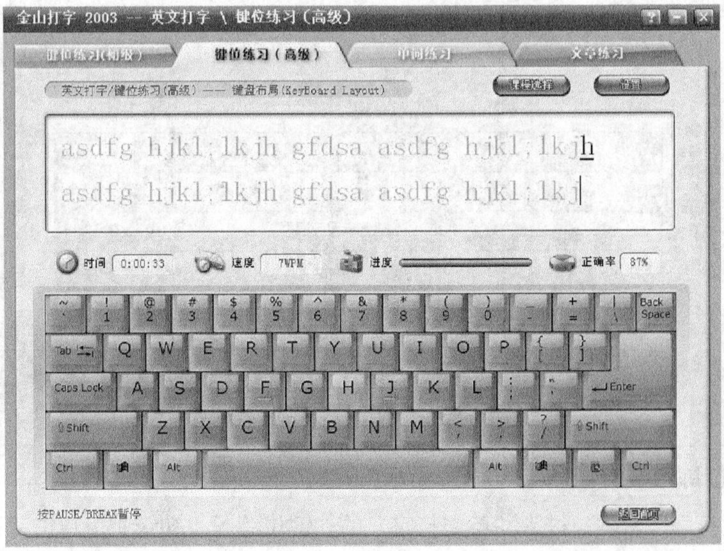

图 3-6　基准键练习（2）

2. 手指分区练习

启动“金山打字”软件，单击“英文打字”按钮进入英文打字界面，单击“键位练习（初级）”选项卡，然后单击“课程选择”按钮，在打开的对话框中选择“手指分区练习”章节，最后单击“确定”按钮，从闪烁的光标处按照上行英文进行对应输入练习，如图 3-7 和图 3-8 所示。

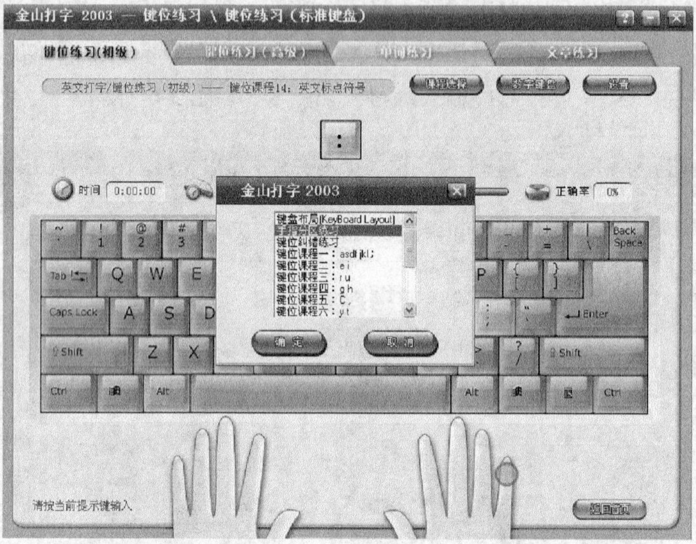

图 3–7　手指分区练习（1）

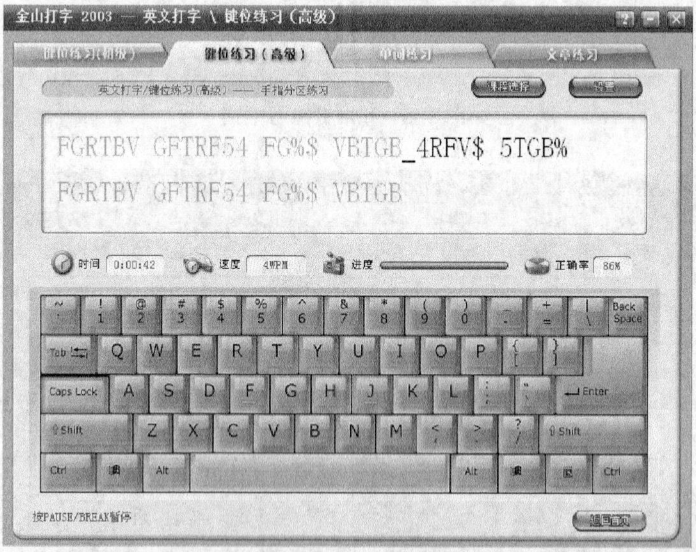

图 3–8　手指分区练习（2）

3. 所有键位练习

启动“金山打字”软件，进入“英文打字”的“键位练习（初级）”，单击“课程选择”按钮，在打开的对话框中选择“键位课程一”至“键位课程十四”逐步进行练习。

4．英文单词练习

启动“金山打字”软件，进入“英文打字”的“单词练习”，单击“课程选择”按钮，在打开的对话框中选择“初级英语词库”逐步进行练习。

5．英文文章练习

启动“金山打字”软件，进入“英文打字”的“文章练习”，单击“课程选择”按钮，在打开的对话框中选择一篇文章进行练习。

任务训练

1．训练要求

（1）初学者键盘训练由准确开始，再逐步追求速度。

（2）掌握指法练习技巧：左右手指放在基本键位上；击完其他键后迅速返回原位；食指击键注意键位角度；小指击键力量保持均匀；数字键采用跳跃式击键的方法。

2．任务

（1）基准键位练习。

（2）Y、H、N、U、J、M 键练习。

（3）T、G、B、R、F、V 键练习。

（4）K、I、E、D、C 键练习。

（5）W、S、X、O、L 键练习。

（6）P、Q、A、Z 键练习。

（7）符号键练习。

（8）综合练习。

3．任务考核参考标准

在“金山打字”通中限定 10 分钟测试。考核参考标准如表 3-2 所示。

表 3–2 考核参考标准

考核内容	优秀（90 分）	良好（80 分）	中等（70 分）	及格（60 分）	不及格
键位练习	250 个/分钟	200 个/分钟	150 个/分钟	100 个/分钟	100 个/分钟以下
英文单词练习	200 个/分钟	150 个/分钟	100 个/分钟	50 个/分钟	50 个/分钟以下
英文文章练习	180 个/分钟	130 个/分钟	80 个/分钟	30 个/分钟	30 个/分钟以下

每个等级之间，每分钟快一个字母加 0.2 分，如键位练习最终测试为 210 个/分钟，则得分 82 分。

任务二 小键盘输入技能

数字键区，又称为小键盘区或副键盘区，是专门向计算机输入大量数字的重要输入设备，主要用于数字集中录入。计算机小键盘是财务人员必不可少的操作工具，所以掌握小键盘的使用方法非常重要。

该区的大部分按键具有双重功能：一是代表数字和小数点，二是代表某种编辑功能。利用该区的[Num Lock]数码锁定键可在这两种功能之间进行转换。除此之处，键盘右上角还有“Caps Lock”大写字母锁定和“Scroll Lock”滚动锁定两个指示灯。

一、小键盘输入的姿势

小键盘输入的姿势应做到以下几点。

（1）身体要保持平直，肩部放松，腰背不要弯曲。

（2）右手小臂与手腕略向上倾斜，手腕平直，两肘微垂，轻贴于腋下。

（3）显示区域位于视线以下 10° ～20° ，身体与键盘的距离因人而异。

（4）手掌以手腕为轴略向上抬起，手指略弯曲，自然下垂，形成勺状。

（5）右手腕要悬空，敲击键盘要有节奏。击完键后手指要立即回到初始位置。

（6）击键的力度要适中，各手指分工明确，各司其职。击键时主要靠手指和手腕的灵活运动，不要靠整个手臂的运动来找键位。

二、小键盘输入的指法

小键盘只能用右手操作，手指在键盘上的位置非常重要。为了便于有效地使用小键盘，通常规定右手的食指、中指、无名指和小指依次位于第三排的 4、5、6、Enter 基准键上。其中，5 键上有一个小突起，是用来定位的，如图 3-9 所示。当准备操作小键盘时，手指应轻轻地放在相应的基准键上，按完其他键后，应立即回到相定的基准键上。

图 3–9　中指定位的基准键

另外，要提高数字的输入速度，各手指负责的按键有严格的分工。Numlock、7、4、1 这 4 个键由右手食指负责；/、8、5、2 这 4 个键由右手中指负责；*、9、6、3、. 这 5 个键由右手无名指负责；-、+、Enter 这 3 个键由右手小拇指负责；0 键由右手大拇指负责，如图 3-10 所示。右手状态如图 3-11 所示。

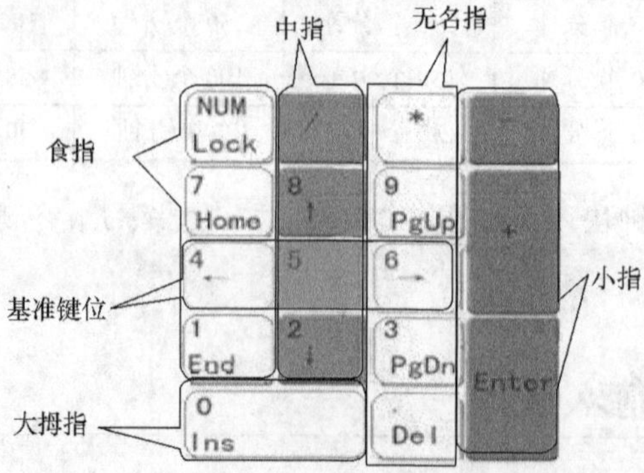

图 3–10　右手基本指法示意图

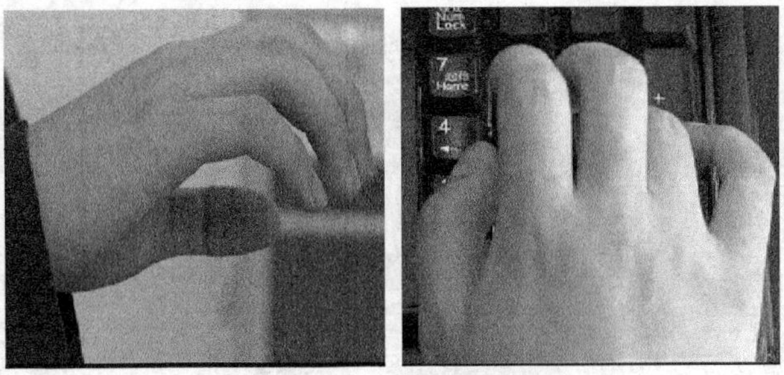

图 3–11　右手状态示意图

三、小键盘输入的练习方法

先从基本键位 4、5、6 练习，再延展到其他键位，每一次打完数字后，食指、中指、无名指都要回到 4、5、6 基本键位上。手掌上下浮动带动手指敲击键位，手指微贴键盘有节奏地敲击，指尖抬起幅度在 1 厘米以内，幅度不要过大。养成良好的指法对以后各阶段大幅度提速极为重要。

渐渐掌握不同键的位置，直到可以不用眼睛看就能准确无误地找准键位。

尽快熟悉键盘，最终做到盲打要靠做各种练习和刻苦训练来完成。以下介绍几种练习方法，可以帮助学生较快地熟悉键盘。

1．借助计算器练习

【例 3-1】 食指练习 1、4、7 键。

147+147+……+147 连加 10 次再连减 10 次最后归 0。

【例 3-2】 中指练习 2、5、8 键。

258+258+……+258 连加 10 次再连减 10 次最后归 0。

【例 3-3】 无名指练习 3、6、9 键。

369+369+……+369 连加 10 次后，再连减 10 次最后归 0。

【例 3-4】 横排练习——敲打 123、456、789。

食指练习 1 键、中指练习 2 键、无名指练习 3 键。

食指练习 4 键、中指练习 5 键、无名指练习 6 键。

食指练习 7 键、中指练习 8 键、无名指练习 9 键。

123 456 789 4–123 456 789+……+123 456 789 连加 10 次再连减 10 次，最后显示为 0。

2．数字键位练习

下载“圆圆打字高手”软件，选择“指法练习”中的“数字键区键位练习”，如图 3-12 所示（弹出如图 3-13 所示的数字键位练习界面）。这款软件可帮助学生逐步熟悉数字键位，做到只看电脑屏幕，不低头找键。

3．速度测试

下载“小键盘数字键练习精灵”或“数字小键盘指法练习工具”在熟悉了数字键位后，以数字施以刺激，让学生逐步做到忘记键位，眼中只有数字。如图 3-14～图 3-16 所示。

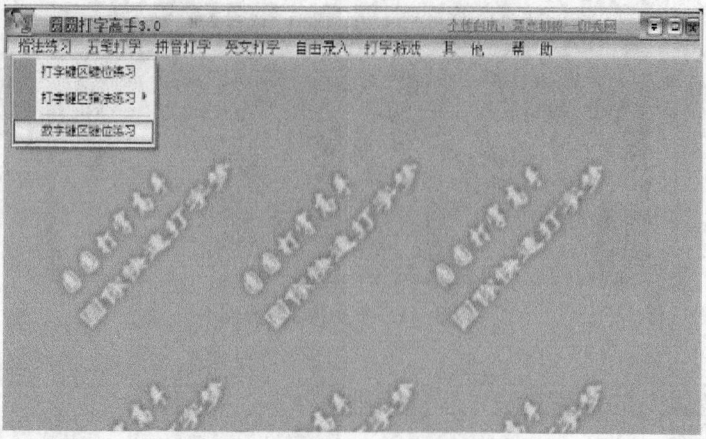

图 3-12　选择“数字键区键位练习”

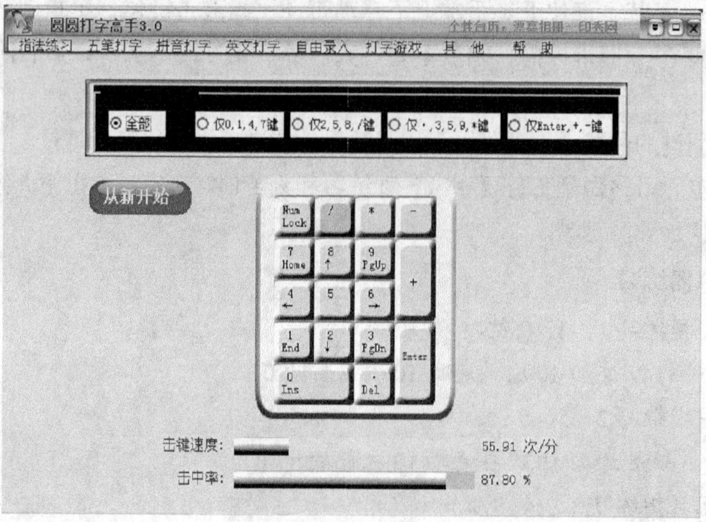

图 3-13　数字键位练习界面

图 3-14　小键盘数字键练习精灵

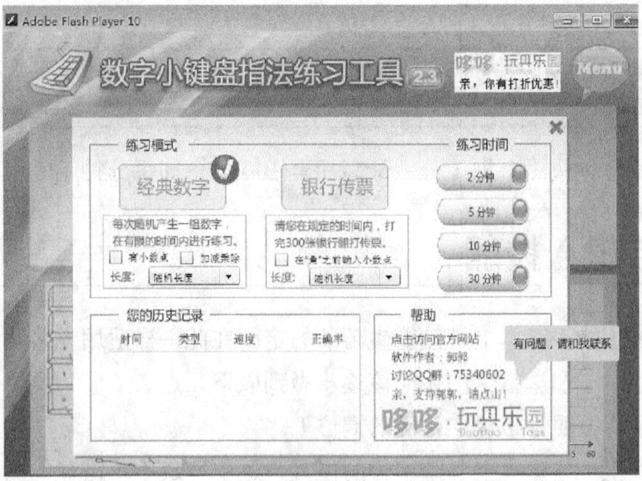

图 3-15 数字小键盘指法练习工具（1）

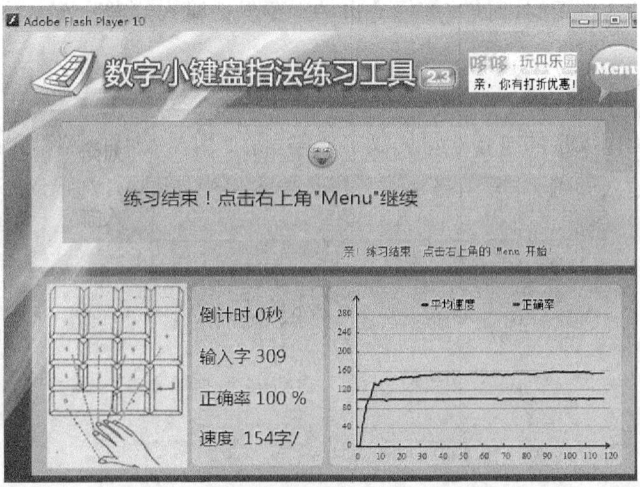

图 3-16 数字小键盘指法练习工具（2）

任务训练

1．训练要求

（1）精力集中，在操作过程中眼睛不看键盘，强调手、眼、脑的协调配合，做到眼到手就到。

（2）掌握好节奏，不要时快时慢甚至停顿，要动作连贯，一气呵成。

2．任务

（1）数字键位练习。

（2）速度测试。

3．任务考核参考标准

任务考核参考标准如表 3-3 所示。

表 3-3　　考核参考标准

考核内容	100 个/分钟
合格标准（60 分）	合格

在此基础上，每分钟快 1 个加 1 分，最高加至 100 分，如每分钟 130 个，则得分 90 分。

任务三　汉字输入技能

汉字输入是一种技能，基本上"熟能生巧"的定律在此一样适用，多花时间、多下苦功练习是进步的必要条件。对于初学打字的人应该逐步做到以下几点。

（1）一定要将手指按照分工放在正确的键位上。

（2）有意识地慢慢记住键盘上各个字符的位置，逐步养成不看键盘的输入习惯，学会盲打。

（3）集中注意力，做到手、脑、眼协调一致，尽量避免边看原稿边看键盘。

（4）初学打字的人练习时即使速度慢，也一定要保证输入的准确性。

一、拼音输入技能

拼音输入法是利用汉字的拼音字母为汉字代码。除了用 V 键代替韵母 ü 以外，没有特殊规定，只要按照汉语拼音输入即可。"金山打字通"拼音输入界面如图 3-17 所示。

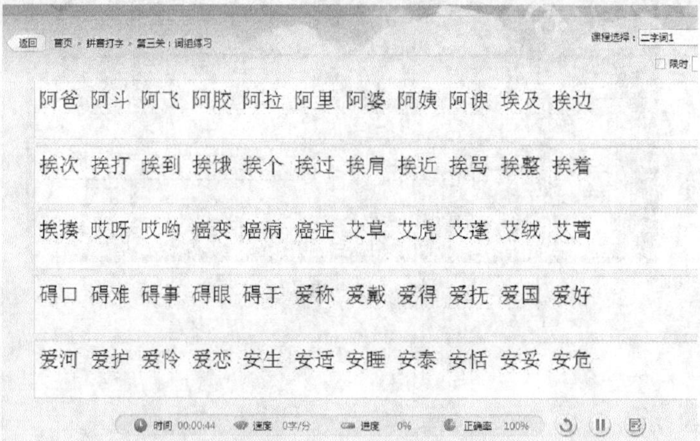

图 3-17　"金山打字通"拼音输入练习

例如，要打"尚"字，只需输入"shang"，在弹出的候选框中选择即可，如发现候选框中无"尚"字，可按键盘上的"+"键或用鼠标单击候选框右上角的箭头继续查找，直到发现"尚"字时，按键盘上相应的数字键（即所发现"尚"字前的数字）。有的输入法有记忆功能，这次选择了"尚"字，下次输入"shang"时就会把"尚"字排在第一位。

词组录入：可以全拼录入，如"尚武"可以输入"shangwu"；也可以简拼录入，如"尚武"可以输入"sw"，即"尚武"前两个字的第一个字母。

1．全拼

全拼输入是拼音输入法中最基本的输入方式。只要用[Ctrl]+[Shift]组合键切换到拼音输入法，在输入窗口中输入拼音，然后依次选择所需要字或词即可。

2．简拼

简拼是输入声母或声母的首字母来进行输入的一种方式。有效地利用简拼，可以大大提高输入的效率。搜狗输入法现在支持的就是声母简拼和声母的首字母简拼。例如，要输入“张靓颖”，只需输入“zhly”或者“zly”即可。

3．英文的输入

搜狗输入法默认按一下[Shift]键就切换到英文输入状态，再按一下[Shift]键就会返回到中文状态。单击状态栏上的“中”字图标也可以进行切换。

4．双拼

双拼是用定义好的单字母代替较长的多字母韵母或声母来进行输入的一种方式。例如，如果T=t，W=ian，那么输入两个字母“TM”就会输入拼音“tian”。使用双拼可以减少击键次数，但是需要记忆字母对应的键位，熟练之后效率会有一定提高。

如果使用双拼，则在设置属性窗口选择双拼即可。

特殊拼音的双拼输入规则有：对于单韵母字，需要在前面输入字母O+韵母。例如，输入OA→A，输入OO→O，输入OE→E。

在自然码双拼方案中，和自然码输入法的双拼方式一致，对于单韵母字，需要输入双韵母。例如，输入AA→A，输入OO→O，输入EE→E。

二、五笔输入技能

五笔输入法是一种形码输入法，因其具有普及范围广、不受方言限制、重码少、输入速度快等优点，已被用户普遍使用。

1．五笔简介

王码五笔输入法是1983年由王永民工程师发明的一种中文输入法。距今为止，中文输入法已有十多种，但是王码五笔输入法始终独领风骚，成为标准，并且是现在大多数公司指定的中文输入法。五笔输入法最大的一个特点就是“快”，基本上打字高手使用的都是五笔输入法。

2．五笔的组成原理

五笔的组成原理如图3-18所示。

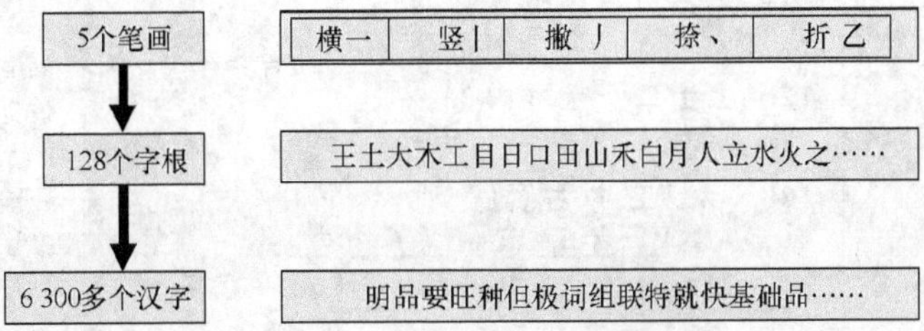

图3–18　五笔的组成原理图

3．五笔字型字根键盘

五笔输入法难在汉字的字数多、笔画多，而电脑的输入设备键盘，只有几十个字母键，不可能把汉字都摆上去。所以，要将汉字分解开来之后，再向电脑输入。

汉字分为 3 个层次，即笔画、字根、单字。也就是说，由若干笔画复合连接交叉形成相对不变的结构组成字根，再将字根按一定位置关系拼合起来构成汉字。五笔字型就是遵从人们的习惯书写顺序，以字根为基本单位组字编码、拼形输入汉字。

分解汉字就涉及汉字的字根，字根累计只有 200 种左右。这样，就把处理几万个汉字的问题，变成了只处理字根的问题；把输入一个汉字的问题，变成了输入几个字根的问题，就像输入几个英文字母才能构成一个英文单词一样。分解汉字的过程是构成汉字的逆过程。当然，汉字的分解是按照一定的章法进行的，总体来说就是：整字分解为字根，字根分解为笔画。

键盘是用手指操作，向电脑输入文字或“发布命令”的设备。标准英文键盘的主体部分是 26 个字母键，因为这种标准键盘分上、中、下 3 排键，手指放在中间一排，上下各紧邻一排，特别适合手指操作，如能沿用英文指法，不但效率高，而且通用性强，所以英文键盘上的 26 个字母键是最理想的汉字输入设备。只要把五笔字型的字根对应地放在英文字母键上，这个键盘就“改头换面”成了一个五笔字型字根键盘，如图 3-19 所示。

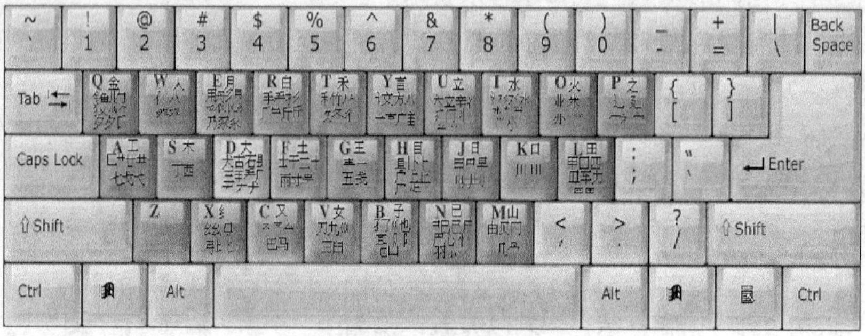

图 3-19　五笔字型字根键盘

4．五笔字根

汉字的 5 种基本笔画是横、竖、撇、捺、折。

五笔字型的基本字根有 130 个，加上一些基本字根的变型，共有 200 个左右。按照每个字根的起笔代号，分为五个区，即 1 区横区、2 区竖区、3 区撇区、4 区捺区、5 区折区。

（1）横区字根如图 3-20 所示。

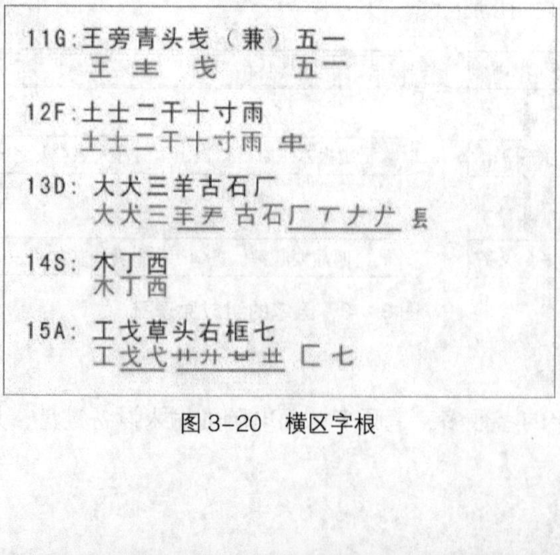

图 3-20　横区字根

（2）竖区字根如图 3-21 所示。

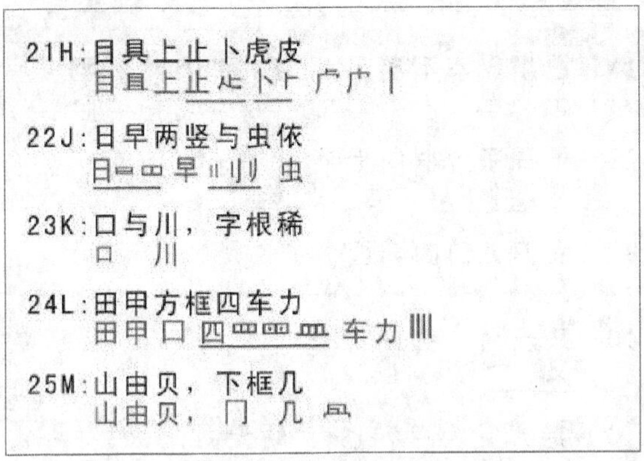

图 3-21　竖区字根

（3）撇区字根如图 3-22 所示。

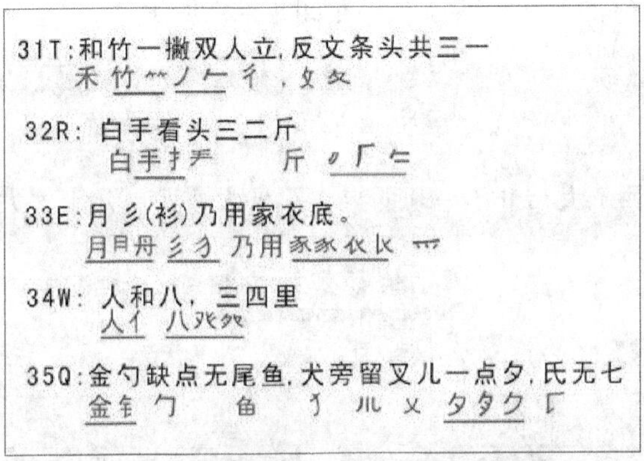

图 3-22　撇区字根

（4）捺区字根如图 3-23 所示。

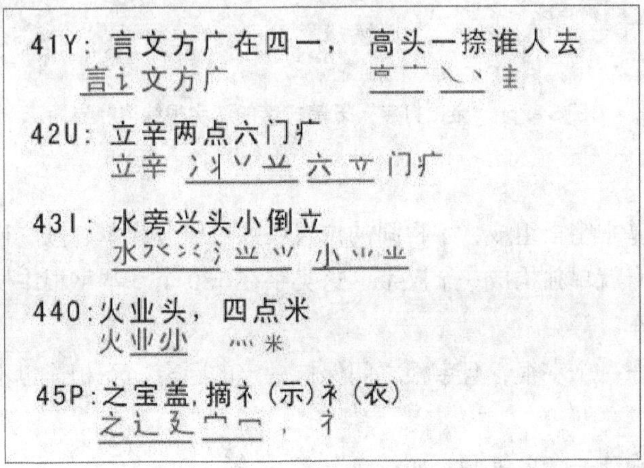

图 3-23　捺区字根

（5）折区字根如图 3-24 所示。

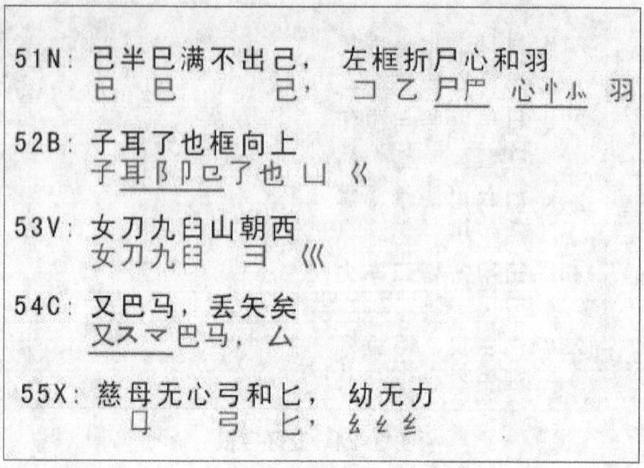

图 3–24　折区字根

“金山打字”五笔打字的“字根练习”界面如图 3-25 所示。

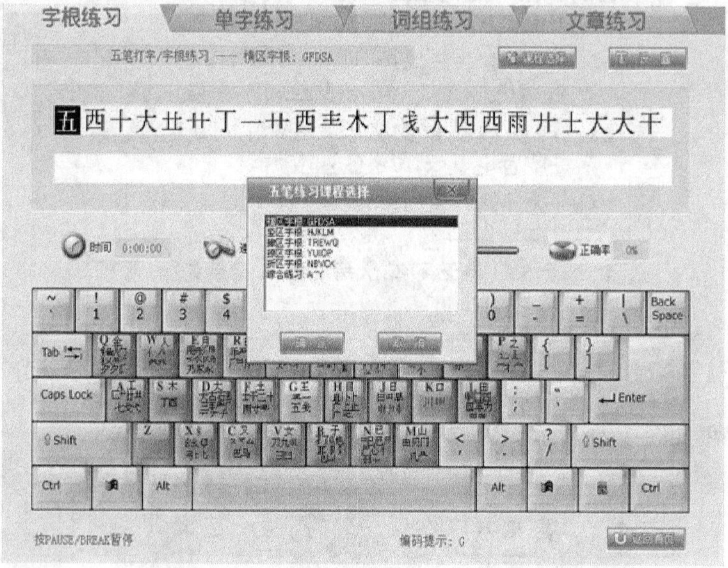

图 3–25　“金山打字”五笔打字的“字根练习”界面

5．折字原则

所有的汉字都由基本字根组成，字根间的位置关系可以分为单、散、连、交 4 种类型。

单：基本字根本身就单独构成一个汉字，这类字在 130 个基本字根中所占比例很大，有近百个，如“由”“雨”“车”等。

散：构成汉字不止一个字根，且字根之间保持一定的距离，不相连也不相交，如“讲”“肥”“明”等。

连：一个基本字根连一个单笔画，如“自”“千”等。

交：多个字根交叉套选构成汉字，如“申”“里”等。

五笔拆字原则是：取大优先、兼顾直观、能连不交、能散不连。

（1）书写顺序拆字举例如表 3-4 所示。

表 3-4　　书写顺序拆字举例

例子	正确	错误
夷	一 弓 人	大 弓
寒	宀 = ‖…… ⺀	宀 三 ‖…… ⺀
埔	土 一 月……、	土 十 月……、
曹	一 冂……日	廾 曰 日

（2）取大优先拆字举例如表 3-5 所示。

表 3-5　　取大优先拆字举例

例子	正确	错误
交	六㐅	亠八㐅
失	人	
养	丷　\‖	丷 三 人‖
彦	立丿彡	

（3）兼顾直观拆字举例如表 3-6 所示。

表 3-6　　兼顾直观拆字举例

例子	正确	错误
固	囗古	冂古一
载	十 戈 车	土 车 乙
乘	禾 丬匕	丿十丬……八
兆	⺀儿⺀	儿

（4）能连不交拆字举例如表 3-7 所示。

表 3-7　　能连不交拆字举例

例子	正确	错误
天	一大	二人
矢	大	人
生	丿	土
告	丿土口	丨口

（5）字根变型拆字举例如表 3-8 所示。

表 3-8　　字根变型拆字举例

例子	正确
否	一小口
贯	口十贝
身	丿冂三丿
凹	几冂一
余	人禾
乐	小

6. 简码

（1）一级简码（高频字，25 个，[所在键+空格]）。如图 3-26 所示。

图 3–26 一级简码字

（2）二级简码（625 个，[前两码+空格]）。

例如，“喧”字的简码为“KP”，全码为“KPGG”；“原”字的简码为“DR”，全码为“DRII”。二级简码汉字一览表如表 3-9 所示。

表 3–9 二级简码汉字一览表

键位字母	对应汉字
G	五于天末开下理事画现玫珠表珍列玉平不来与屯妻到互
F	二寺城霜载直是吉协南才垢圾夫无坟增示赫过志地雪支
D	三夺大厅左丰百右历成帮原胡春克太磁砂灰达成顾肆友龙
S	本村枯林械相查可楞机格析极检构术样档杰棕杨李要权楷
A	七革基苛式牙划或功贡攻匠菜共区芳燕东芝世节切芭药
H	睛睦盯虎止旧占卤贞睡肯具餐眩瞳步眯瞎卢眼皮此
J	量时晨果虹早昌蝇曙遇昨蝗明蛤晚景暗晃显晕电最归紧昆
K	呈叶顺呆呀中虽吕另员呼听吸只史嘛啼吵喧叫啊哪吧哟
L	车轩因困四辊加男轴力斩胃办罗罚较边思轨轻累
M	同财央朵曲由则崭册几贩骨内风凡赠峭迪岂邮凤
T	生行知条长处得各力向笔物秀答称入科秒管秘季委么第
R	后持拓打找年提扣押抽手折扔失换扩拉朱搂近所报扫反批
E	且肝肛胆肿肋肌用遥朋脸胸及胶膛爱甩服妥肥脂
W	全会估休代个介保佃仙作伯仍从你信们偿伙亿他分公化
Q	钱针然钉氏外旬名锣负儿铁角欠多久匀乐炙锭包凶争色
Y	主计庆订度让刘训为高放诉衣认义方说就变这记离良充率
U	闰半关亲并站间部曾商产瓣前闪交六立冰普帝决闻妆冯北
I	汪法尖洒江小浊澡渐没少泊肖兴光注洋水淡学沁池当汉涨
O	业灶类灯煤粘烛炽烟灿烽煌粗伙炮米料炒炎迷断籽娄烃
P	定守害宁宽寂审宫军宙客宾家空宛社实宵灾之官字安它
N	怀导居民收慢避惭届必怕愉懈心习悄屡忱忆敢恨怪尼
B	卫际承阿陈耻阳职阵出降孤阴队隐防联孙耿辽也子限取陛
V	姨寻姑杂毁旭如舅九奶婚妨嫌录灵巡刀好妇妈姆
C	对参戏台劝观矣牟能难允驻驼马邓艰双
X	线结顷红引旨强细纲张绵级给约纺弱纱继综纪弛绿经比

（3）三级简码（4 400 个，[前三码+空格]）。

例如，“微”字的简码为“TMG”，全码为“TMGT”；“模”字的简码为“SAJ”，全码为“SAJD”。

（4）简码规律总结，如图 3-27 所示。

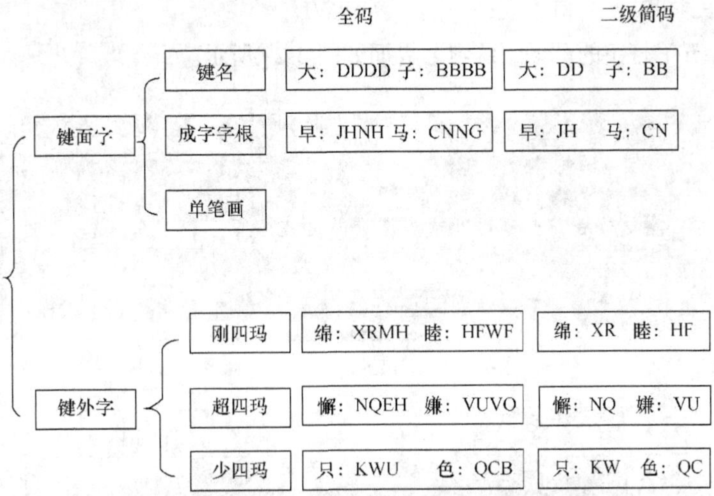

图 3–27 简码规律总结

“金山打字”五笔打字的“单字练习”界面如图 3-28 所示。

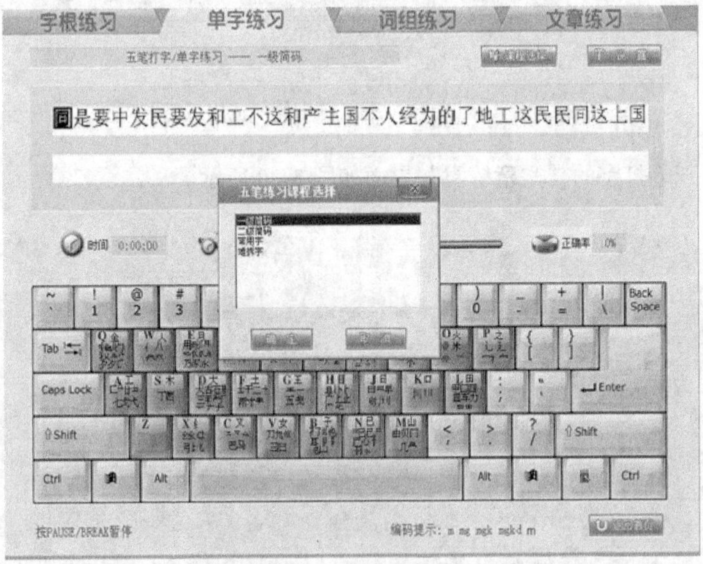

图 3–28 “金山打字”五笔打字的“单字练习”界面

7．词组

（1）双字词：每字取前两码，即②②。

例：教育　土丿亠厶　FTYC

（2）三字词：前两字取首码，后一字取前两码，即①①②。

例：博物馆　十丿勹乚　FTQN 口亻人口

（3）四字词：每字取首码，即①①①①。

例：装模作样　丬木亻木　USWS

（4）多字词：第一、二、三……末个汉字取首码，即①①①……①。

例：中华人民共和国　口亻人……囗　KWWL

“金山打字”五笔打字的“词组练习”界面如图 3-29 所示。

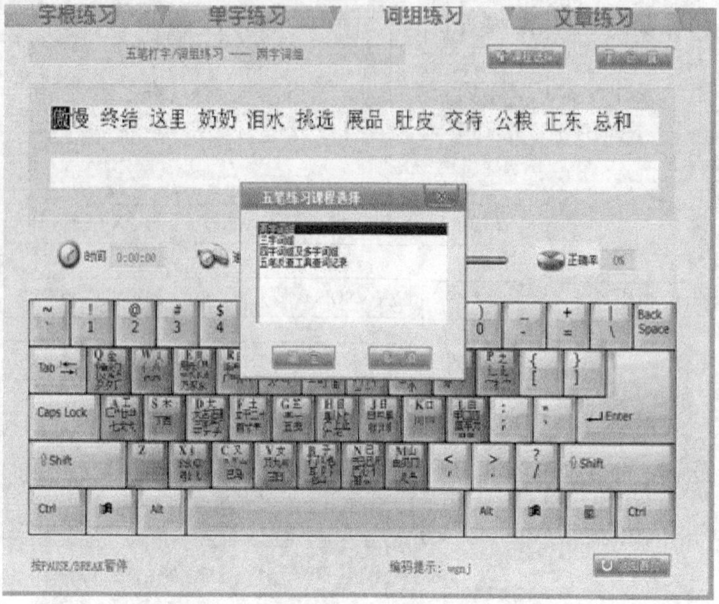

图 3-29 “金山打字”五笔打字的“词组练习”界面

“金山打字”五笔打字的“文章练习”界面如图 3-30 所示。

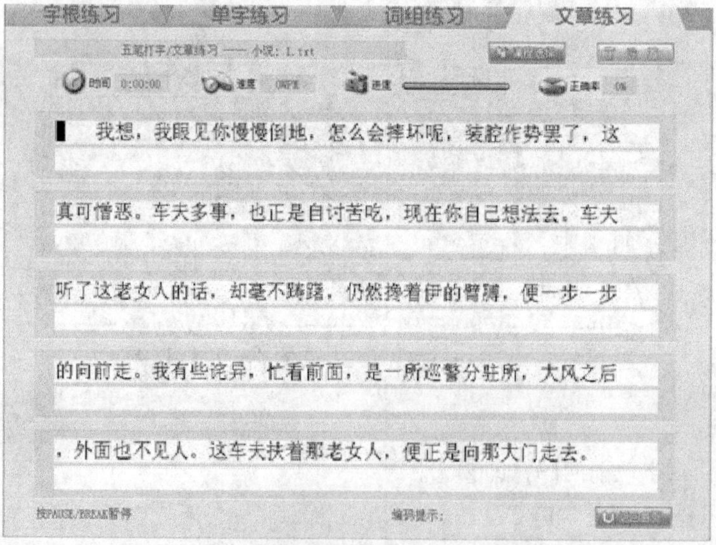

图 3-30 “金山打字”五笔打字的“文章练习”界面

任务训练

1．训练要求

（1）熟悉键名和字根。

（2）注意记忆一些难拆字。

（3）多使用“简码”和“词组”。

（4）平时多练习，一直练习到“忘记”字根为止。

打字高手 = 正确的指法 + 键盘记忆 + 集中精力 + 准确输入

2．任务

（1）在“圆圆打字高手”中进行拼音及五笔输入训练。

（2）在”金山打字通”中进行拼音及五笔输入训练。

3．任务考核参考标准

在“金山打字通”中进行 20 分钟拼音及五笔输入测试，考核参考标准如表 3-10 所示。

表 3–10　　考核参考标准

考核内容	优秀（90 分）	良好（80 分）	中等（70 分）	及格（60 分）	不及格
拼音输入法	80 字/分钟	70 字/分钟	60 字/分钟	50 字/分钟	50 字/分钟以下
五笔输入法	90 字/分钟	80 字/分钟	70 字/分钟	60 字/分钟	60 字/分钟以下

每档中每分钟快 1 个字加 1 分，最高加至 100 分。

任务四　计算器的输入技能

一、计算器的产生背景

最早的计算工具诞生在中国。

中国古代最早采用的一种计算工具叫筹策，又称为算筹。这种算筹多用竹子制成，也有用木头、兽骨充当材料的，约 270 枚一束，放在布袋里可随身携带。

直到今天仍在使用的算盘，是中国古代计算工具领域中的另一项发明。明代时的算盘已经与现代的算盘几乎相同。

1642 年，年仅 19 岁的法国科学家帕斯卡引用算盘的原理，发明了第一部机械式计算器。在他的计算器中有一些互相连锁的齿轮，一个转过十位的齿轮会使另一个齿轮转过一位，人们可以像拨电话号码盘那样，把数字拨进去，计算结果就会出现在另一个窗口中，但是只能做加减运算。1694 年，莱布尼兹在德国将其改进成可以进行乘除运算。此后，一直到 20 世纪 50 年代末才有电子计算器的出现。

17 世纪初，西方国家的计算工具有了较大的发展。英国数学家纳皮尔发明了“纳皮尔算筹”；英国牧师奥却德发明了圆柱型对数计算尺，这种计算尺不仅能做加减、乘除、乘方、开方运算，甚至可以计算三角函数、指数函数和对数函数。这些计算工具不仅带动了计算器的发展，也为现代计算器的发展奠定了良好的基础，成为现代社会应用广泛的计算工具。

二、计算器与计算机的区别

计算器只是简单的计算工具，有些机型具备函数计算功能，有些机型具备一定的存储功能，但一般只能存储几组数据。

计算机在中国俗称“电脑”，具备复杂存储功能、控制功能，比计算器更加强大。

以自动化程度来区别二者，就在于是否需要人工干预其运行。计算器和计算机一样都能够实现数据的录入、处理、存储和输出，但区别是，它不能自动地实现这些操作过程，必须由人来操作完成；而计算机通过编制程序能够自动进行处理。

计算器与计算机的一个本质性的区别是，是否具有扩展性。计算器使用的是固化的处理程序，只能完成特定的计算任务；而计算机借助操作系统平台和各类应用软、硬件，可以无限扩展其应用领域。

三、计算器的分类

目前的计算器有标准型和科学型两种类型。

1．标准型

标准型计算器足够大、可用手指来操作的按钮，数字大而清晰，并能够满足学生基本的计算需要，如图 3-31 所示。其标准模式支持显示 12 位数字，支持算术操作、平方根计算、百分比计算和记忆功能。

2．科学型

科学型计算器有所有普通的函数，且所有的函数都分布在键盘上，如图 3-32 所示。

科学型计算器支持显示 24 位数字，支持运算优先选择模式、进制转换功能、标准数学函数、百分比计算、方根计算、对数计算、次方计算和记忆等功能。

图 3–31　标准型计算器

图 3–32　科学型计算器

科学型计算器的使用方法可以参看计算器附带的说明书（一般科学型计算器的包装里都会有一本小小的多功能科学计算器说明书）。

四、计算器的部件

计算器的复杂程度根据使用目的不同而有所不同。最简单的计算器模块应该包含下列部件。

（1）电源，如电池或太阳能板（Solar Panel）。

（2）显示幕，通常以 LED 光源或 LCD 制成，可显示一定数量的数字（通常为 8～10 位）。

（3）电子回路。

（4）按键面板，应包含 10 个数字键；小数点；等于符号，用于显示运算解；4 个运算函数（加、减、乘、除）；取消键，用于清空目前显示的数字；电源开关；其他基本函数，如求平方根或百分比键；更高级的模块也许还会有一个单数值记忆按键（M+，M−），可在需要时叫回。

20 世纪 80 年代早期，基本计算器开始置入其他小型设备，如手机、腕表等。

五、计算器的按键功能

AC：用于清除一切内容。

CE：用于清除当前输入值，不影响其他内容和计算步骤。

M+：是计算结果并加上已经储存的数；用作记忆功能，它可以连续追加，把目前显示的值放在存储器中；中断数字输入。

例如，可以先计算器上算出 10*3=30 后，按 M+存起来（存储器默认存着 0），再按 9.5*2=，算出结果后按 M+，再按 1.2*3=得到结果后再按 M+。这样，存储器里就是这几个结果的总和，再按 MR 就显示出结果。

M−：是计算结果并用已储存的数字减去目前的结果；从存储器内容中减去当前显示值；中断数字输入。

MU：是内存数据显示键。

MR：可调用存储器的内容，读取储存的数据，调用 M+最后一次记忆。

MC：用于清除储存数据、存储器内容、内存数据。

ON/AC：是归零键、上电/全清键，可清除现有数据重新输入；按下该键表示上电或清除所有寄存器中的数值。

MRC：第一次按下此键将调用存储器内容，第二次按下此键清除存储器内容。

CE：是清除输入键，可清除全部数据结果和运算符，在数字输入期间按下此键将清除输入寄存器中的值并显示“0”。

C 清除键：在数字输入期间，第一次按下此键将清除存储器内容外的所有数值。

GT：即 Grand Total，意思是总数之和，用来计算总和。即按了等号后得到的数字全部被累计，按 GT 后显示累计数，再按一次清空。按 AC 键或 C 键消除 GT 显示数。

√‾：平方根，按下此键将显示一个输入正数的平方根。

（+/−）键：按下此键可改变数字的正负值。

等号“*=”还可以表示平方：如 10 的平方，可以按 10 再按 × 然后按=，结果就会是 100。但依次按 10，+然后按=结果为 20，即“+=”表示 2 倍，因为它相当于 10+10=20。同理 10/=，相当于按下 10/10=，结果为 1。

当输入数字并决定运算符号后，按下%键会将这之前的参数自动赋值为它前面参数的百分之这个参数参加运算。Windows 7 下百分数不能直接参加运算，参加运算的是前一个操作数的百分之几。多数手机中也是这样计算的，如 78+2（%）相当于 78+78*2%，最后结果为 79.56。在 XP 下单击%键，程序会把两个数相乘，然后除以 100，并显示结果。例如，输入 23+3，然后单击“%”，结果为 0.69；输入 23-3，或 23/3，或 23*3，然后单击%键，结果依然为 0.69，也就是说它忽略了加、减、乘、除号。使用时一定要注意，%键只能用在 x+（或-，*，/）之后，或用在计算机结果之后，表示计算结果平方的 1%。

任务训练

1．训练要求

（1）使用常用标准型计算器进行数字按键训练的指法参照小键盘训练指法，要根据各人手指的大小购买合适的常用计算器。

（2）科学型计算器按键功能要在复杂的数学计算中慢慢熟悉。

2．任务

（1）利用常用标准型计算器进行数字按键训练。

（2）利用科学型计算器进行一些较复杂的计算。

3．任务考核参考标准

（1）常用标准型计算器的按键考核同小键盘考核标准。

（2）熟悉科学型计算器的按键功能，每错 1 个扣 5 分，直至 100 分扣完为止。

项目小结

本项目讲解了使用标准键盘录入时的坐姿与指法，并结合“金山打字“软件进行键位练习、英文练习，讲解了小键盘的指法及测试软件，又进一步讲解了汉字的拼音录入与五笔字型输入法，最后还学习了常用型与科学型计算器的功能。在任务训练中，我们总结出了这些基本技能练习中的技巧与训练注意事项，并给出了每一项技能的参考考核标准，以便教师与学生进行技能测试评价。知识和技能是会计入门的基本要素，它们是十分有用的基本技能，在会计实践中被广泛运用。

项目四 传票录入技能

学习目标

（1）熟练掌握传票算的运算程序和方法。

（2）通过训练能够快速、准确地翻打传票。

项目描述

（1）工作对象：各种会计凭证、票据、会计账簿、会计报表、结算凭证汇总表。

（2）技能训练用品：计算器、小键盘、电脑。

（3）工作场所：从事会计、审计、统计、金融、税务、营销等各种经济管理工作的场所。

（4）资格和能力：从事会计工作的人员需具备必要的专业知识，且必须取得会计从业资格证书。

能力训练

能力训练项目、目标、相关知识及训练步骤，如表 4-1 所示。

表 4–1　　能力训练项目、目标、相关知识及训练步骤

项目	拟实现的能力目标	相关支撑知识	训练方式及步骤
传票翻打	能用计算器或小键盘翻打传票	① 传票的整理和摆放； ② 找页； ③ 翻页； ④ 记页、数页	根据训练题目反复练习开扇、找页、翻页、记页
电脑传票录入	① 能熟练运用翰林提传票训练系统进行传票运算； ② 能熟练运用电脑传票训练系统进行传票运算	① 翰林提传票训练系统的操作流程及注意事项； ② 电脑传票训练系统的操作流程及注意事项	根据系统配套训练题目反复进行传票运算练习

项目导入

2015 年 5 月 6 日，工行西园里支行银行职员李莉接到某客户的存款一笔，款项 13 560 元，在输入时误输成 13 590 元，导致当日对账错误，同事帮忙一起对账后才找到原因。第二天，李莉又找到该客户，赔礼道歉后，将错误更正过来。这就是典型的由于银行传票输入不准确而给工作带来的麻烦。

那么传票录入有哪些注意事项？又如何进行训练呢？

任务一　传票翻打技能

一、传票与传票的种类

1．传票的翻打

传票是指用以传递记账用的凭证，是记账凭证以前的称谓。

传票的翻打是指用计算工具（算盘、计算器、计算机小键盘等）对传票（即凭证）或账簿上的数字金额进行加减运算。传票翻打可以为会计核算、财会分析、统计报表提供及时、准确、可靠的基础数字，是财经工作者必备的一项基本功，以越快越准为好。传票翻打在财会、金融行业运用得非常广泛，并被列入全国会计技能比赛的正式项目种类。

传票算是一种综合性的计算技术，它包括整理传票、找页、翻页、看数、打数等动作。这些动作需要手、头、眼的密切配合才能完成。传票算类似于记账凭证汇总的一种核算方式，它是会计核算中的一项基本技能。

2．传票的种类与规格

传票本分为 2 种，第一种是订本式传票，是在传票的左上角装订成册，一般在比赛中使用；第二种是活页式传票，是全国会计技能大赛中采用的规格，如图 4-1 所示。

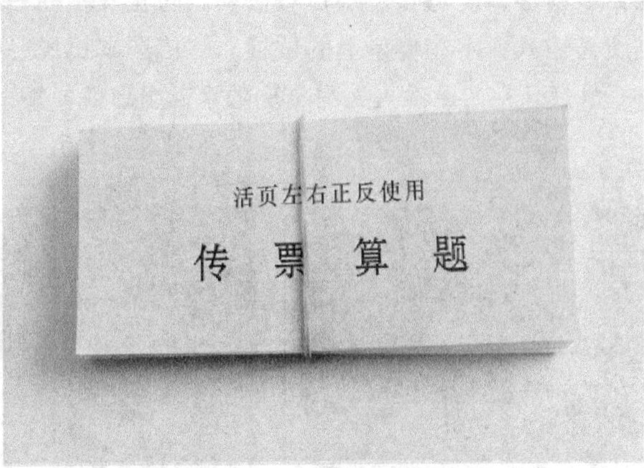

图 4–1　活页式传票样本

传票采用长约 19cm、宽约 8cm 的 70g 规格的书写纸，用 4 号手写体铅字印刷，每本传票共 100 页，每页 5 行数，由 4～9 位数组成。其中 4、9 位数各占 10%，5、6、7、8 位数各占 20%，都有两位小数；页内依次印有（一）～（五）的行次标记，设任意 20 页的 20 个数据（一组）累加为一题，0～9 这 10 个数字均衡出现。

传票练习示意图，如图 4-2 所示。

图 4–2　传票练习示意图

3．传票算的形式

传票算的形式有两种：每题 100 页翻打（限量不限时）和每题 20 页翻打（限时不限量）。

二、传票的整理和摆放

传票在翻打前，首先要检查传票是否有错误，如缺页、重页、数码不清、错行、装订方向错误等，一经发现，应及时更换传票，待检查无误后，方可整理传票。进行传票翻打应熟练掌握整理、摆放、找页、翻页、数页等基本功，数字小键盘盲打。计算机小键盘是向计算机输入数字、下达命令的重要设备，是财务工作者进行汇总、核算必不可少的操作工具，所以掌握小键盘传票翻打非常重要。

整理传票即将传票捻成扇形，使每张传票自然松动，防止其粘在一起。先把传票本墩齐，为了方便翻页，应根据所需输入数字在传票上的位置，将传票本捻成一定的扇形。如果输入小写数字，则扇形要沿右下角打开；如果输入大写金额数字，扇形就要按上下方向打开，如图 4-3 所示。

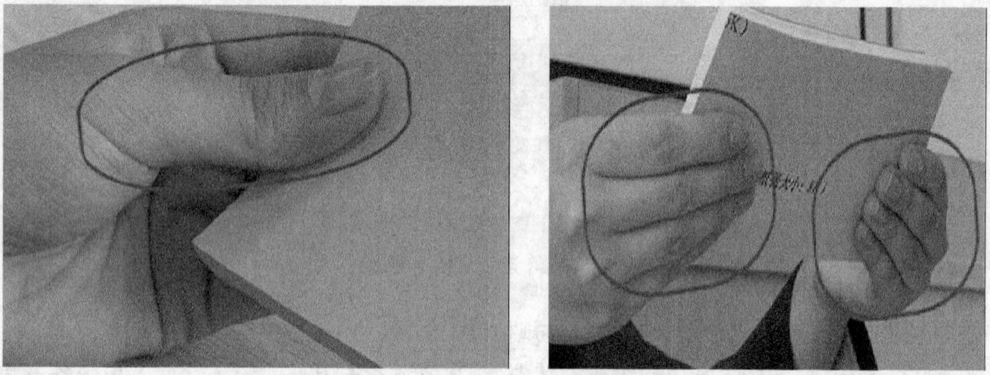

图 4-3　左右打扇形的握票

首先，左、右两手先轻轻地捏住传票左、右两端或上、下两端，要求拇指在上，其余四指在下，为捻扇形做准备。

然后，用右手捏传票，并将传票右上角以右手大拇指为轴向怀内方向翻卷，如图 4-4 所示。翻卷后，左手随即捏紧，右手放开。

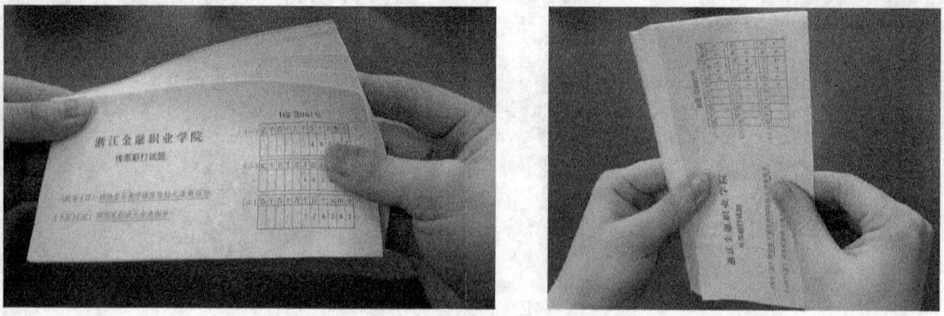

图 4-4　左右打扇形的开扇

重复上述动作，直到把传票捻成幅宽适当、票页均匀的扇形，最后用夹子夹住传票的左上角或上端，把扇形固定下来，也可再用一个较小的夹子夹在传票本的最后一页，以便于翻页。

扇形幅度不宜过大，只要使传票封面向下突出，背面向上突出，便于翻页即可。最后，用夹子将传票的左上角夹住，再用一个较小的票夹夹在传票最后一页的右下角，将传票架起，使扇形固定，防止错乱，如图 4-5 所示。

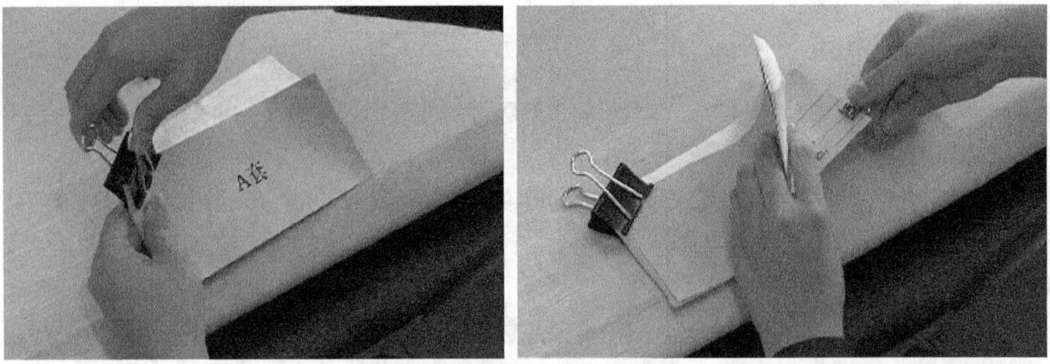

图 4–5　左右打扇形的夹票

传票也可用上下展开法打扇面，如图 4-6 和图 4-7 所示。

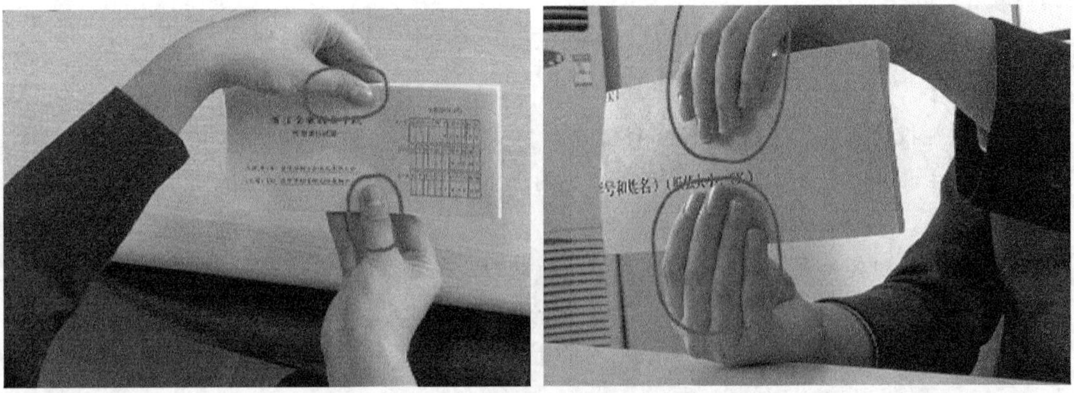

图 4–6　上下展开法打扇面的握票

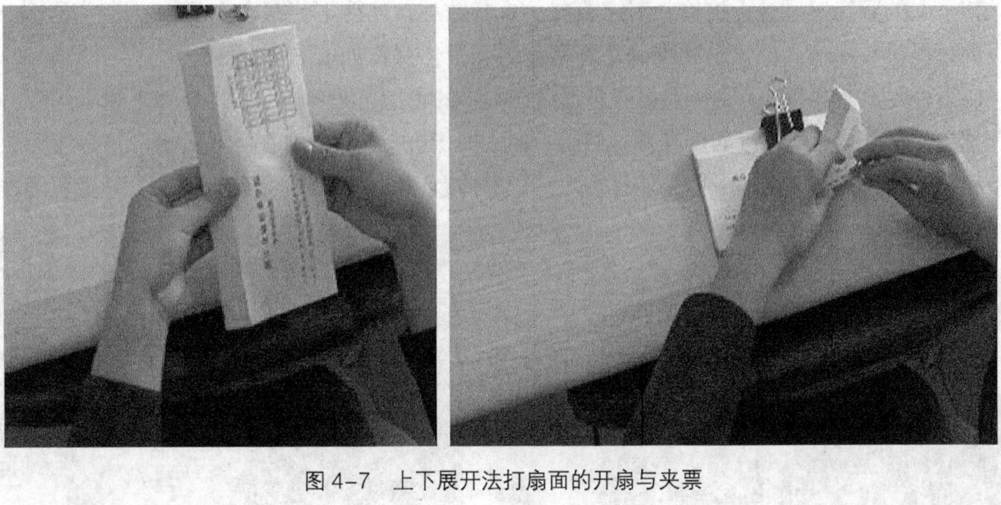

图 4–7　上下展开法打扇面的开扇与夹票

整理好的传票应摆放在桌面适当的位置。如果使用小键盘，可将传票放在算具的左上方，贴近算具，以便于看数翻打。

三、传票的找页

找页的动作快慢、准确与否，直接影响传票翻打的准确率与速度。找页是传票翻打的基本功之一，必须加强练习。

找页的关键是练左手的手感，即摸纸页的厚度，如 10 页、20 页、30 页、40 页等的厚度，做到仅凭手的感觉就可以一次翻到临近的页码上，然后再用左手向前或向后调整，迅速翻至要找的页码。

找页的基本要求：右手在小键盘敲击传票的数字时，用眼睛的余光看清下一本传票的起始页数，再用左手迅速、准确地找到对应的页数，做到边写答案边找页。

【例 4-1】 有序找页练习。

5、14、21、37、42、56、68、78、85、90……

【例 4-2】 无序找页练习。

2、16、25、65、32、12、49、78、9、51……

【例 4-3】 单页翻找训练。

（1）教师报起始页数，学生快速翻找。

（2）学生相互之间报起始页数，进行翻找训练。

【例 4-4】 多页翻找训练。

教师给出一组起始页数，要求学生连续进行翻打。

每组数量由少至多（5 题、10 题、20 题……），循序渐进。

此项练习可以采取限量不限时和限时不限量两种形式。

四、传票的翻页

传票上的数字通过计算机输入时需要先翻页找数后，才能把传票本上的数字进行逐个输入，翻页的过程对数字输入的速度和准确率非常重要，具体操作如下。

以小写数字输入为例。将传票捏成扇形后，左手的小指、无名指和中指自然弯曲压在传票的左端，其余二指自然伸开做好翻页准备；然后，用大拇指进行翻页，如图 4-8 所示，并将该页推送至食指和中指之间，用食指和中指夹住已输入完毕的传票；同时，大拇指伸向下一页做翻页的准备。

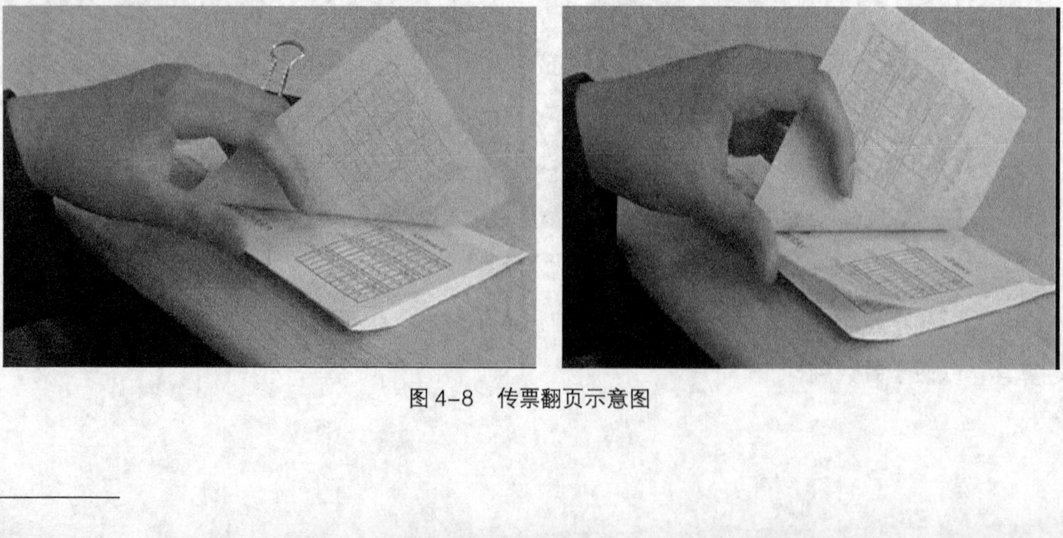

图 4-8　传票翻页示意图

注意 翻页时要用大拇指的指腹去翻票页的边缘，不要用大拇指、食指搓捏票页；翻页的角度不宜过大，以能看清楚数据、便于输入为准。另外，为了方便翻页，可在键盘左上角放一个海绵缸，以备湿润手指之用。

翻页练习是传票翻打的基础，只有左手能很准确、连贯、快速地翻开传票，才能进行传票翻打录入。翻页输入时，可采用一次一页的打法，也可采用一次两页或三页的打法。

1．单页传票算的翻页

传票翻打要求用左手翻传票，右手敲击数字小键盘，两手同时进行。传票翻页的方法是将左手的小指、无名指放在传票封面的左下方，食指、拇指放在每题的起始页，然后中指配合挡住已翻过的页，食指再将传票一页一页翻起。

要熟悉传票的厚度，最好凭手感能一次就翻到所需计算的页次。练习在计算中快速翻到下一算题的起始页，不管是向前或向后翻动找页，凭手感至多翻动三次传票，就须找到下一算题的起始页。

2．双页传票算的翻页

双页传票算的翻页方法：先用拇指，当拇指刚一翻页时，食指就马上把翻起的传票往上撵，食指只是撵页，不宜离开拇指。把上下两页传票撵开并形成一定的空隙，这时左手还要左右不断地转动，以使眼睛更好地透过空隙，看到上下两页传票上的数字。当把两页传票上的数字合计之后，食指要弯曲，离开拇指，拇指把计算完的两页传票翻到中指，将两页传票夹到中指和食指之间，完成一次双页传票算。然后，再用同样的操作方法去翻下一页，就这样反复地进行下去。

传票翻打（小写金额数字）按比赛考核要求，一般每 20 张计算一个合计。练习所用的传票已按 100 张装订成册，那么每次计算时，最好能快速找到起始页数，这是翻打传票的一项基本功。

【例 4-5】 看翻、盲翻训练。

用左手连续进行翻页训练。由少至多（20 页、50 页、100 页），循序渐进。教师可以统一计时，学生快速翻页。

【例 4-6】 一页、多页训练。

如一次翻两页、一次翻三页。此项训练难度较大，学生必须注意左手手指动作的协调配合，幅度适宜，切实到位。

五、传票的记页、数页

在传票运算时，为了避免计算过页或计算不够页，应掌握记页、数页的方法。

记页，就是在运算中记住终止页，当估计快要运算完该题时，用眼睛的余光扫视传票的页码，以防过页。

数页，就是边运算边默念已打过的页数，最好每打一页，默念一页。以 20 页为一组为例，打第一次默念 1，打第二次默念 2……默念到 20 时核对该题的起止页数，若无误，则立即按回车键。

如果采用一目两页打法，仍以 20 页为一组为例，每题只数 10 次，即打前两页时默念 1，再打两页时默念 2……默念到 10 时，核对该题的起止页数，若无误，则立即按回车键。

记页、数页看似简单，但在实际操作过程中却很重要。练习之初就应该养成记页、数页的好习惯，避免多算或少算而影响运算速度。

六、传票运算

1．单页传票算

传票运算是根据传票运算样题（见表 4-2），进行传票找页、翻页、读数、运算的全套动作，初学者可采用单页传票算，熟练后可采用双页传票算。

表 4-2　　传票样题

题号	起止页数	行数	答案
1	3～22	1	—
2	23～42	5	—
3	31～50	3	—
4	51～70	2	—

操作传票主要是靠左手，首先把传票折成扇形，将其用夹子夹住（或用左手压住）。把它放在桌子上放试卷的地方，用左手压住。左手从小指到食指都要自然弯曲，用小指左侧压住传票，这就是压传票的动作。然后，用左手拇指翻传票。传票要一页一页地翻。左手拇指从下向斜上方运动，用指腹翻传票，每翻一页，就用拇指和食指捻页，以免翻双页或多页，这就是翻页的动作。翻页之后看数，右手随之敲打此数。这时，左手食指抬起，挡住已翻过的传票，拇指再翻下一页，如此反复循环地进行下去。

在运算中，由于左手来回翻页，容易使折成扇形的传票变形或移动，给翻页带来困难。为了便于运算，左手一定要压住传票，不能让它移动，要保持传票折成的扇形不变。但是，压力也不可过大，而使左手僵硬、不灵活。左手翻页不可过高，眼睛能看到数字即可。

在运算中，右手只能进行键盘录入或书写答案，不可帮助左手翻页或离开键盘。

传票算中每 20 页为一题，每题都标有从几页到几页的起止页数。每计算一题必须重新找页，然后才能翻页计算。找页动作要快，一般只用 3～5 秒的时间去找页，否则就会耽误时间。找页一般只靠左手，有时翻找页数比较多时，也可以用右手帮助找页。

传票算中的看数，和加减算中的看数一样是分节来回看数。来回看数，要视其具体情况而定，不能千篇一律。

2．双页传票算的运算方法

双页传票算是传票快速算的一种运算方法。这种运算方法要同时计算出两页或两页以上的数字，在翻页与看数等方面，与单页传票算有些不同。

双页传票的看数计算方法是，高位算起或来回运算，用心算直接相加。

双页传票算要透过上下两页传票之间的空隙，同时看到上下两页传票上的同行同位数字，用心算直接相加，并将相加的结果敲入电脑或计算器中，随看随敲。在运算中，可以从高位往低位运算，也可以来回运算。

双页传票算的翻页与看数练习，要分项进行，然后再进行综合练习。在进行翻页练习时，翻起的上下两页传票的空隙不可过大，也不可过小，以能够看到上下两页数字为准。在进行心算相加练习时，可以利用每页传票上的五行数字中的两行或多行，直接用心算相加。这些练习开始时都要放慢速度，不可急于求成，练习一段时间后，再结合小键盘进行综合练习。

关于三页或多页传票的运算方法，与双页传票算基本相同，不过是把传票页数分开得多，心算合计行数多罢了。

任务训练

1．训练要求

（1）将传票扇面展开 20° ～25° 角，以便于翻打传票。传票扇面展开角度过大，左手较难控制打完的传票，不易翻页；展开角度过小，翻动时容易造成传票连张，漏打传票。

（2）笔放在右手容易拿到的位置，最好多准备一支笔备用。

（3）要做到盲打，头不要在传票和计算器之间晃来晃去，动作要连贯。

2．任务

（1）传票找页。快速、准确地找到每题的起始页，提高传票翻打的准度和速度。

① 熟悉传票，首先进行找页练习。找页关键是练手感，能准确把握纸页的厚度，如 10 页、20 页、30 页、50 页等的厚度。

② 用左手迅速、准确地找到起始页数。

（2）传票翻页。

① 将传票打开成梯形。

② 练习左手从 1～100 页的翻页基本动作。

③ 传票翻页计时，看看从 1～100 页谁的翻页时间最少。

（3）传票翻页计算。左手刚翻起一页，即把应计算的数字看在眼里，右手将数字录入电脑，不等右手入盘计算完毕，左手又翻起一页，这样循环反复地进行翻页运算。

① 将传票打开成梯形。

② 左手翻页。

③ 右手将数字录入电脑。

④ 计算 1～100 页第一行的答案。

（4）传票翻打计时。计时 15 分钟，计算表 4-3 中的各题。

表 4-3　传票运算题

顺序	起至页数	行次	答数	顺序	起至页数	行次	答数
1	11～30	二		5	71～90	一	
2	31～50	三		6	15～34	四	
3	55～74	四		7	65～84	二	
4	45～64	五		8	51～70	一	

续表

顺序	起至页数	行次	答数	顺序	起至页数	行次	答数
9	75～94	三		15	2～21	二	
10	53～72	五		16	65～84	一	
11	41～60	一		17	35～54	二	
12	13～32	三		18	61～80	三	
13	81～100	五		19	33～52	四	
14	25～44	四		20	21～40	五	

注：使用不同的传票练习本，答案是不相同的。

（5）大写传票计算（选练）。银行间业务往来的票据金额，除了书写小写数字金额外，都应填写大写数字金额。票据大写数字金额也是一项重要的计算业务。在计算大写数字金额时应注意以下几个方面。

① 首先要看清和读准每一笔大写数字金额，它读起来一般没有小写数字金额那样快和准。

② 计算时，要快速判断首位大写数字金额的档位。要提高计算速度，需做到既要判断正确，又要找对每一笔数字首位档的位置。

③ 翻页、读数、入档、计算、抄写、清盘等动作应互相协调，各环节之间不要浪费时间，以提高运算的效率。

3. 技能考核参考标准

（1）找页评价：以找页的准度和速度作为评价标准。具体如表 4-4 所示。

表 4–4　传票找页考核参考标准

标准	优秀（难）	良好（中）	合格（易）
以 20 题为一组测试（限量不限时）			
时间（秒）	8～10	11～13	14～16
以 20 秒为时间段测试（限时不限量）			
对题量（个）	30～40	35～37	32～34

提示 边输入边找页是提高运算速度的一种技巧，手感和经验都会影响找页动作的快慢和准确度，所以必须加强练习。

（2）翻页评价：以翻页的速度作为评价标准。具体如表 4-5 所示。

表 4–5　传票翻页考核参考标准

标准	优秀（难）	良好（中）	合格（易）
以 100 页为准（限量不限时）			
时间（秒）	40	50	60
以 30 秒为准（限时不限量）			
翻页量（页）	60	55	50

提示　翻页练习是传票翻打的基础，只有左手能够很准确、连贯、快速地翻开传票的每一页，才能快速进行传票翻打。

（3）传票翻打评价，具体考核参考标准如表 4-6 所示。

表 4-6　传票翻打考核参考标准

成绩	优秀（难）	良好（中）	合格（易）
20 页/题（10 分钟）			
分值	300 分以上	200～300 分	100～200 分
占比	10%	50%	30%

提示　快速翻页和找页训练，能让学生熟悉传票，翻出手感，同时准确录入，减少退格的使用率。通过此阶段的训练，少数精英可以突破 300 分大关。每组退格使用次数少于 4 次，错误题数控制在 1 组，最高不能超过 2 组。

任务二　电脑传票的录入

电脑传票数据的录入是指使用计算机数字键盘将传票中的账号、金额、代码等各种数据准确、快速地输入计算机系统的计算机操作技能。在当今数据信息化处理时代，这一技能已经被广泛运用到实际生活中，商场收银、会计记账、银行临柜业务等凡是和数据有关的行业几乎都会用到这一技能。传票数据输入的速度和准确率对工作效率具有直接影响。

一、电脑传票的录入程序

（1）桌面摆设。桌面应整洁干净，不要摆放多余的物品。键盘在正前方，传票和夹子在左下方，答题纸和笔在右下方。

（2）坐姿准备。坐姿主要是保持身体的平衡与自然。身体平衡，上身坐直，胸部稍挺。小臂轻放在桌面上，自然放松。

（3）基本指法。右手放在小键盘上，食指、中指、无名指分别对应着 4、5、6 键。大拇指负责 0 键；食指负责 1、4、7 键；中指负责 2、5、8、除号键；无名指负责 3、6、9、小数点、乘号键；小指负责加号、减号、确认键。

（4）启用电脑传票训练工具。启用翰林提爱丁数码或电脑传票训练系统。

（5）传票整理。双手墩齐传票，左手固定传票左上角，右手沿传票边沿轻折，打出一个 20°～25° 的扇面，然后用夹子夹住传票左上角固定，防止翻打传票时散乱。

（6）翻打传票。左手小指、无名指和中指按住传票；拇指一张一张翻开传票，直至翻打完毕；食指和中指用来夹住翻打完毕的传票；右手负责敲击键盘。翻打传票要眼、手协调，左手翻传票时，眼睛看传票，快速记住传票上的数字，同时右手敲打键盘输入数字。应做到右手还没打完当页传票数字，左手就应翻到下一页，保持动作流畅。要做到盲打，头不要在传票和小键盘之间晃来晃去。

（7）书写答案。传票翻完，结果显示在屏幕上，在答案纸上抄写正确结果，抄写应工整、清晰，数字书写要规范准确，整数位使用分节号，三位一隔，保留两位小数位。

二、翰林提“传票算”的使用方法

翰林提是目前选用较多的有效的传票训练设备，以携带方便、成本较低著称。

1．操作步骤

（1）在系统主界面选择“传票录入”进入“传票算”目录，如图4-9所示。

（2）选择“[D]设置”，进行相关设置。设置完毕后按[Enter]键自动保存设置。

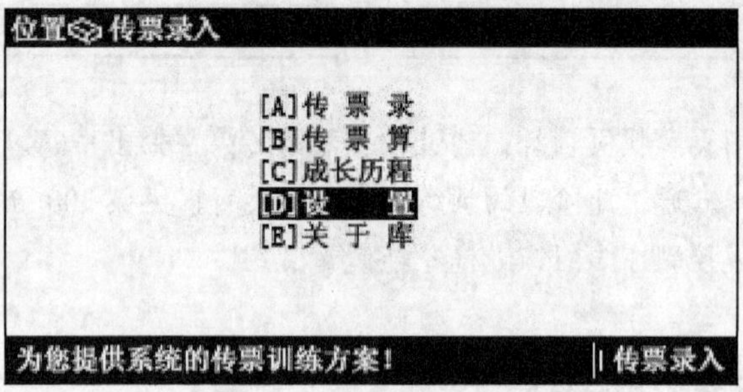

图4-9 “传票算”目录界面

操作：通过[↑↓]键移动光标，通过[← →]键调整相关设置，如图4-10所示。

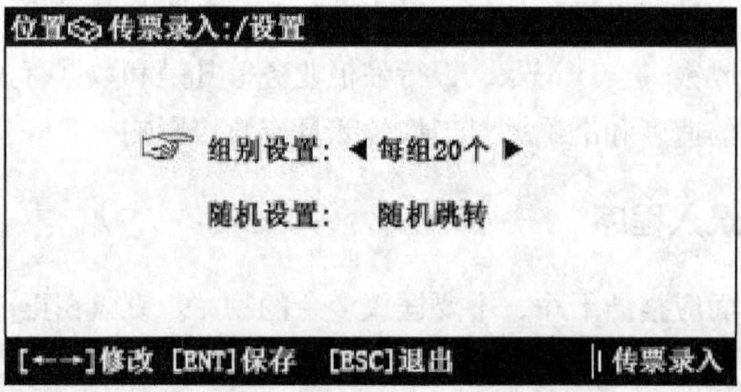

图4-10 “传票算”设置界面

说明：此步骤只需在第一次使用时设置，或需要更改训练方式时设置。

（3）在“传票录入”目录下选择“[B]传票算”，进入“传票算”功能菜单，如图4-11所示。

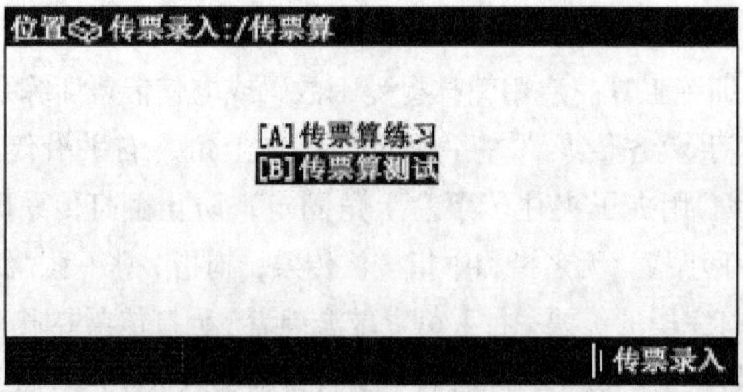

图4-11 “传票算”功能菜单界面

（4）选择“[B]传票算测试”或者“[A]传票算练习”，二者的区别如下。

① 测试模式下，系统可以保存最后的成绩，并且可以通过无线模块发送测试成绩，该模式可以在比赛时使用，如图 4-12 所示。

② 练习模式下，系统不保存成绩，也不能发送成绩，但是可以保存成长历程，该模式只在练习时使用。

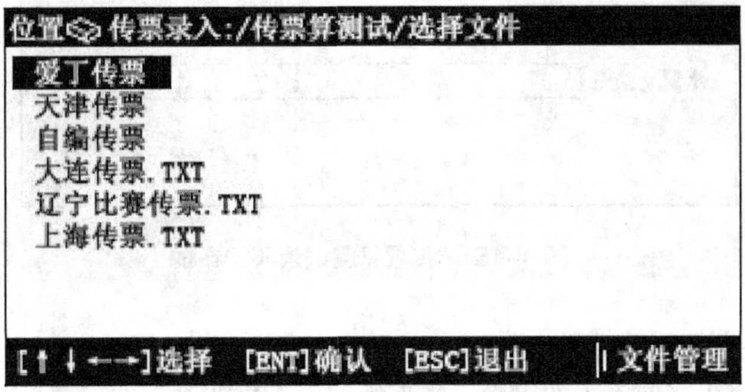

图 4-12 “传票算测试”界面

2．以传票算测试为例进行介绍

（1）选择“爱丁传票”，如图 4-13 所示，再选择所要录入的传票页 A～D。

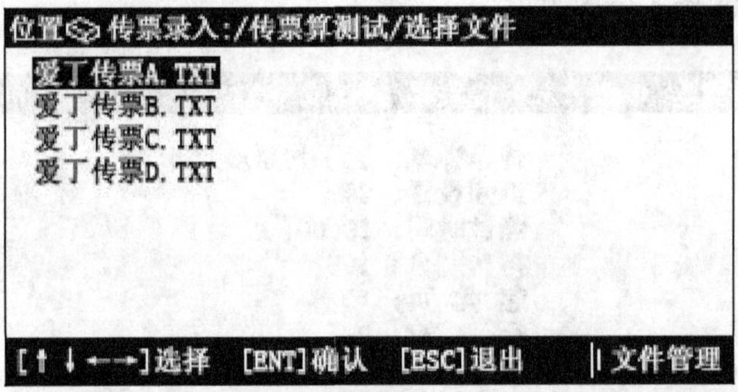

图 4-13 “爱丁传票”界面

（2）选择“爱丁传票 A”，设置测试时间、起始页、行次等，如图 4-14 所示。

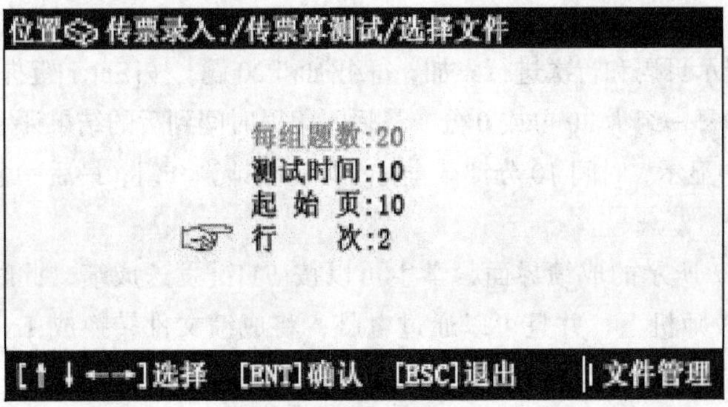

图 4-14 “传票算测试设置”界面

（3）设置完毕后，按[Enter]键即可开始录入，录入界面如图 4-15 所示。

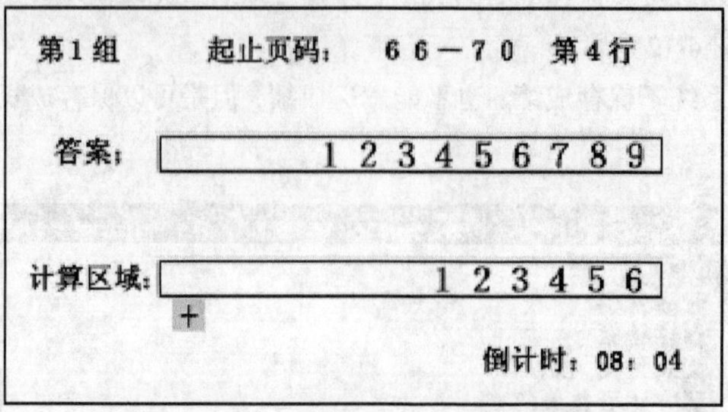

图 4–15 “传票算测试录入”界面

（4）关于录入界面的相关解释说明。

① 第一部分内容为当前输入的组别、当前组的起止页、输入的行序号。

② 中间部分内容为上一组数据的最终结果。

③ 下面部分内容为当前组数据的计算区域，学生可以任意做加减计算。

（5）用户退出或者倒计时结束时，系统会自动计算成绩，并且显示在屏幕上。

传票算计分规则以图 4-16 为例。

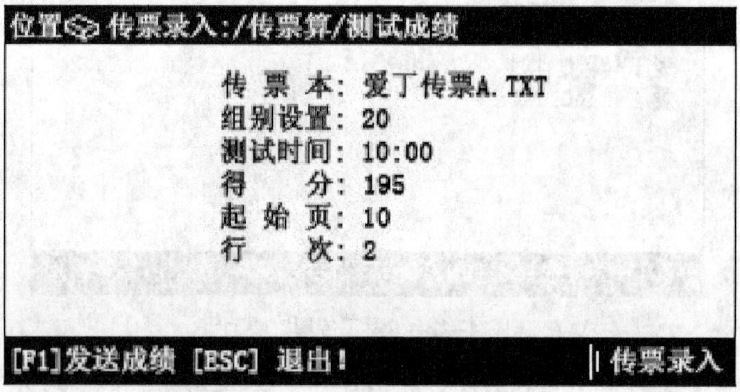

图 4–16 “传票算测试成绩”界面

按照录入界面提示页码和行次进行累加，每组加和 20 题，按[Enter]键提交，将得到的结果作为评断得分标准，即每一组为 20 分或 0 分，最后一组以时间到后的结果评定小分。

例如，图 4-16 中显示，时间 10 分钟截止时，共完整计算 9 组，最后一组结果计算到前 15 题并正确，合计 195 分。

（6）在如图 4-17 所示的成绩界面，学生可以按[F1]键发送成绩，此时本次成绩会自动通过无线网络发送到教师机上，并且可以通过电脑，将成绩文件转换成 Excel 文档进行编辑和修改。

说明：本步骤需要配合教师机使用。

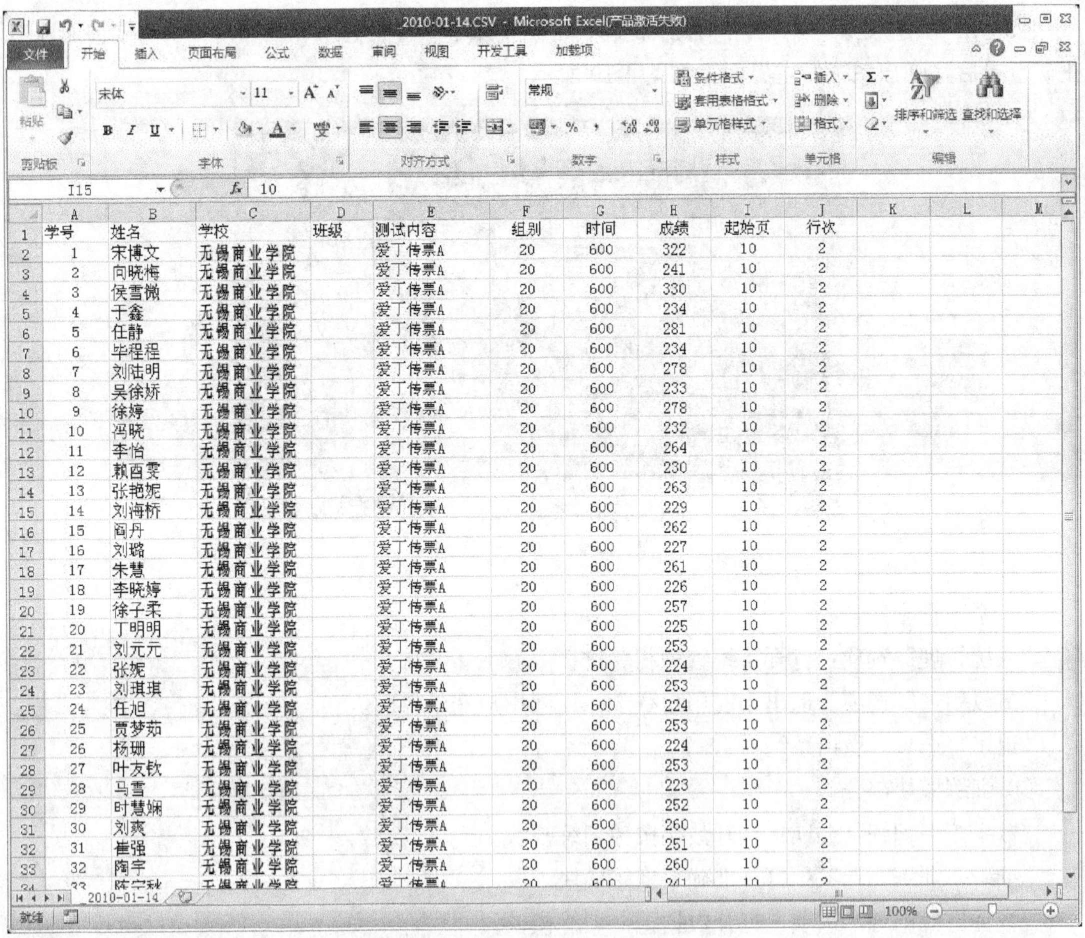

学号	姓名	学校	班级	测试内容	组别	时间	成绩	起始页	行次
1	宋博文	无锡商业学院		爱丁传票A	20	600	322	10	2
2	向晓梅	无锡商业学院		爱丁传票A	20	600	241	10	2
3	侯雪微	无锡商业学院		爱丁传票A	20	600	330	10	2
4	于鑫	无锡商业学院		爱丁传票A	20	600	234	10	2
5	任静	无锡商业学院		爱丁传票A	20	600	281	10	2
6	毕程程	无锡商业学院		爱丁传票A	20	600	234	10	2
7	刘陆明	无锡商业学院		爱丁传票A	20	600	278	10	2
8	吴徐娇	无锡商业学院		爱丁传票A	20	600	233	10	2
9	徐婷	无锡商业学院		爱丁传票A	20	600	278	10	2
10	冯晓	无锡商业学院		爱丁传票A	20	600	232	10	2
11	李怡	无锡商业学院		爱丁传票A	20	600	264	10	2
12	赖酉雯	无锡商业学院		爱丁传票A	20	600	230	10	2
13	张艳妮	无锡商业学院		爱丁传票A	20	600	263	10	2
14	刘海桥	无锡商业学院		爱丁传票A	20	600	229	10	2
15	阎丹	无锡商业学院		爱丁传票A	20	600	262	10	2
16	刘璐	无锡商业学院		爱丁传票A	20	600	227	10	2
17	朱慧	无锡商业学院		爱丁传票A	20	600	261	10	2
18	李晓婷	无锡商业学院		爱丁传票A	20	600	226	10	2
19	徐子柔	无锡商业学院		爱丁传票A	20	600	257	10	2
20	丁明明	无锡商业学院		爱丁传票A	20	600	225	10	2
21	刘元元	无锡商业学院		爱丁传票A	20	600	253	10	2
22	张妮	无锡商业学院		爱丁传票A	20	600	224	10	2
23	刘琪琪	无锡商业学院		爱丁传票A	20	600	253	10	2
24	任旭	无锡商业学院		爱丁传票A	20	600	224	10	2
25	贾梦茹	无锡商业学院		爱丁传票A	20	600	253	10	2
26	杨珊	无锡商业学院		爱丁传票A	20	600	224	10	2
27	叶友钦	无锡商业学院		爱丁传票A	20	600	253	10	2
28	马雪	无锡商业学院		爱丁传票A	20	600	223	10	2
29	时慧娴	无锡商业学院		爱丁传票A	20	600	252	10	2
30	刘爽	无锡商业学院		爱丁传票A	20	600	260	10	2
31	崔强	无锡商业学院		爱丁传票A	20	600	251	10	2
32	陶宇	无锡商业学院		爱丁传票A	20	600	260	10	2
33	陈宇秋	无锡商业学院		爱丁传票A	20	600	241	10	2

图 4-17 成绩文档

三、电脑传票训练系统的使用方法

传票输入练习系统是为数字输入练习而设计的系统，包括准确率训练、速度训练、等级测验等多个练习项目。

（1）双击“电脑传票输入技能训练系统”桌面快捷方式，弹出“用户登录”对话框，如图 4-18 所示。

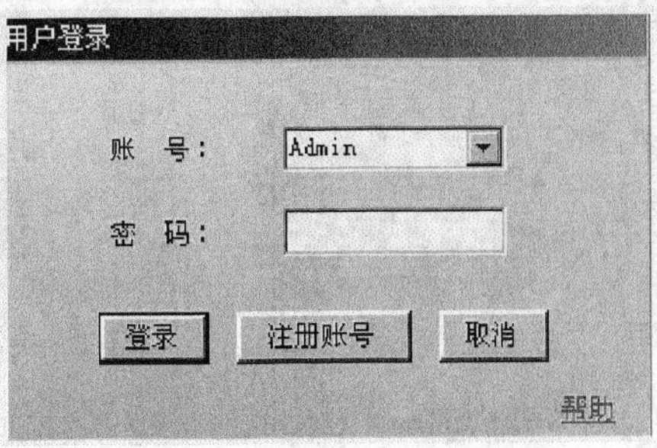

图 4-18 “用户登录”对话框

（2）在“用户登录”对话框中输入密码，密码跟账号一样，输入即可登录，不需要注册账号。正确登录后将弹出系统的主界面，如图 4-19 所示。

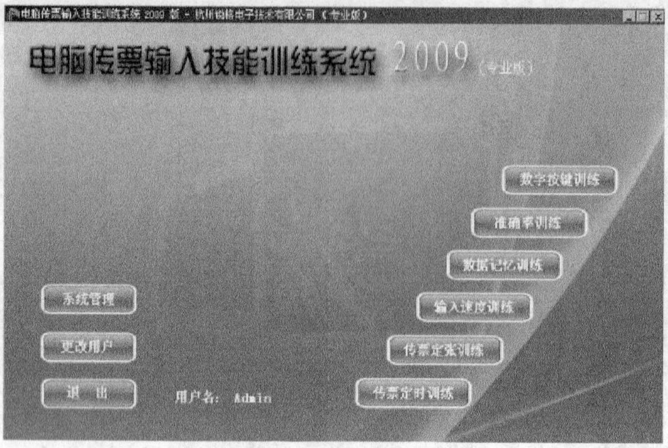

图 4–19　系统主界面

① 系统管理部分。

“系统管理”选项：打开系统管理相关按钮。

“更改用户”选项：退出当前用户登录，返回用户登录界面。

“退出”选项：退出系统。

② 训练模块部分。

“数字按键训练”选项：打开数字按键训练模块。

“准确率训练”选项：打开准确率训练模块。

“数据记忆训练”选项：打开数据记忆训练模块。

“输入速度训练”选项：打开输入速度训练模块。

“传票定张训练”选项：打开传票定张输入训练模块。

“传票定时训练”选项：打开传票定时输入训练模块。

（3）右下角有“系统管理”“更改用户”和“退出”3 个选项（见图 4-20），“更改用户”不需关注，应关注“系统管理”中的“查看成绩”，有利于后期查看进步程度；若要修改当前登录用户的密码，则应在如图 4-21 所示的“修改密码”对话框中进行。

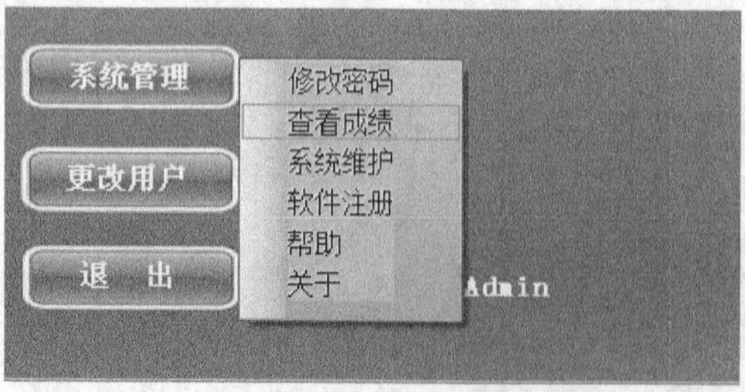

图 4–20　“系统管理”中的“查看成绩”

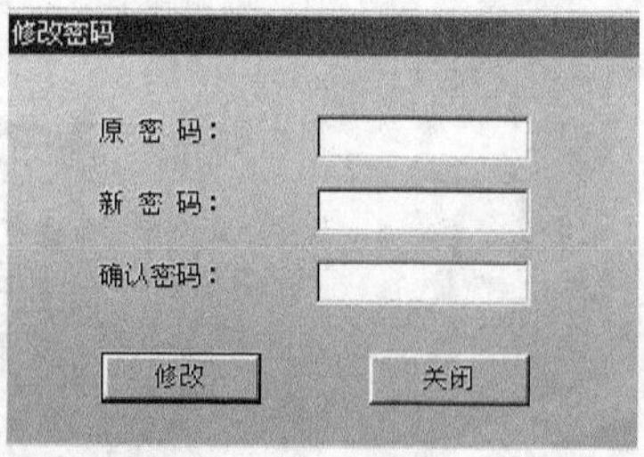

图 4–21　“修改密码”对话框

查看当前用户的传票定张训练成绩和传票定时训练成绩（系统只记录这两种成绩），如图 4-22 所示。

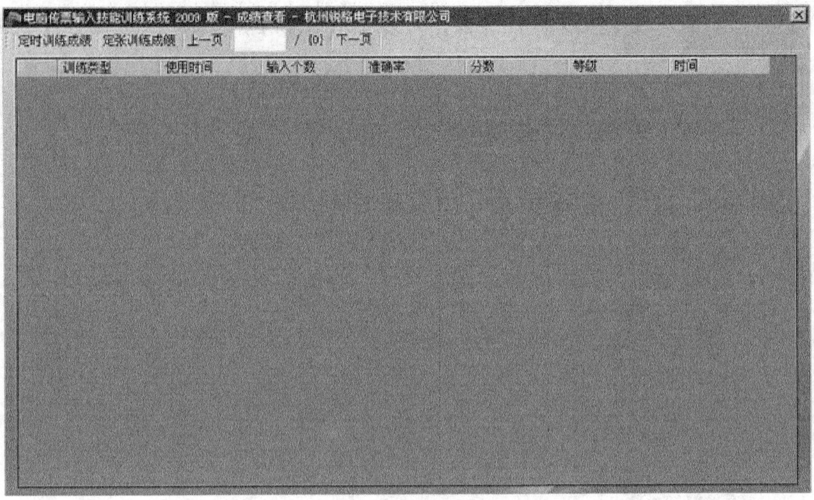

图 4-22　查看成绩

管理系统中的账号，添加、删除账号及修改账号属性和密码，如图 4-23 所示。

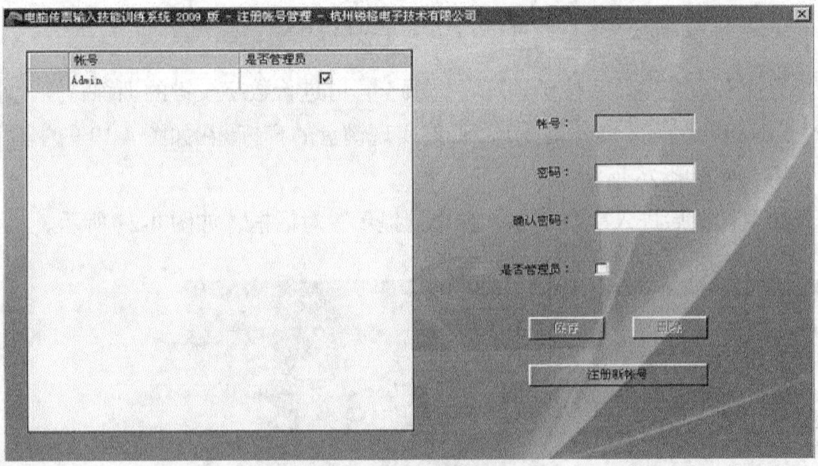

图 4-23　账号的管理

导入或删除标准传票训练数据（这里只对传票定张训练和传票定时训练有效），如图 4-24 所示。

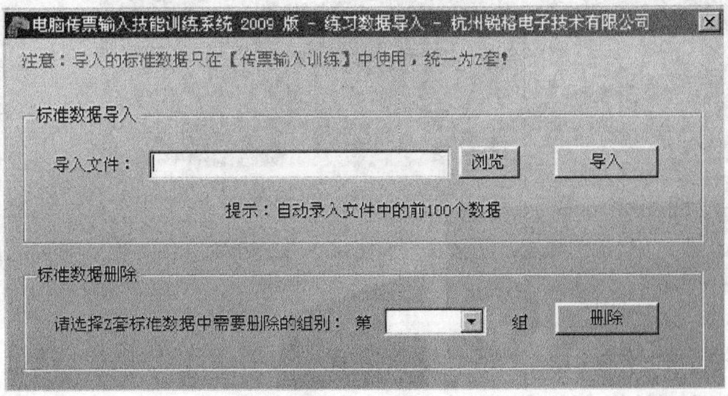

图 4-24　标准数据的管理

单击“浏览”按钮找到导入数据的模板：导入数据的模板 import.xls 在程序安装目录中，如图 4-25 所示。

图 4-25　标准数据的导入

（4）选择界面右边的“数字按键训练”选项卡，可进行数字按键的训练，强化小键盘的熟悉程度。要经过长时间的练习才能熟能生巧，最终实现键盘的盲打。在如图 4-19 的主界面中单击“数字按键训练”进入如图 4-26 所示界面。

单击“开始”按钮后进入准备状态，弹出“提示”对话框，如图 4-27 所示。

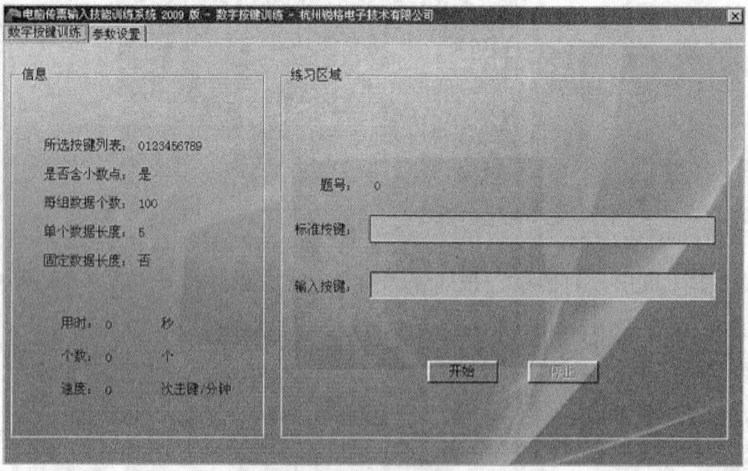

图 4-26　数字按键训练

图 4-27　“提示”对话框

单击“是”按钮进入训练。训练中单击“停止”按钮停止训练，或练习完设定练习量后系统自动停止。

“参数设置”选项：选择窗口左上角“参数设置”选项卡进入“数字按键训练”的“参数设置”界面，单击“数字按键训练”返回按键训练，如图 4-28 所示。

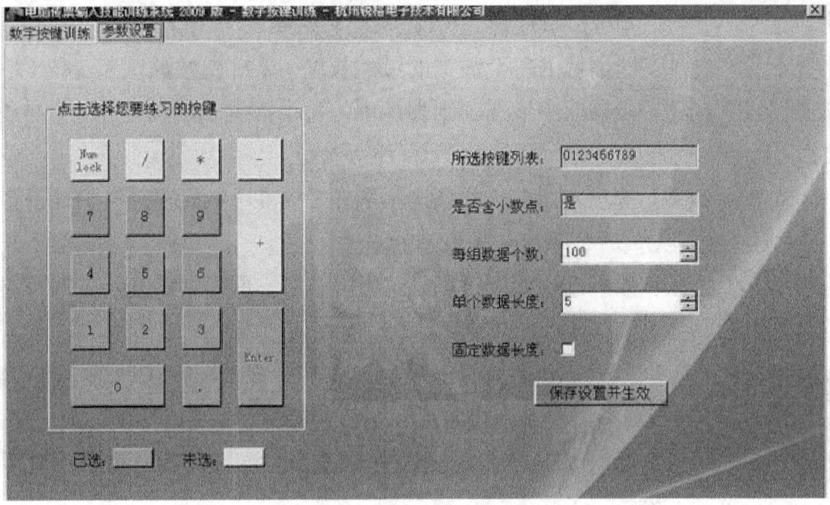

图 4-28　数字按键的参数设置

按键选择：在界面左侧的模拟数字键盘按钮中选择要练习的键，系统默认为 0、1、2、3、4、5、6、7、8、9 小数点和[Enter]键，被选中的按键除有颜色变化外还将在“所选按键列表”中显示，是否选中小数点将在“是否显示小数点”栏中显示“是”或“否”。

“是否显示小数点”选项：显示是否选中小数点进行训练。

“每组数据个数”选项：即训练的数据个数，系统初始默认为 100 个。

“单个数据长度”选项：即训练的每个数据的最大长度，系统初始默认为 5 位（不含小数点）。

“固定数据长度”选项：如果选中该选项则训练中的每个数据长度均为“单个数据长度”选项中设置的长度。

“保存设置并生效”选项：保存当前设置并生效。

（5）多进行界面右边的“准确率训练”的练习，如图 4-29 所示，可以在传票输入的时候，将失误率降到最低；同时还能不断地练习手指的灵活程度。

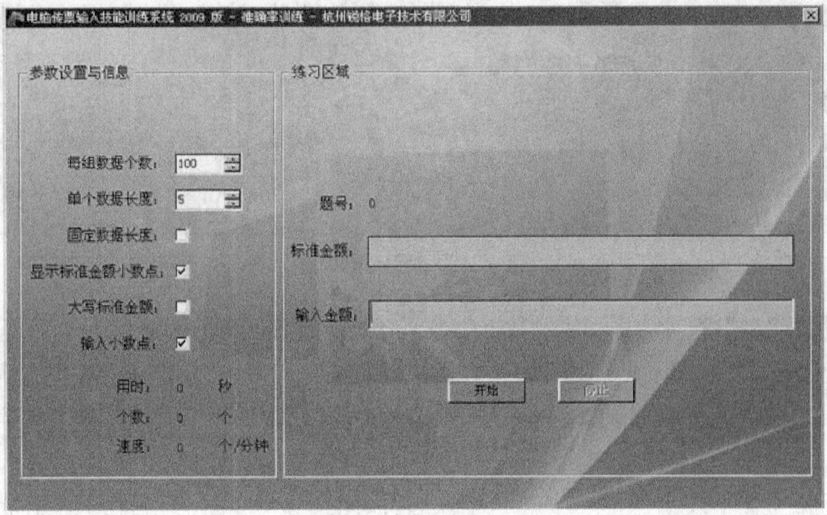

图 4-29　准确率训练

“每组数据个数”选项：即训练的数据个数，系统初始默认为 100 个。

“单个数据长度”选项：即训练的每个数据的最大长度，系统初始默认为 5 位（不含小数点）。

“固定数据长度”选项：如果选中该选项则训练中的每个数据长度均为“单个数据长度”选项中设置的长度。

“显示标准金额小数点”选项：如果选中该选项则在“标准金额”题目栏中显示带小数点的标准金额；当“大写金额”无效时，系统初始默认为选中状态。

“大写标准金额”选项：如果选中该选项则在“标准金额”题目栏中显示大写标准金额，此时选中“显示标准金额小数点”选项无效。

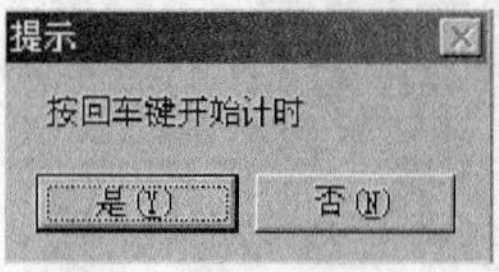

图 4-30 “提示”对话框

“输入小数点”选项：如果选中该选项则在训练中需要输入小数点，否则不需要输入小数点，系统初始默认为选中状态。

单击“开始”按钮后进入准备状态，弹出“提示”对话框如图 4-30 所示。

单击“是”按钮进入训练。训练中单击“停止”按钮停止训练，或练习完设定练习量后系统自动停止。

（6）界面右边“数据记忆训练”的练习，是训练对数据的瞬时记忆方法和记忆速度，有利于大大提高对纸质传票的输入速度。如图 4-31 所示。

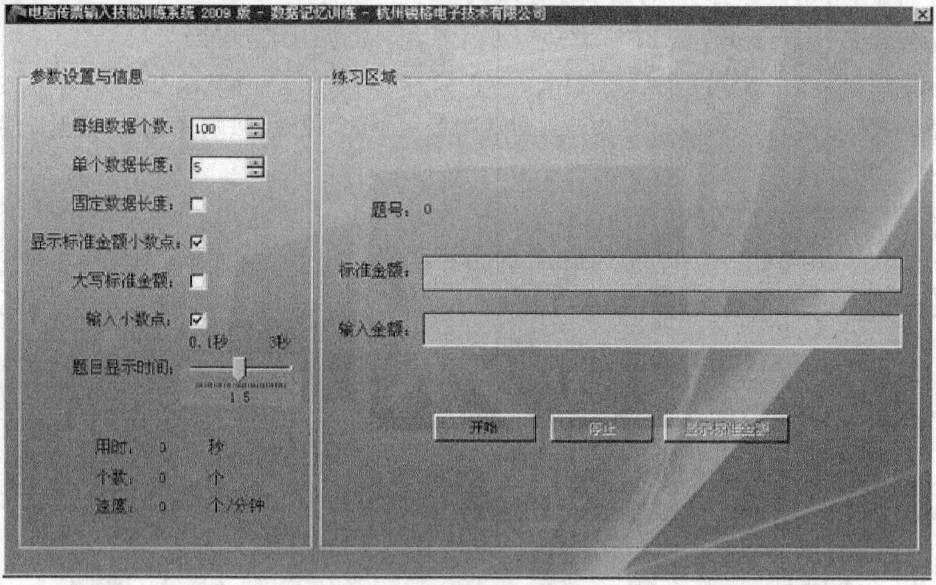

图 4-31 数据记忆训练

“每组数据个数”选项：即训练的数据个数，系统初始默认为 100 个。

“单个数据长度”选项：即训练的每个数据的最大长度，系统初始默认为 5 位（不含小数点）。

“固定数据长度”选项：如果选中该选项则训练中的每个数据长度均为“单个数据长度”选项中设置的长度。

“显示标准金额小数点”选项：如果选中该选项则在“标准金额”题目栏中显示带小数点的标

准金额；当大写金额时无效，系统初始默认为选中状态。

“大写标准金额”选项：如果选中该选项则在“标准金额”题目栏中显示大写标准金额，此时选中“显示标准金额小数点”选项无效。

“输入小数点”选项：如果选中该选项则在训练中需要输入小数点，否则不需要输入小数点，系统初始默认为选中状态。

“题目显示时间”选项：即“标准金额”题目栏中显示题目的时间，单击“显示标准金额”按钮可以显示本题的标准金额。

单击“开始”按钮后进入准备状态，弹出“提示”对话框，如图 4-32 所示。

单击“是”按钮进入训练。训练中单击“停止”按钮停止训练，或练习完设定练习量后系统自动停止。

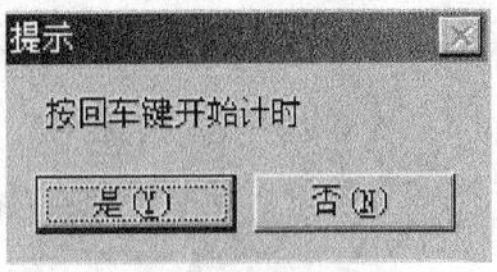

图 4-32 “提示”对话框

（7）在界面右边的“输入速度训练”的练习中，数据不断地由下到上地出现，需要输入者准确无误地输入。如果输入错误或者输入速度慢，则测试成绩将不尽如人意，如图 4-33 所示。

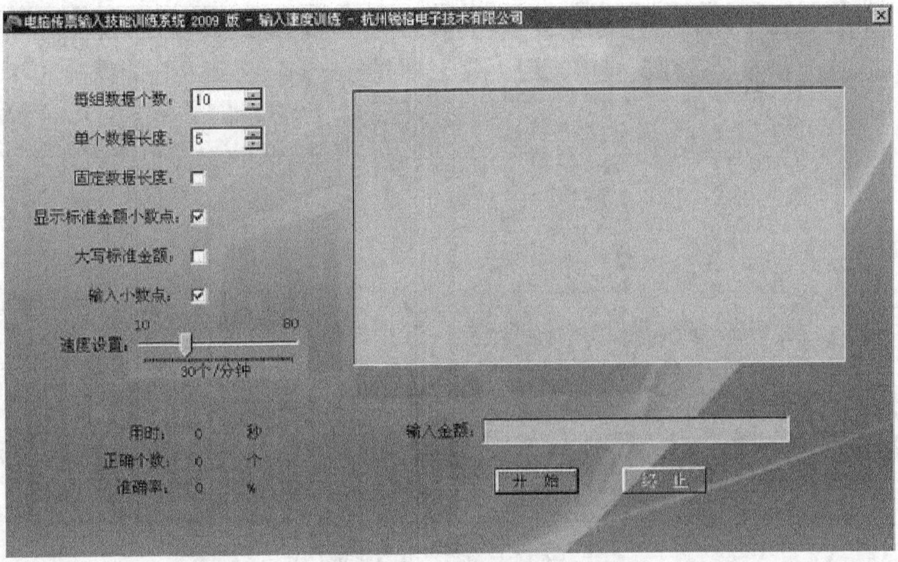

图 4-33 输入速度训练

“每组数据个数”选项：即每次训练的数据个数，系统初始默认为 100 个。

“单个数据长度”选项：即训练的每个数据的最大长度，系统初始默认为 5 位（不含小数点）。

“固定数据长度”选项：如果选中该选项则训练中的每个数据长度均为“单个数据长度”选项中设置的长度。

“显示标准金额小数点”选项：如果选中该选项则在“标准金额”题目栏中显示带小数点的标准金额；当大写金额时无效，系统初始默认为选中状态。

“大写标准金额”选项：如果选中该选项则在“标准金额”题目栏中显示大写标准金额，此时选中“显示标准金额小数点”选项无效。

“输入小数点”选项：如果选中该选项则在训练中需要输入小数点，否则不需要输入小数点，系统初始默认为选中状态。

“速度设置”调节项：即“标准金额”题目框中每分钟显示的标准金额个数，最多为 80 个/分钟，最少为 10 个/分钟，系统初始默认为 30 个/分钟。

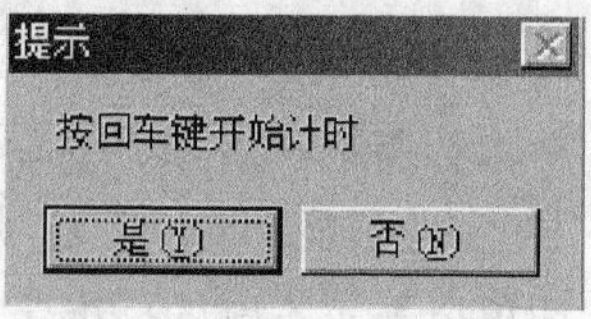

图 4-34 “提示”对话框

单击“开始”按钮后进入准备状态，弹出“提示”对话框，如图 4-34 所示。

单击“是”按钮进入训练；训练中单击“停止”按钮停止训练，或练习完设定练习量后系统自动停止。

（8）界面右边的“定张输入训练”的练习，有配套的从 A 到 H 的 8 套纸质传票。这项训练是重中之重，如图 4-35 所示。

本模块通过指定的 100 张传票中一组数据的输入来训练传票输入的技能。本功能需要使用配套提供的百张传票，并选择传票的套别、组别后进行数据的输入，每张传票输入 1 个指定位置的数据，共输入 100 个数据，系统根据输入所用的时间和准确率判定成绩。如果用户使用自己的传票，需要事先进行数据的导入。

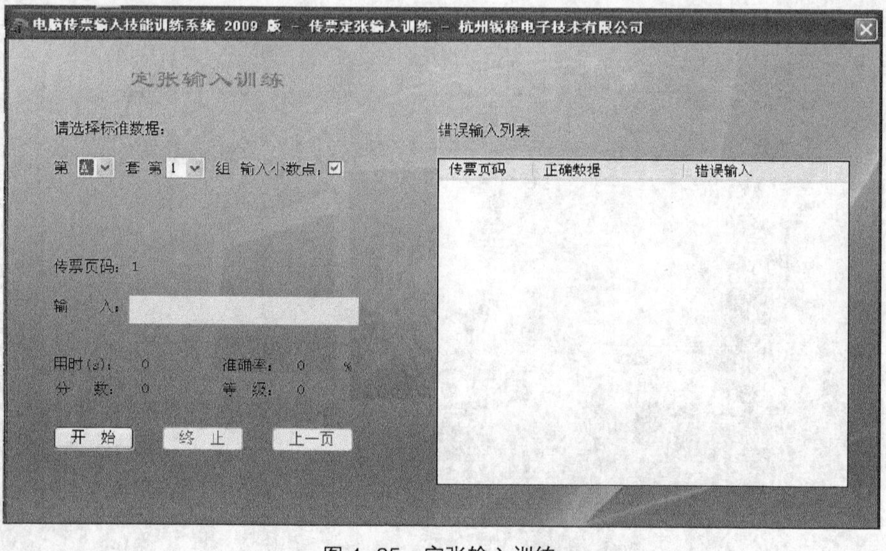

图 4-35 定张输入训练

“请选择标准数据”选项：选择需要训练的配套传票的套别和组数。

“输入小数点”选项：如果选中则在训练中需要输入小数点，否则不需要输入小数点，系统初始默认为选中状态。

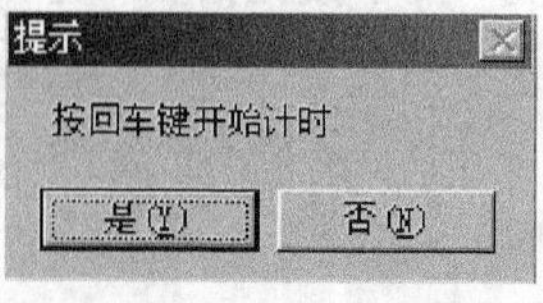

图 4-36 “提示”对话框

单击“开始”按钮后进入准备状态，弹出“提示”对话框，如图 4-36 所示。

单击“是”按钮进入训练；训练中单击“停止”按钮停止训练，或完成 100 张输入后系统自动停止。

（9）界面右边的“传票定时训练”的练习，是给一定的时间，大写传票 600 秒，小写传票 300 秒。在要求的时间内，准确无误地将传票上的数据输入完整。界面跟“定张输入训练”的练习很相似，唯一不同的是，少了时间的一栏，如图 4-37 所示。

本模块使用指定的一套百张传票，要求在规定的时间里输入由系统从该套传票中产生的标准数据的训练来提高传票输入的技能。本功能需要使用配套提供的百张传票，并进行输入数据产生规则的设置，系统根据输入的数据个数和准确率来判定成绩。如果用户使用自己的传票，需要事先进行数据的导入。

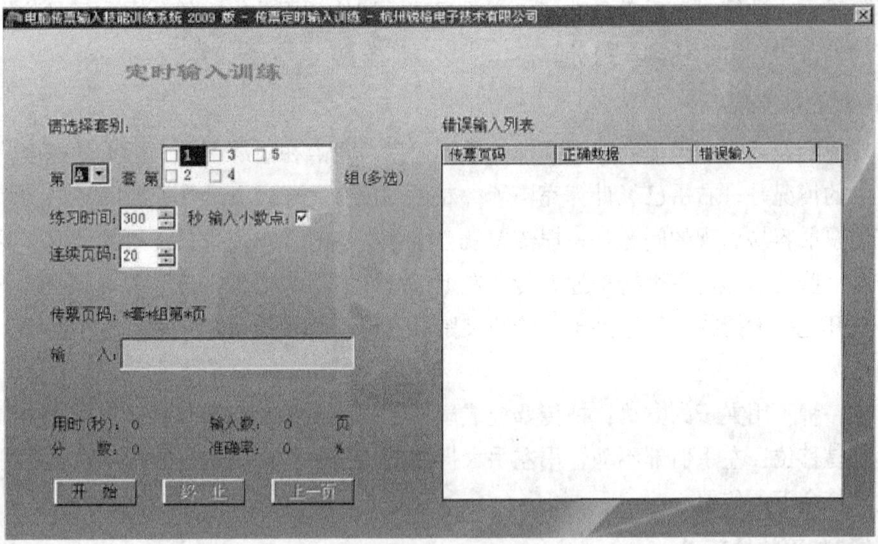

图 4-37 定时输入训练

“请选择套别”选项：选择需要训练的标准传票的套数和组数，组数可多选。

“练习时间”选项：设置训练时间，系统初始默认为 300 秒。

“连续页码”选项：设置系统在同一套同一组标准传票中连续出题的页数。

“输入小数点”选项：如果选中则在训练中需要输入小数点，否则不需要输入小数点，系统初始默认为选中状态。

单击“开始”按钮后进入准备状态，弹出“提示”对话框，如图 4-38 所示。

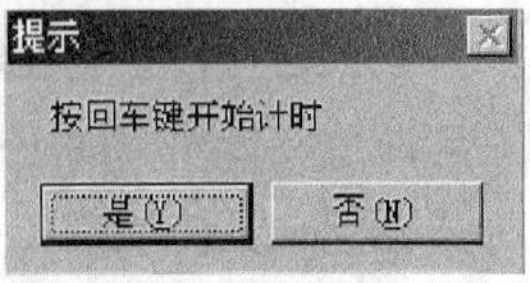

图 4-38 “提示”对话框

单击“是”按钮进入训练；训练中单击“停止”按钮停止训练，或规定时间用完后系统自动停止。

四、电脑传票的翻打技巧

1．读数技巧

眼观数字的速度与手敲键盘速度应该一致，即眼睛看到哪一个数字，就在键盘上敲哪一个数字。

计算时分节看数，看算结合。打传票算要想既准又快，就要眼、手、脑协调配合。看数既准又快是打传票算既准又快的前提。初学者刚打传票时，训练看数与输数的配合是很重要的，应尽可能达到在看数的一瞬间就要输数。将一个金额数字分节来看，可以很好地分清数字的位数，很快地看准、记住和输入数字。通过分节看数、看算结合的练习，时间长了，就可以使大脑形成一种条件反射，实现眼、脑、手的有机结合与协调一致。

2. 手指训练技巧

在传票算训练中，以计算器为计算工具，手指的分工与协调是一个重要的环节。初学者刚进行计算时，手指一定要按照要求进行分工，养成良好的习惯，一边看数，一边输入。初学者由于对键盘不熟悉，在计算时可看键盘，但一定要记准、记住常用功能键的分布，形成脑像图，通过一般时间的训练后，争取达到盲打计算。

3. 传票的拿捏技巧

传票拿捏的技巧是强调提高左手拿捏传票的速度，重点在于练习手工翻页的速度。初学者比较容易发生的情况是，右手已经计算完毕了，左手却没有完成翻页动作，时间被白白浪费掉。

翻打传票最容易出现的问题是一捏传票就会多张，有时会出现少打传票的情况。要避免这种情况就需要一些技巧，左手大拇指捏着传票左上部分，右手大拇指将传票右下部分往下捏至传票成扇形，放开左手大拇指时，用夹子将传票夹紧。这样，每张传票之间都会有小间隔，减少捏多张传票的情况。

还有另一种不用夹子的方法：把传票捏成扇形后用左手小拇指至手掌肘部压着传票左上方，令传票不容易移位，左手肘部不动，用左手大拇指翻传票，翻到一定张数时可以将已打的传票拿走，继续翻打余下的传票。

4. 传票翻页的技巧

当本页数字打到元位时，心中默记角分位数字，左手利用右手输角分位数字的时候进行翻页，以提高翻页的速度。

每当眼睛看到该行计算数字的小数点时，要顺便记住小数点后的二位小数，左手应立即把该页翻过去，眼睛看下一页应计算的那行数字，同时要判断该行数字的起拨档位。做到“打、翻、看”三者同时进行。

翻页是打传票速度快慢的关键。传票翻页是靠左手完成的，首先是左手的小指、无名指、中指弯曲放在传票封面（或开始页）的中部或下部稍右的位置，然后用左手拇指突出部位翻页。当拇指翻起一页传票后，食指很快放到刚翻起的这页传票的下面，将这页传票夹住，左手翻页和右手按键要同时进行，每翻动一页，大脑要迅速地将数记住，右手同步按键；票页不应翻得过高，角度越小越好，以能看清数据为宜。

5. 以准为主，准中求快

传票算打得好的标准是准确与快速，准是必须达到的要求，快是全力争取的目标。进行传票算计算，快而不准毫无意义，准而不快达不到要求、完不成任务。因此，在训练中要正确处理准与快的关系，不能只追求一样，要在保证正确的前提下，提高速度。要达到这样的要求，必须坚持天天训练。例如，不看键盘将 1、2、3、4、5、6、7、8、9 连加 10 次或者更多次，如果连加 n 次答案都正确，那么你的指法和正确率就已经提高了 n 级了。

6. 训练要持之以恒

传票算是一门实际操作技能课程，要想真正掌握这门技术，并达到一定的技能水平，不是一天或几天就能实现的，必须要靠学习者每天有计划地限时训练，最重要的是坚持，不能间断。

任务训练

1．训练要求

（1）从基本键位 4、5、6 开始练习。

（2）再延展到其他键位，每次敲完数字后，食指、中指、无名指都要回到 4、5、6 基本键位上。手掌上下浮动带动手指敲击键位，手指微贴键盘有节奏地敲击，指尖抬起幅度在 1 厘米以内，幅度不要过大。养成良好的指法对以后各阶段大幅度提速极为重要。

（3）渐渐掌握不同键的位置，直到可以不用眼看就能准确无误地找准键位。

提示：正确率 100%。建议学生训练要先准后快，不要急于求成。

（4）集中精力，操作过程中眼睛不看键盘，强调手、眼、脑的协调配合，做到眼到手就到。坐姿端正；盲打指法分配准确；键盘盲打定位准确。

（5）掌握好节奏，不要时快时慢甚至停顿，要动作连贯，一气呵成。

（6）传票翻打可以先练习第 5 行数字，因为第 5 行数字在传票的最下方，便于看数、记数，不易出错，待第 5 行数字的练习达到一定熟练程度后，训练行次再逐步上移。

2．任务

借助电脑传票训练系统完成数字按键训练、准确率训练、数据记忆训练、输入速度训练、传票定张训练、传票定时训练，并达到相应的等级。

3．技能考核参考标准

使用指定的传票数据上机考核，考核限时 6 分钟。计算机根据输入时间和准确率自动评定等级，标准是准确率 100%；每错两题，等级下降一个级别。考核参考等级如表 4-7 所示。

表 4–7　电脑传票考核参考等级

等级	一级	二级	三级	四级	五级	六级	七级	八级	九级	十级
时间（秒）	130	150	170	200	240	300	360	430	510	600

项目小结

本项目讲解了传票的整理、找页、翻页、翻打、运算等，在此基础上，并学习了两种常见电脑传票训练系统的运用，最后还结合实际训练总结了一些电脑传票训练的技巧。在任务训练中，我们总结出了传票基本技能练习中的技巧与训练注意事项，并给出了手工传票和电脑传票考核参考标准，以便教师与学生进行技能测试评价。这些知识和技能是会计入门的基本要素，它们是十分有用的基本技能，在会计实践中被广泛运用。

项目五 计算机开票及网上抄报税技能

学习目标

（1）正确填写增值税普通发票与专用发票，及时到税务机关认证增值税进项发票，并能进行发票的一些日常操作。

（2）及时、准确地通过网络进行抄税、报税处理，并交纳税款。

项目描述

（1）工作对象：开票系统、采购发票、销售发票、认证清单、报税系统纳税申报表。

（2）技能训练用品：计算机、打印机、IC 卡、电子钥匙。

（3）工作场所：办公室、纳税申报大厅（网上办税系统）。

（4）资格和能力：从事会计工作的人员需具备必要的专业知识，且必须取得会计从业资格证书。

能力训练

能力训练项目、目标、相关知识及训练步骤，如表 5-1 所示。

表 5–1　　能力训练项目、目标、相关知识及训练步骤

项目	拟实现的能力目标	相关支撑知识	训练方式及步骤
计算机开票	掌握填写发票的内容；掌握用税控机开发票的方法	原始凭证具备的要素；防伪开票系统的应用	用模拟开票系统开具增值税发票
网络抄报税	正确、及时地抄税；准确填写申报系统中的相关表格；能够远程报税	抄税流程；增值税申报表的填写方法；远程报税流程	用模拟远程申报系统进行网上报税

项目导入

天安公司销售货物一批。会计王云在打开税控机准备开具增值税专用发票时，才发现库存已无发票。王云在平时工作中应怎样查询发票库存？接下来王云将要怎么样到税务局申购发票、发票入库、开具发票呢？如果发票开具出错又如何报废？在电脑上开票的增值税又如何与税务部门的报税相核对呢？

天安公司是一家外贸企业一般纳税人，2015 年 5 月收到增值税专用发票正常认证、申报后发现开票有误，因外贸企业享受退免税政策，其增值税专用发票不能抵扣而列入待抵扣进项税额，实际未抵扣该进项税额，此种情形下，应该申请作废发票还是申请开具红字发票，操作方法是什么？

任务一　计算机开票

随着计算机的广泛普及，大量的经济活动采用计算机开票方式，如银行业务、大型商场或超市收款、企业交易以及其他服务性收费项目等的管理。这种方式具有快捷、省时、省力、便于统计和查询等优点。

广义的计算机开票（俗称电脑开票）是指借助于计算机开具各种工作票据，而狭义的计算机开票特指利用计算机完成打印发票的过程。

计算机开具的发票主要包括普通发票和专用发票两种。二者的共同特点是，它们都由防伪控管系统组成，通常包括企业端和税务端两个部分，它的推行提高了税务机关查处发票犯罪的效率和税务执法水平，同时还促进了企业依法申报纳税和税收收入的快速增长，为税收信息化建设做出了重要贡献。随着“金税工程”的广泛实施，专用发票的管理已经纳入规范化、电子信息化的轨道。

一、防伪税控系统的工作原理

1．防伪税控系统的组成

增值税防伪税控系统是运用数字密码和电子信息存储技术，强化增值税专用发票的防伪功能，

实现对增值税一般纳税人监控的计算机管理系统。采用电脑开具增值税专用发票，是国家“金税工程”的重要组成部分。增值税防伪税控系统集计算机、微电子、光电技术以及数据加密技术等为一体，为发票的防伪、识伪、票源和税源控制方面提供了有力的手段。

防伪税控系统分为税务端和企业端两个部分，目前共分为 6 个子系统。其中，税务端使用的是税务发行子系统、企业发行子系统、发票发售子系统、报税子系统和认证子系统，企业端使用的是开票子系统。

2．防伪税控子系统的主要功能

（1）税务发行子系统。税务发行子系统的主要功能是对下级税务机关所使用的税务发行子系统、企业发行子系统、发票发售子系统、认证子系统和报税子系统进行发行。税务部门使用的 5 个子系统，下级子系统必须经上级税务机关发行方可使用，发行时按照国家税务总局、省局、地市局和区县局逐级发行，不能越级，以保证发行过程的严密性和安全性。

（2）企业发行子系统。企业发行子系统的主要功能是税务机关对企业防伪开票子系统所用的税控设备进行初始发行。发行时，企业的基本信息，包括纳税人登记号、企业名称、开票的最大限额、月领购发票限量、限次等信息记录在发行数据库中，同时被写入发行企业的开票金税卡和税控 IC 卡中，限定了企业的开票范围，更加有利于税务机关的管理。

（3）发票发售子系统。发票发售子系统的主要功能是向企业开票子系统发售专用发票。发票发售子系统在向企业销售纸制发票的同时，把相应发票的电子信息写入企业税控 IC 卡中。在发票发售系统中，税务部门对企业发票的领、用、存情况有详细记录，从而达到了控制票源的目的。

（4）报税子系统。报税子系统的主要功能是接收并审核企业的报税数据，对所辖企业进行已报税和未报税信息查询统计，并向稽核系统传出数据。利用该系统可以采集防伪税控系统的销项发票数据，作为存根联数据的唯一采集途径，为计算机稽核做准备。

（5）认证子系统。认证子系统的主要功能是对企业取得的增值税专用发票的抵扣联进行真伪认证。利用高速扫描仪自动采集发票上的密文和明文图像，通过字符识别技术将图像转换成数据，然后对发票密文进行解密，并与发票明文进行比对，来判别发票的真伪。利用该系统可以采集防伪税控系统的进项发票数据（抵扣联数据的唯一采集途径），并向计算机稽核子系统和协查子系统进行数据传递。

（6）开票子系统。企业端的开票子系统是用于企业开具增值税专用发票的系统。其主要功能包括对企业用开票税控装置进行管理、开具带有防伪电子密文的增值税专用发票、抄税，以及对发票资料进行查询统计、报表输出等。这个系统既能使企业开具专用发票简化、准确、快速、可操作性好，又能与其他子系统密切配合，从而有效地杜绝了增值税的偷税、漏税现象。

防伪税控各子系统的专用设备在使用前必须经过密钥发行，在发行过程中完成密钥的自动生成和传递，未经发行的金税卡不能使用。防伪税控开票子系统要启用，必须先由税务机关的企业发行子系统对企业开票子系统做初始发行；与此同时，税务部门使用的税务发行子系统、企业发行子系统、发票发售子系统和认证报税子系统在启用前也必须经其上级税务发行子系统发行。防伪税控系统按行政区划设计为 4 级，即国家税务总局、省局、地市局、区县局，发行过程必须逐级进行，不能越级发行。

二、防伪税控开票子系统

1. 防伪税控开票子系统的组成与主要功能

防伪税控开票子系统运行在企业端，它的主要功能包括对税控金税卡与 IC 卡进行管理、开具带有防伪电子密码的增值税专用发票、抄税，以及对发票资料进行查询统计、报表输出等。它既简化了开票人员的工作，又能与其他子系统密切配合，从而有效地杜绝了增值税的偷税、漏税现象。

防伪税控开票系统主要由通用设备、专用设备和开票软件 3 个部分构成。

（1）通用设备。

计算机：Windows 98 以上版本，最低配置要符合安装开票软件的要求，最好使用防伪税控专用机。

打印机：针式打印机。

（2）专用设备。

金税盘：是开票软件的核心部件，企业开具的发票数据被逐票存储于金税盘，具有数据加密、安全存储等功能。金税盘同时具备报税盘的功能，可按需灵活搭配，既可以单独使用金税盘，也可以配报税盘使用。

报税盘：是信息传递的媒介，主要用于购买发票和抄报税，在企业与税务部门之间传递发票信息和报税信息。

（3）开票软件。软件组成主要包括业务处理模块、系统管理功能、系统维护功能、防伪税控模拟功能和联机帮助功能等。

2. 防伪税控开票系统基本操作程序

（1）购买、开具发票。

购买发票：企业持 IC 卡到税务机关购买发票。

读入发票：将 IC 卡上的发票号码读入到开票系统。

填开发票：在开票系统中填开打印发票。

企业使用防伪税控开票子系统开具增值税专用发票前，首先持税控 IC 卡到税务部门购买发票，购买纸制发票的同时，税务部门将购票的电子信息写入企业的税控 IC 卡，每张增值税专用发票上的发票代码和号码是唯一的，企业在开票子系统中读入新发票后，就可以开具发票了。

开票子系统在开具发票时自动从首张流水号开始顺序使用，直至用完；若无新购发票，系统将自动关闭，不能继续开票。在此，一方面通过购买发票时对实物发票与发票电子信息一致性的控制，使企业难以使用假发票进行开票，进一步增强了系统的安全性；另一方面由于税务部门对企业发票的领、用、存情况有详细记录，从而达到了控制票源的目的。

（2）防伪与计税。发票上的主要信息（包括发票代码、发票号码、开票日期、购方税号、销方税号、金额、税额）加密生成 84 位密文；并在打印发票的同时将主要信息逐票存入金税卡的“黑匣子”中。由于任何发票的信息不可能完全相同，也就是说每张发票都是唯一的，因此系统采用了国际上先进的加密算法和密码机制，确保每台开票机开具的每张增值税专用发票的密码都是唯一的，并且与每张发票上的各项参数相对应。

（3）识伪。企业将发票拿到税务机关，税务机关人员利用扫描仪将发票扫描到计算机内，计算机通过防伪认证子系统对此张发票进行验证，即可识别发票的真伪。认证子系统是为税务机关配备的，通过它可以判别发票的真伪。

认证发票的过程为用扫描仪将整张票面（明文与密文）扫入计算机，认证系统将密文解密后与发票上的明文比较，有一项不符即为假票。发票的认证有大厅认证与网上认证两种方式。

专用发票须先认证相符后才能抵扣，普通发票不能抵扣，可自愿验证。

（4）纳税申报。为了达到防伪税控系统对增值税专用发票税额监控的目的，每次打印发票时，开票子系统都将发票的交易金额、税额、流水号以及发票使用情况记录在税控设备的“黑匣子”中。“黑匣子”类似于飞机上的“黑匣子”，其中的数据一旦写入，只能读取，不能修改。

每月抄报税时，企业必须利用税控 IC 卡抄取“黑匣子”中的报税数据，并按时进行报税。如果企业抄税后未能及时申报，在报税起始日后的 10 日内仍能开发票，但过了此期限后金税卡就会锁死，无法开票，必须报税成功后方能解锁恢复正常功能。

三、电脑开票系统的安装与启动

本教材电脑开票与网上报税都以上海的 eTax@SH 系统为例进行讲解，其他系统大同小异。

1．安装步骤

第 1 步：下载软件。访问上海市税务网（http://www.tax.sh.gov.cn），进入“办税服务”→“下载中心”，单击“eTax@SH 电脑开票单机版 1.1”，按提示下载软件安装包。用户需下载如下两个安装包：eTax@SH 电脑开票单机版 1.1；Microsoft .NET Framework1.1。

第 2 步：安装 Microsoft .NET Framework1.1。运行文件“dotnetfx.exe”安装。

如果用户的计算机上已安装了 Microsoft .NET Framework1.1，则可跳过此步。

第 3 步：安装 eTax@SH 电脑开票单机版。运行文件“eTax@SH_InvoiceOffline1.1.msi”安装。

第 4 步：运行。双击电脑桌面上的“eTaxSH@SH 电脑开票”运行软件。初次运行会显示 eTax@SH 初始窗口。

完成软件的安装后，在桌面上单击快捷方式，如果是初次运行则显示初始化窗口，如图 5-1 所示，说明如下。

第 5 步：eTax@SH 电脑开票初始化。

（1）输入的纳税人名称和纳税人识别号，以及选择的行业分类必须正确，这些信息都会被打印在发票上。

（2）选择的开票种类必须与所购买的发票一致。

（3）软件默认已有一个开票人，登录名为“admin”。在“增设开票人”一步中必须另填一个开票人。开票人的姓名必须正确。开票人的姓名将会被打印在发票上。不要用“admin”用户开票。

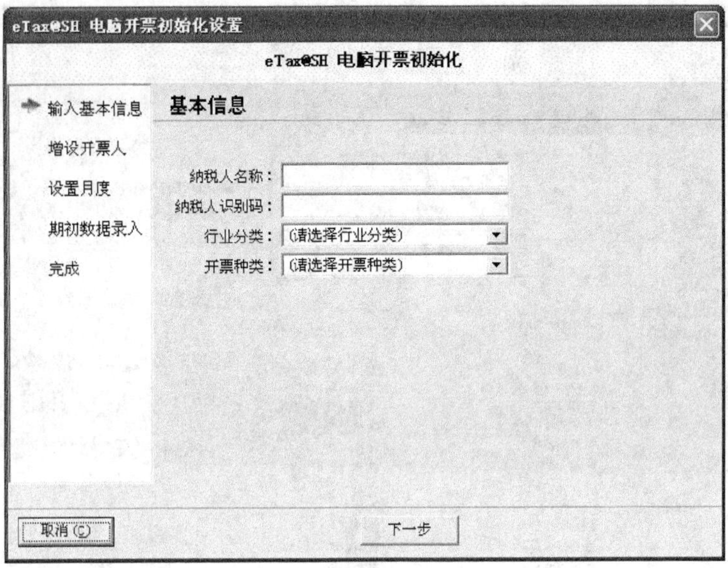

图 5-1　开票软件初始化

（4）在“设置月度”一步中，默认的月度分界时间是月末，一般不需要修改。

（5）“期初数据录入”一般可以跳过。这一步只适用于以前使用通用机打发票并有结余发票的企业。

第 6 步：登录。输入登录名和密码单击“确定”按钮即可登录。登录后会显示当前电脑时间确认窗口，要求用户确认，如图 5-2 所示。

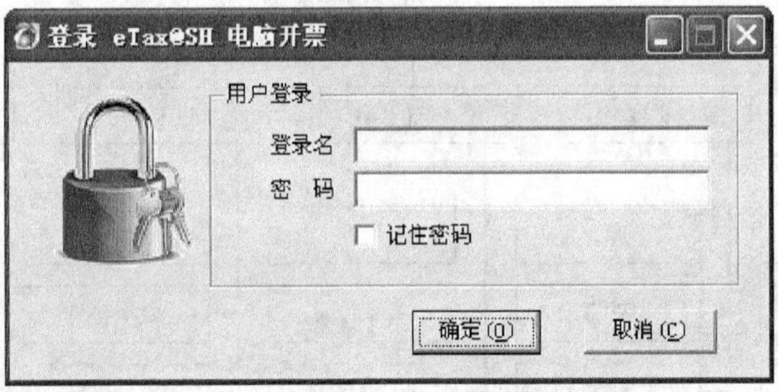

图 5-2　用户登录

四、电脑开票系统的设置

各地开票系统尽管不完全相同，但主要功能大同小异，以下主要以上海的 eTax@sh 开票系统为例，进行电脑开票的讲解。

1. 主界面结构

主界面的结构包括菜单栏、按钮工具栏、状态栏和快捷区。在按钮工具栏上主要是开票用按钮，在任何时候都可单击它们进行开票。单击快捷区的链接可在内容区显示相应内容。图 5-3 所示为首页的内容，包括登录人的信息、开票统计数据、开票向导和电脑时间。

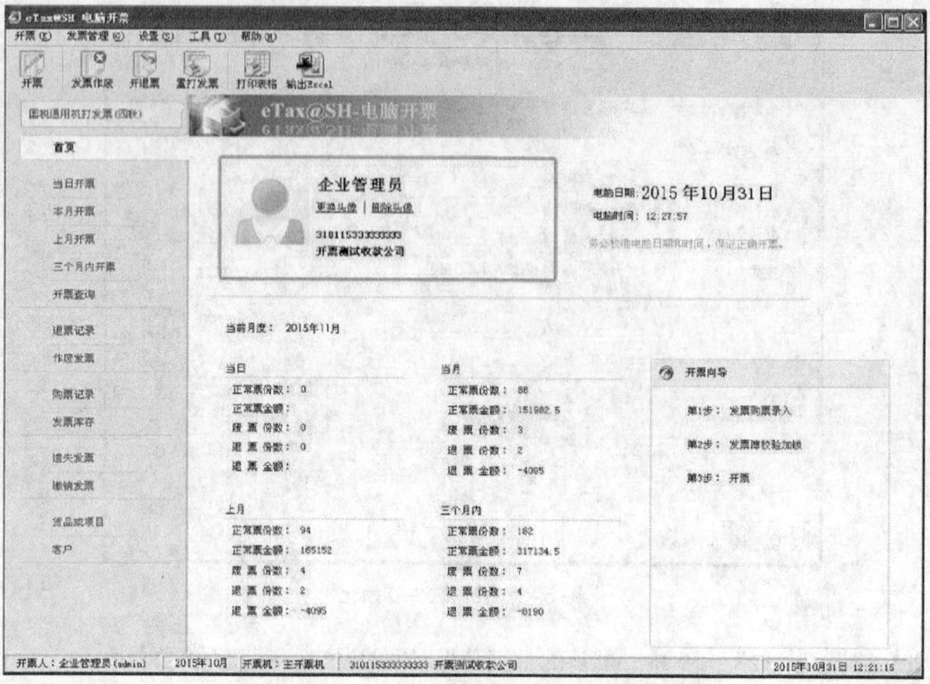

图 5-3　开票系统主界面

2. 功能菜单

功能菜单如图 5-4 所示。

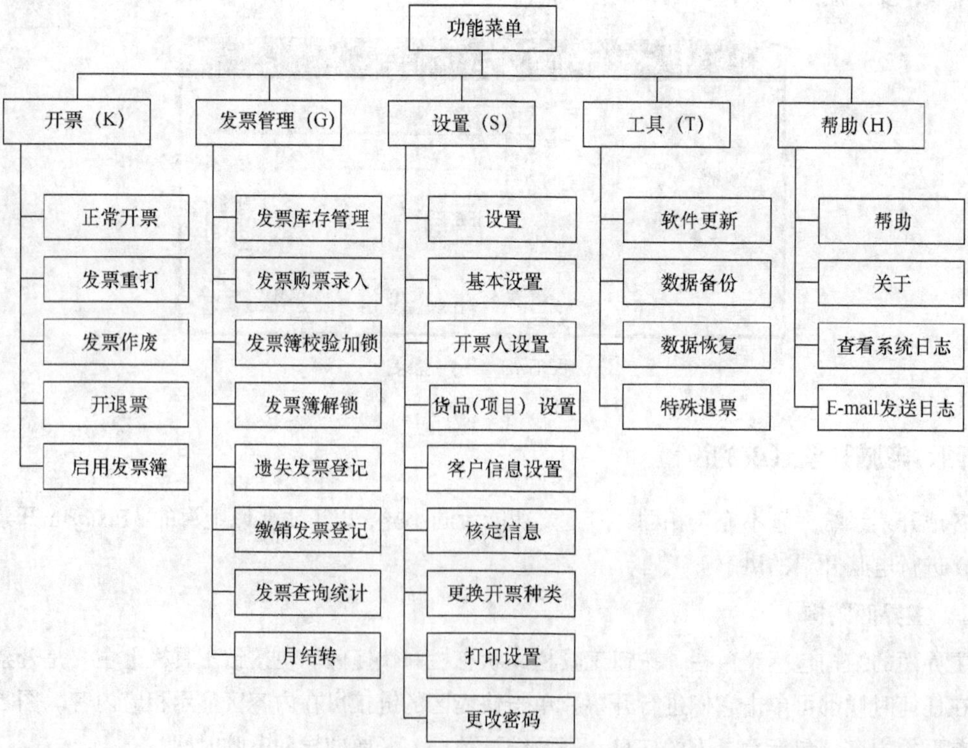

图 5-4　开票软件的主要功能菜单

3．系统的启动、登录和退出

（1）打开计算机，插入 IC 卡。

（2）双击“防伪开票”图标。

（3）单击“进入系统”→选择（管理员）→“确认”。

> 说明　初次使用时，需做“初始化”“操作员管理”等操作，必须选“管理员”，平时无要求，但要注意以谁的名字进入，打印在发票上开票人的名字就是谁。

（4）退出系统。单击“退出”按钮→“退出系统”。

4．系统初始化

（1）初始化起。功能：用于建立本系统使用的全套数据库，清除所有硬盘中的开票数据（不包括客户及商品信息），使系统处于“初始设置”状态。

方法：“系统设置”/“初始化起”→修改管理员姓名→“确认”。

（2）初始化终。功能：使用系统转为“正常处理”状态。

方法：“系统设置”/“初始化终”→“确定”。

> 注意　系统初次安装或重新完成安装时，必须使用本功能，而使用本软件进行了一定时间的业务处理之后，勿轻易使用本功能。

执行“初始化起”未做“初始化终”前，“发票管理”“报税处理”业务模块无法激活。

5．参数设置

（1）企业开票时“销方信息”取自此处，只有银行账号必须事先正确填写，或有多个账号时须事先选择一个。

（2）方法：单击“系统设置”→“参数设置”。

单击菜单“设置”→“设置”，即显示图 5-5 所示的窗口。设置包括基本设置、开票人设置、货品项目设置、客户信息设置和当前开票种类，其中的货品项目设置、客户信息设置可在主界面中进行。

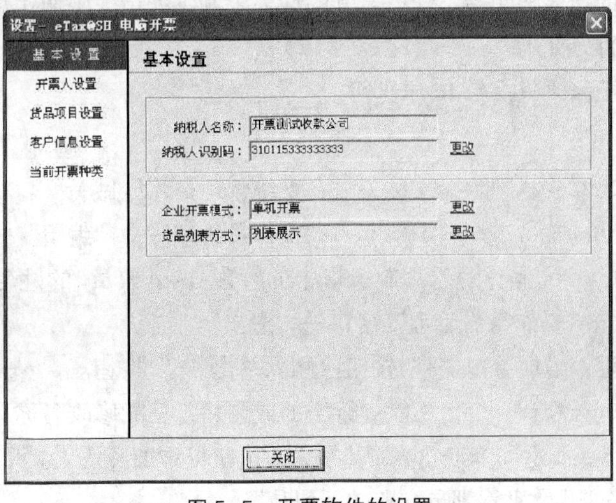

图 5–5　开票软件的设置

（3）注意：只需修改地址、电话和银行账号，企业名称、开票机信息各项数据皆取自金税卡，无需输入，也无法修改。

按回车键可输入多个银行账号。

如要修改本单位名称或税号，需持金税卡和 IC 卡去所属税局；其他信息的修改只需持 IC 卡即可。

使用电脑开票系统（模块），首先要对开票机进行设置。

操作步骤：在“电脑开票”功能菜单中选择“开票机设置”功能，如图 5-6 所示，进入开票机设置的管理界面。开票机编号自动显示主开票机，本单位税号、本单位名称、本单位地址电话、本单位银行账号都是自动调用基本信息下纳税人信息中的设置，如图 5-7 所示。

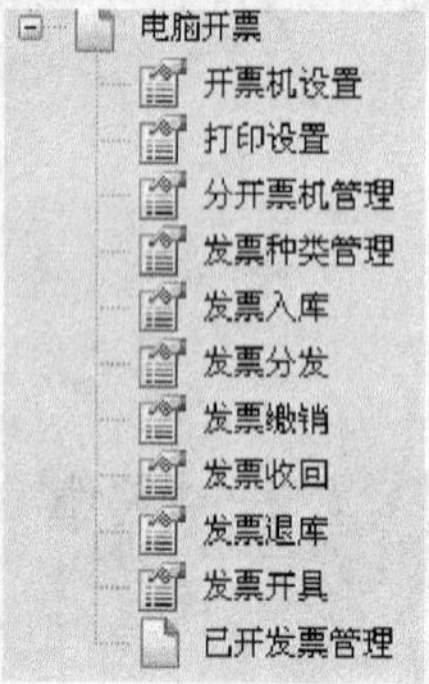

图 5–6　开票功能菜单

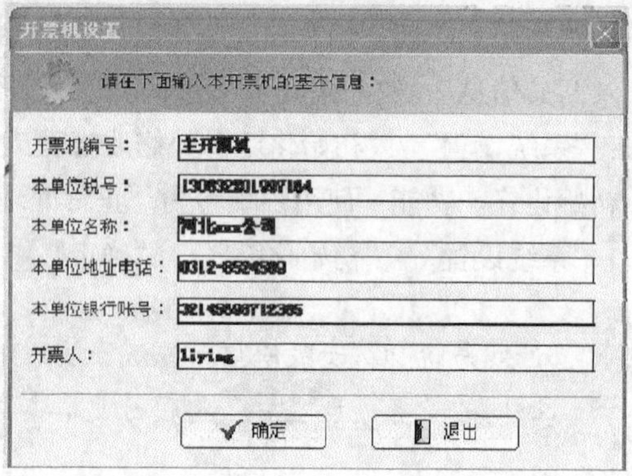

图 5–7　开票机设置

填写开票人一栏，单击“确定”按钮即可（后面介绍到的开票信息界面中的“开票人”将自动调用此处的开票人信息）。

6．开票最大限额

（1）此处显示的为专用发票的最大限额。当该企业为单废旧物资企业时，则只能开具废旧物资销售发票，当查看“参数设置/开票机信息”时，开票机限额处显示为空。

（2）系统中所有的最大限额指不含税金额的最大限额（如最大限额是百万元，指开票的不含税金额不能大于等于百万元）。

（3）最大开票限额修改只携带 IC 卡即可。

7．操作员管理

（1）功能：增加、修改、删除操作员（只有系统管理员才能做）。

（2）方法：“系统维护” / “操作员管理” / “操作员管理” → “编辑” → “操作身份管理”窗口中的管理员<开票员>→“操作员管理”窗口中的管理员<开票员>的姓名→输入本单位管理员<开票员>的姓名→单击“操作身份管理”窗口→“退出”。

以上为修改的过程，增加单击“+”按钮，删除单击“-”按钮。

（3）系统管理员有且只有一个，不能进行增加或删除，只能修改名称。

开票人设置如图 5-8 所示。单击“增加开票人”按钮可添加开票人。开票人有 3 个角色可选，分别是“企业管理员”“开票机管理员”和“开票员”。

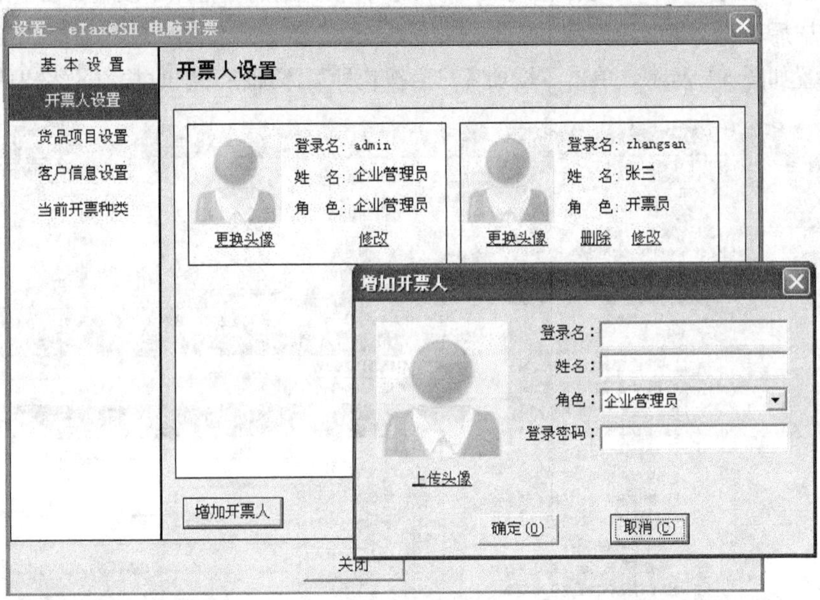

图 5-8　开票人设置

8．客户编码设置

具体操作如下：进入开票子系统主界面后，单击进入“系统设置”，单击进入“客户编码”，进入主界面后单击左上角的“编辑”按钮，进入编辑状态，然后单击右上角的“+”按钮，出现一个编辑行，在编辑区输入某一客户的基本信息，输完后单击“√”按钮生效。确认无误后单击左上角的“退出”按钮，然后单击“是”按钮，退出“客户编码”对话框，此时刚才输入的客户信息就保存了起来。

新版电子开票软件也要在电子发票的主界面中直接输入客户的税务信息，输完反复确认无误后，单击界面右上角的“客户”按钮，系统便自动将这一客户信息保存到了客户编码库中。

（1）功能：主要用来录入与该企业发生业务关系，需要为其开具发票的客户的信息，也可以对已录入的客户信息进行修改和删除。填开发票时，“购方信息”可以从该客户编码库中选取。

为了提高开票员的工作效率，建议企业在开票前就事先将客户信息正确录入到客户编码库中。

（2）方法：“系统设置” / “客户编码”。

常用工具栏：“+”增加一行（在所选中行的上方增加一空行）。

“-”删除一行（首先选中要删除的客户行）有下一级的编码不能直接删除，即删除的编码是从最下级删除的，“√”使数据生效。

（3）各项数据的输入。

编码：如不分组建议编为 0001、0002……

名称：直接输。

简码：可以不输。

税号：企业的纳税登记号前四位为所对应的行政区编码（注：若其前 4 位编码在行政区编码表中不存在，则系统会给出增设行政区编码的对话框，写出行政区域名称以记入行政区编码）。

地址电话、银行账号：将光标在此栏目中双击，在弹出的“备注字段编辑器”中输入相关信息，输入完毕后单击“确认”按钮。

客户设置如图5-9所示。单击“增加客户”按钮即可添加在开票时常用的客户信息。

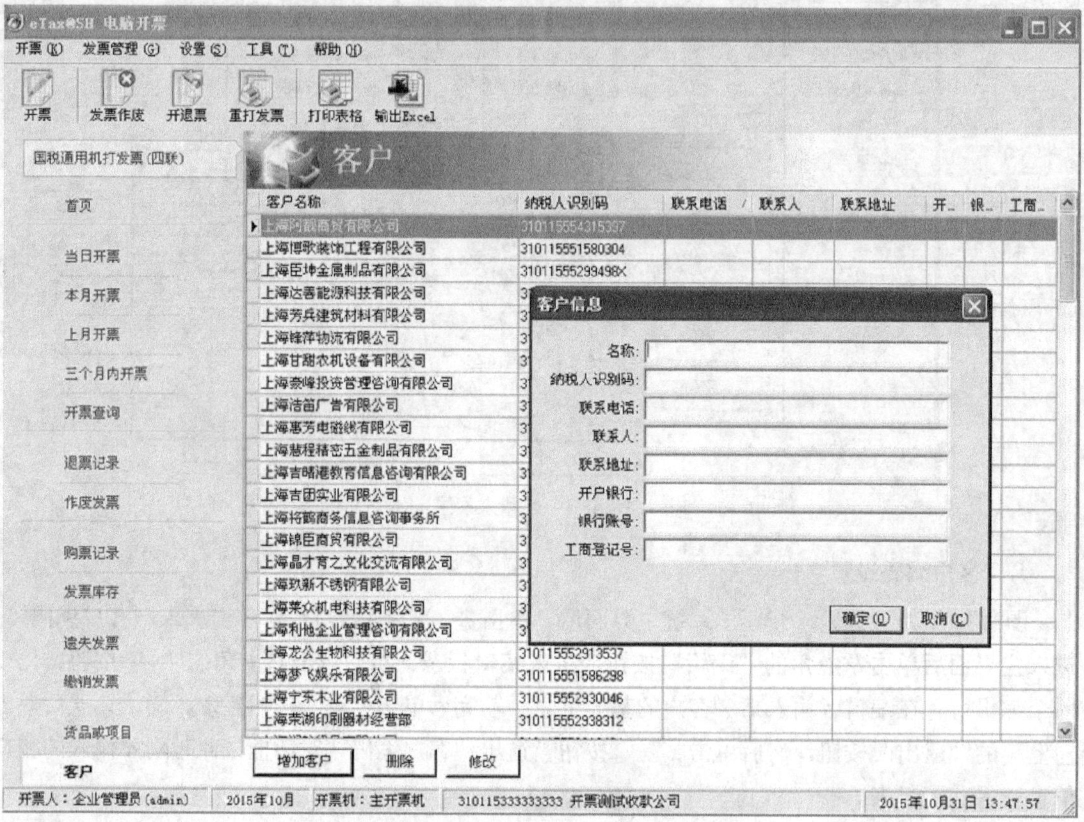

图5–9　客户设置

（4）注意：“退出”与“×”的区别。

“编辑”的状态：未处于编辑状态时只能查询不能修改。

（5）导入/导出：导出用于将编码库中的全部编码信息以文本文件的格式导出到指定路径下。此功能一般用于备份编码库信息，以避免编码信息丢失或重新安装系统时手工录入编码的繁琐。导入用于将文本文件数据导入到编码库中。

9．商品编码设置

具体操作如下：进入“系统设置”，单击“商品编码”模块，弹出“商品编码”对话框，单击“编辑”按钮，然后单击“+”按钮，出现一个编辑行，在编辑区内输入某一商品的信息。其中只需输入编码、名称、商品税目和计量单位4项，输入正确的商品税目后，税率会自动产生。在含税价标志中选择“是”，因为日常我们开票的价格一般都是含税价。单击“√”按钮，然后单击“退出”，选择“是”，退出对话框。此时，刚才输入的商品信息就自动保存起来了。

（1）功能：商品编码设置主要用来录入本企业所销售的商品信息，也可以对已录入的商品信息进行修改和删除。填开发票时，“商品信息”只能从该商品编码库中选取。因此，在开票前，企业必须事先将商品信息正确录入到商品编码库中。

（2）方法：“系统设置/商品编码”。各工具按钮及各项填写与客户编码基本相同。

（3）注意：必须选择“商品税目”；商品编码库只能在“商品编码”中建立，必须事先建立，不能在票面直接输；单价可以是含税的或不含税的，F 代表“否”（不含税），T 代表“是”（含税）。

货品项目设置如图 5-10 所示，单击“增加货品”按钮即可添加开票时常用的货品或项目，以方便录入开票信息。

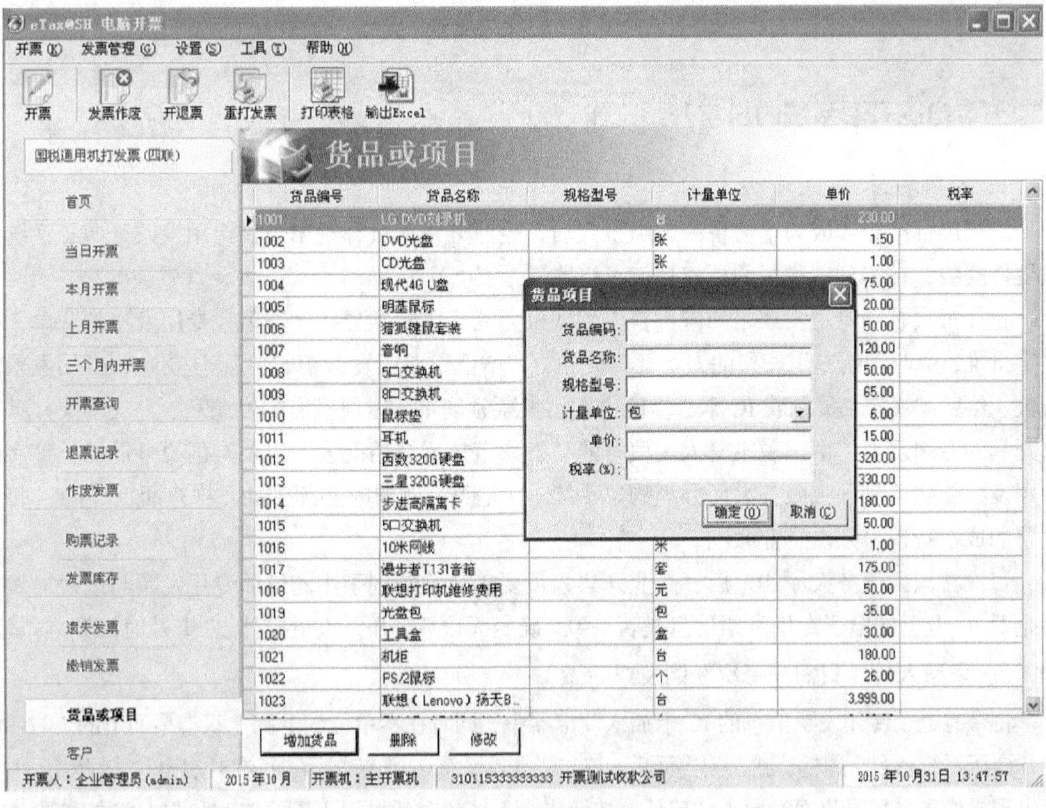

图 5-10 货品项目设置

10．税目编码

（1）功能：主要用来对商品的类别名称、税率和征收率等信息进行录入、修改、删除以及查询等一系列编辑操作。系统已存有常用税目，一般情况下无需进行设置。

（2）方法：“系统设置”→“编码设置”→“税目编码”→“增值税”。

11．打印设置

打印方式：可选择直接打印和打印前预览。直接打印是指发票内容填写完后，单击“开票”按钮后直接打印发票。打印前预览是指发票内容填写完成后，单击“开票”按钮后先进行预览再打印，如图 5-11 所示。

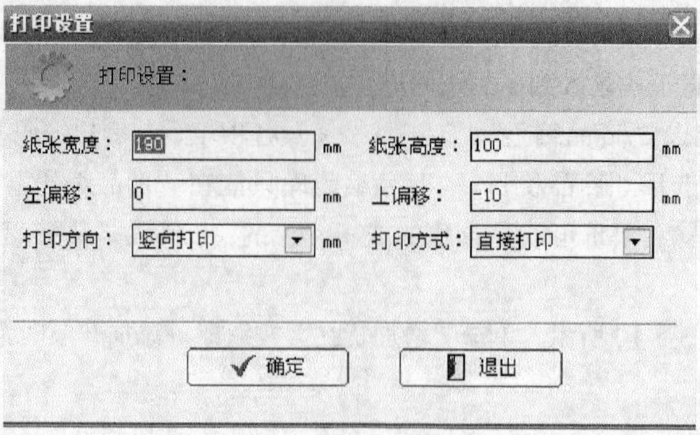

图 5-11 打印设置

五、电脑开票系统的日常开票工作

1．发票购买

国税局批准企业成为增值税一般纳税人后，企业开票人员办理增值税专用发票开票子系统的软硬件安装，在得到国税局的授权后就可以购票了。

企业每次领购专用发票之前应当首先到国税分局找主管领导在“增值税专用发票领购单”上签字批准，企业领购专用发票的人员要事先填好“增值税专用发票领购单”，注明购领专用发票的份数。然后，领购人员拿着 IC 卡、增值税专用发票领购本、增值税专用发票章、上次购买并且全部开具的专用发票、由国税主管人员填写的“发票审核反馈情况表”以及有国税分局局长签字的专用发票领购单到国税服务大厅办理购票手续（这是每月领票时必须带的几样东西）。当然，每张发票的成本费也必须由企业缴纳。

每次在国税服务大厅购票后，企业开票人员要确认购领到手中的纸质专用发票与国税局发行到企业 IC 卡上的电子专用发票信息是否一致，确定无误后，开票人员应持 IC 卡及时回到本单位。

2．发票入库（只需在每次新购发票后做）

将带有电子专用发票信息的 IC 卡插入读卡器中，同时在本单位的电脑上双击桌面上的“防伪税控开票子系统软件”图标，进入主界面后，单击“进入系统”，系统提示“正在开启金税卡请稍后…”，等出现操作人员登录界面时单击“确认”按钮进入系统（一般情况下不要修改和添加登录密码）。

然后进入“发票管理/发票读入”模块，根据电脑上的提示将 IC 卡上增值税专用发票的电子信息读到金税卡上，并将纸质发票按号码顺序保存好。

注意　此时单击“发票读入”模块后，系统出现提示框：“你确认读入发票卷”，单击“确认”按钮，接下来金税卡提示“正在读入…”，然后出现“读入成功”提示框，提示“发票已成功读入金税卡”，然后单击“确定”按钮，本次发票读入成功，也就是说电脑已将 IC 卡中的电子发票信息读入了开票系统。读入企业金税卡中的增值税专用发票的电子信息后，系统会按其读入顺序自动给出发票号码，以后开票时系统会自动从最先读入的那张专用发票开始调出发票，开票人应按发票号码顺序填开和保存纸质专用发票，千万不要把纸质专用发票号码放乱了。

功能：发票读入功能是开具发票的前提，主要用于将企业购买的存放于IC卡中的电子发票读入到金税卡中。一次可读入不同种类的5卷发票（如只购买了发票，未执行“发票读入”操作就直接开票，则系统会提示“金税卡内没有可用发票”，应该执行“发票读入”）。

方法：“发票管理/发票读入”→“确认”→“确定”。

金税卡已到锁死期就不能进行“发票读入”操作。

如果要将领购的发票入库，只需单击“入库”按钮，便进入“增加发票领用信息”的界面，如图5-12所示。

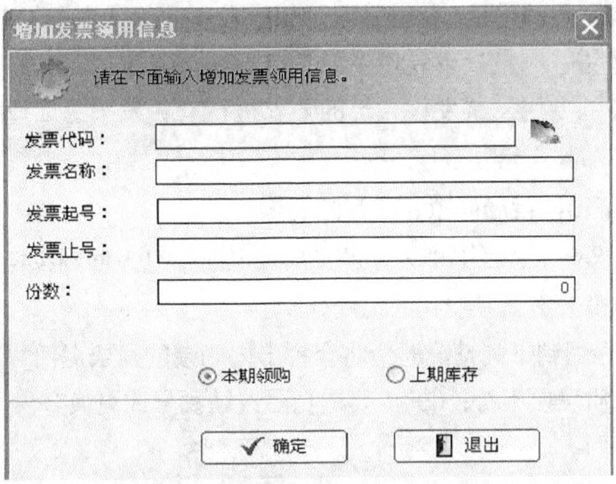

图5–12 发票领购

单击发票代码栏右侧的小图标，进入“发票代码选择”的界面，如图5-13所示。

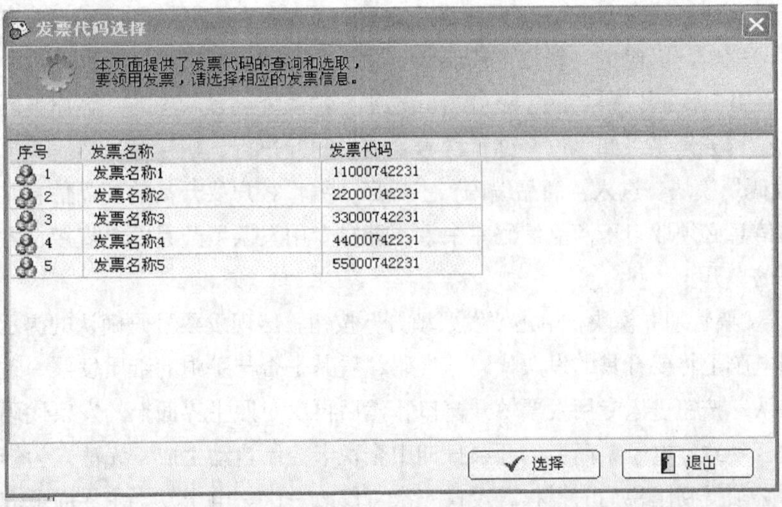

图5–13 发票代码选择

双击某行发票代码信息，返回到“增加发票领用信息”的界面，此时，“发票代码”栏和“发票名称”栏将自动填写上，然后输入发票起止号，“发票份数”根据发票的起止号自动计算，再选择“本期领购”，单击“确定”按钮，发票入库操作便完成了。

注意：如果某段号码的发票已经入库，则无法再次增加。

如果要取消入库，就只需要选中信息列表中的某行信息，单击“取消”按钮即可。

如果不存在比本月小的会计年月，“库存结转”按钮是不可用的，单击后会有相应的提示来说明。如果在发票入库时存入了“上期库存”的发票，那么将不再允许库存结转，单击后也会有相应的提示来说明。

发票读入成功后不退出此界面，单击本界面顶层的“发票领用管理”按钮出现下拉菜单，单击“发票库存查询”→“专用发票库存”，可以看到刚刚领购且已经读入电脑中的增值税电子发票的起始号码及本次领购的份数，此时企业开票人员再次确认电子发票与纸质发票是否有误，一般情况下不会出现差错。一旦发现专用发票发行有错误，应当首先与当地的税务服务大厅取得联系，严格按照税务局专用发票发售人员的要求进行有关发票退回业务的操作，不可盲目自行操作。

3．发票退回（须征得国税局同意，不得随意操作）

功能：发票退回是将企业金税卡中未开的发票卷电子信息退回到税控 IC 卡中，不能通过“发票读入”重新读入到金税卡中，只能到国税局处理。

一般情况下，企业在遇到下列情况时应将金税卡内剩余的发票退回：① 所购电子发票的代码或号码与实际拿到的纸质发票不符；② 需要进行更改纳税号或更换金税卡等操作；③ 当地税务部门要求将剩余发票退回。

4．发票填开

（1）填开准备。

开票人员每次在上机开具发票之前，首先要检查电脑及打印机的工作状态，看一下电脑和打印机是否已经正确地连接在 UPS 不间断电源上，看一下打印机里还有没有待打印的文档，如果有则先将文档打印完毕，以避免出现打票错误。

开票人员在开具专用发票之前，还应当首先通过“系统设置”中的“客户编码”模块输入要开票单位的电子税务信息，如单位全称、税号、地址、开户行、账号等。然后，再通过单击“系统设置/商品编码”模块，进入“商品编码”主界面，编辑客户要开具的商品信息。因为发票填开界面上的商品信息必须取自于商品编码库中，不能在专用发票填开界面上直接录入。

（2）发票的填开。

① 进入“发票管理”模块，单击“发票填开”按钮，出现发票号码确认的提示框，这时开票人要仔细对照电脑上将要开具的发票代码、号码，看其是否与手中的纸质发票一致。在确认无误后，单击“确认”按钮进入专用发票填开窗口，然后再次对照主界面上的发票代码、号码，看其与纸质发票是否一致，电子票面上的开票日期由金税卡控制自动生成，无法人为修改，要修改金税卡的日期，必须得到国税局的授权，授权一次可修改一次。电子发票主界面下方的销货方（也就是本企业）的税务信息也是由金税卡控制自动产生的，无须人工输入。

② 开票人在专用发票填开主界面上找到“购货单位”一栏，然后打开“名称”或“纳税人登记号”对话框右边的下拉菜单，在下拉菜单中会自动出现开票人在“客户编码”模块中设置好的客户编码信息，选中要开票客户的信息行后双击，该客户的客户编码信息将自动写入发票。这时，

最好再次仔细地检查确认“购货单位”的税务信息，因为在实际开票过程中大部分企业都因为购货单位信息输入错误而作废过发票。

③ 填开商品信息。按照日常习惯，企业销售的货物都是含税价（开票企业特别说明是不含税价的除外），所以开票人员在开票前应首先选中“专用发票填开”窗口顶部的“税价格”按钮，使票面上的单价、金额成为含税价。然后，在票面右上角按“+”按钮，“商品信息”区域会自动产生一行，单击“商品名称”出现“…”下拉菜单，在下拉菜单中找出并双击有关商品的信息，电脑将自动把商品名称输入到票面上，然后逐一输入规格型号、数量、单价，金额、税额及税率会自动产生。然后单击右上角的“√”按钮生效，下面的“合计”栏、“价税合计（大写）”栏会自动计算生成。

操作步骤：选择“发票开具”功能，便进入“开票处理”界面。如果某种类型的发票已被领购入库，则进入到开票处理界面后便会显示此种类型的发票，如图 5-14 所示。

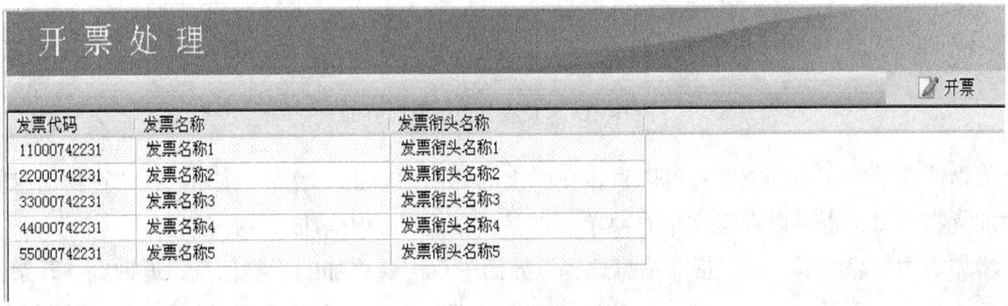

图 5-14 “开票处理”界面

双击某种类型的发票，或者选中某行发票，单击“开票”按钮，便进入“开票信息”主界面，如图 5-15 所示。

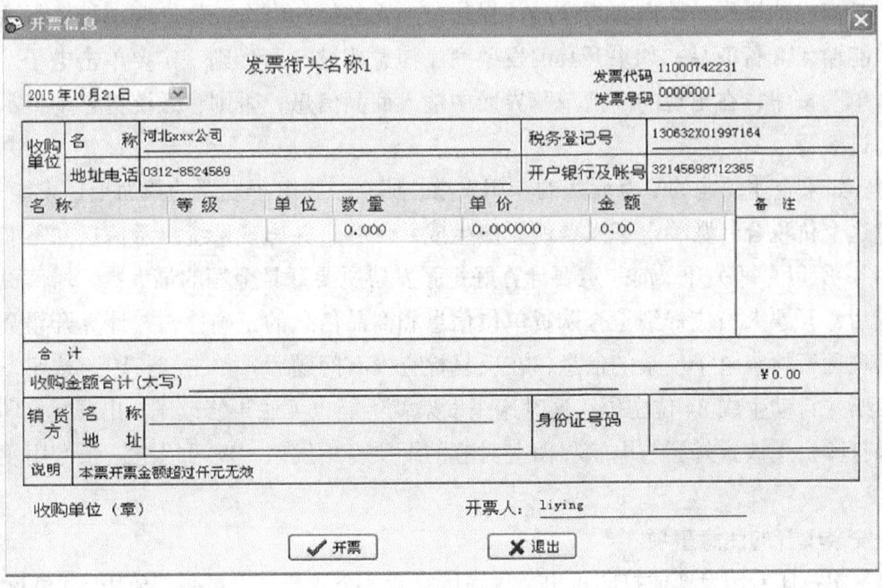

图 5-15 “开票信息”主界面

在“开票信息”主界面中，要增加货物信息，只需单击名称下面的按钮，进入“货物信息选择”界面，如图 5-16 所示。

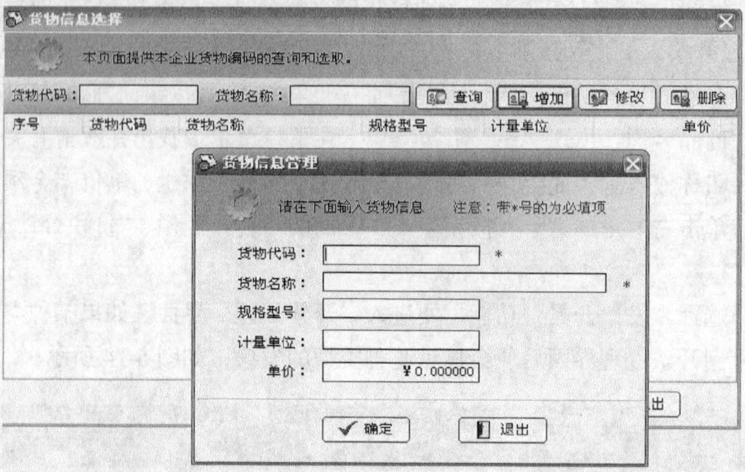

图 5-16 “货物信息选择”界面

货物信息维护有两种方式：可以直接在弹出的界面中单击“增加”按钮，在“货物信息管理”中增加货物信息；也可以在基本信息菜单下的货物信息维护中增加货物信息。

增加货物信息之后，在“货物信息选择”界面中双击要添加的货物信息，返回到“开票信息”主界面，名称、等级、单位、单价等信息便会自动填写上，只需手工填写数量，金额便会自动计算出来。然后，手工填写销货方的信息，单击“开票”按钮即可。

如果企业的开票系统中商品编码库中的商品名称过多，可将商品编码库打印出来，以后再找编码库中的某一商品时就看打印出来的清单，那就方便多了，可以有效地提高输入速度。这是输入一行商品的操作，输入多行商品的操作与上面的操作完全一样，要一行一行地输入，票面上最多能输入 8 行商品。如果开具的发票商品信息超过 8 行，则一定要单击电子发票票面上方的“清单”按钮，在出现的“清单”界面中输入商品信息；否则，系统将自动提示“商品信息不能超过 8 行”。

同时，如果企业领购的是万元版的专用发票，那么一张电子发票的票面上最多能开 117 000 元，超过这个价税合计数，电子发票就无法生成并保存，并出现系统提示信息“不能超过最大开票限额”。所以，每次开票前一定要计算好每张发票所要开具金额的最大数。增值税专用发票开具完成后，开票人员应仔细检查购货单位信息和商品信息的正确性，并计算开票金额是否正确。要逐项逐行检查电子发票的信息，在反复检查没有问题后，单击“打印”按钮，系统将自动保存发票并自动生成 84 位密码，这时这张发票就不能也无法再修改了。出现“打印”对话框后，如果打印机上放置好了与电脑界面上对应的纸质专用发票，就可以把这张专用发票打印出来了。

（3）发票填开的注意事项。

当第一次打印专用发票或打印机出现故障修复后，企业开票人员一定要用 A4 纸反复打印比照，直到能把电子发票上的所有信息完全无差错地打印在纸质发票的对应位置上为止，确保在纸质专用发票上一次打印成功。同时，为了防止打印机“吃纸”有问题，可以在打印机的左侧挡板上做上记号，以防打印出的发票出现错格、错位等问题。

另外，针式打印机的打印色带也要经常更换，以免因为色带问题出现作废发票的现象。当一张完整无误的三联单增值税专用发票打印出来以后，开票人员就可以把加盖过企业发票专用章的专用发票的抵扣联和发票联交给开票客户了，第三联记账联由本单位保存，月底交由会计人员记账。

说明

单击“开票”按钮后会有两种情况，这取决于打印设置中的打印方式的选择。如果选择“打印前预览”，则单击“开票”按钮后便会进入打印预览的界面，再单击“打印”按钮后才开始打印发票；如果选择“直接打印”，单击“开票”按钮后便直接开始打印发票。

5．发票查询

每月月中或月底，开票人员想查询本企业已开发票的有关信息和情况时，可以通过“发票查询”模块来完成。单击“发票管理/发票查询”模块，选择要查询的月份，单击“确认”按钮进入主界面。如果要查询某一张发票的具体情况，可单击选中该发票的信息行，可以看到该发票的代码、号码、开票单位、开票日期、金额、税额、是否作废等信息，也可通过“查看明细”按钮查看电子发票的主界面。有清单的专用发票清单也是通过此功能打印的。企业开票人员通过发票查询功能要做到：本月发票该作废的作废，该打印清单的打印清单。

（1）功能：查询已开具的各种发票、清单内容及实现发票重复打印、连续打印、销货清单打印。

（2）方法：“发票管理/发票查询”→（选择月份）→“确认”。

重复打印发票：选中要打印的发票，单击工具栏中的“打印”→“发票”。

打印清单：选中要打印清单的发票，单击“打印”→“销货清单”（全打格式）→“打印”。

连续打印：“[Ctrl]+鼠标左键”选择发票→“打印”→“发票”。

通过“查找”按钮，在购方信息处输入该企业的名称或税号，可以查询给某企业开具的所有发票。

注：打印发票既可以在发票填写窗口，单击“打印”按钮打印，也可以在“发票查询”功能中重复打印（发票可以单张打印，也可以多张连续打印）。

6．发票认证

企业每月取得的进项发票的抵扣联必须在每月月底前到国税局服务大厅认证，也可企业通过上网自行认证，否则将不能抵扣本月的进项税额。这是每月月底企业必须做的工作。

企业每月月底自行网上认证，主要是通过在抵扣联数据采集软件上输入每张发票抵扣联的发票代码、号码、开票日期、金额、税额、销方税号和专用发票上的 84 位密码 7 大要素。通过认证钥匙来实现网上认证。

企业安装了抵扣联数据采集软件后还要上网，等网络连接好后，将本企业的电子钥匙插入电脑的 UBS 接口。

进入系统后，输入密码“001”（有的企业是“111111”），进入系统主界面。单击“手工录入”按钮，将本企业取得的某一张进项发票上的所有税务信息输入到界面中的相应位置，然后单击“保存”按钮保存，等把所有进项发票都输入完毕后，单击“返回”按钮返回到主界面，单击“数据上传”菜单，出现对话框后单击“数据生成”，系统会提示“待认证…”，然后出现“选择个人证书”界面，这是电子钥匙的主界面，可选择任何一个单击“确定”按钮，然后输入用户口令“111111”，单击“确定”按钮，系统会提示“数据上传成功”，并自动回到主界面。

系统回到主界面后单击“结果下载”菜单，出现对话框后单击“下载数据”按钮，出现“选择个人证书”界面，选择任何一个单击“确定”按钮，稍等后，系统会提示“所上传数据已保存到认证库中”，表明本次认证已经成功，如果出现错误，系统也会给出提示，并出现红字数据让用户修改并再次上传认证，直到上传认证成功为止。

认证成功后，我们可以通过“查询统计”下拉菜单中的“认证结果通知书打印”功能来查看最终的认证结果。最后，还要通过这一功能来打印认证结果通知书和认证结果清单，然后把它们和本月认证过的进项发票抵扣联一起保存起来。

企业每月月底认证前一定要把抵扣的数额计算清楚。

7．发票分发

业务说明：将企业领购的发票按照一定规则分发给下属分支机构（非独立法人不能单独领购发票），方便分支机构在本地开具发票。

操作步骤：选择“发票分发”功能，进入“发票分发信息”界面，从而完成分发发票的操作，如图 5-17 所示。

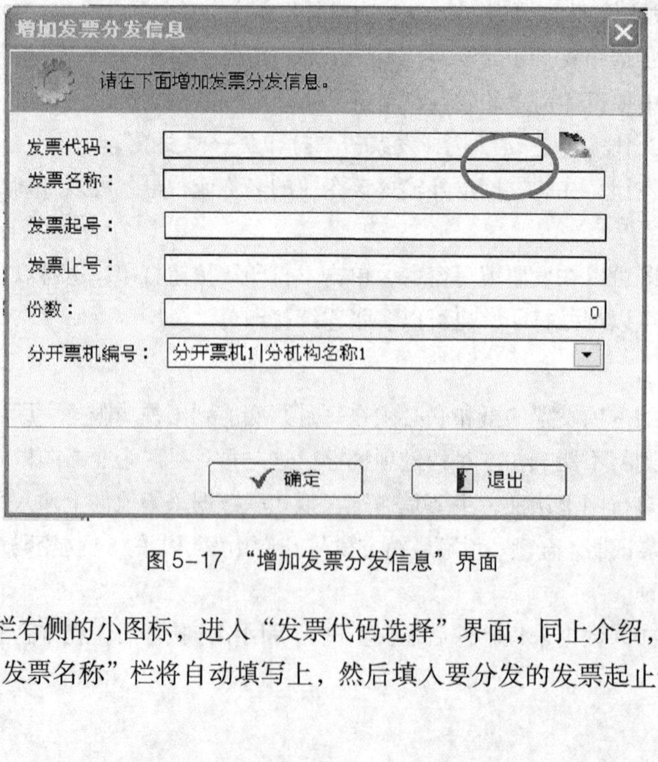

图 5-17 “增加发票分发信息”界面

单击发票代码栏右侧的小图标，进入“发票代码选择”界面，同上介绍，选择发票代码后，“发票代码”栏和“发票名称”栏将自动填写上，然后填入要分发的发票起止号，选择分开票机的编号（之前增加的所有分开票机将自动调用过来供选择），单击“确定”按钮便完成了发票分发的操作。

如果要取消分发，只需选中某行信息，单击“取消分发”按钮即可。

注意 将某段号码的发票分发给分开票机之后，主开票机将不允许对此段范围的号码进行开票。在取消分发后，此段范围的号码将可以重新被主开票机使用。

8．发票收回

业务说明：收回分开票机退回的空白发票。当分开票机退回空白发票给主发票机时，主发票机要执行“发票收回”操作才可以再次利用此段范围的发票。

注意：发票收回要以实物发票为凭证。

操作步骤：选择“发票收回”功能，进入“发票回收管理”界面。

如果要将发票回收，只需单击“发票收回”按钮，进入“增加发票收回信息”界面，如图 5-18 所示。

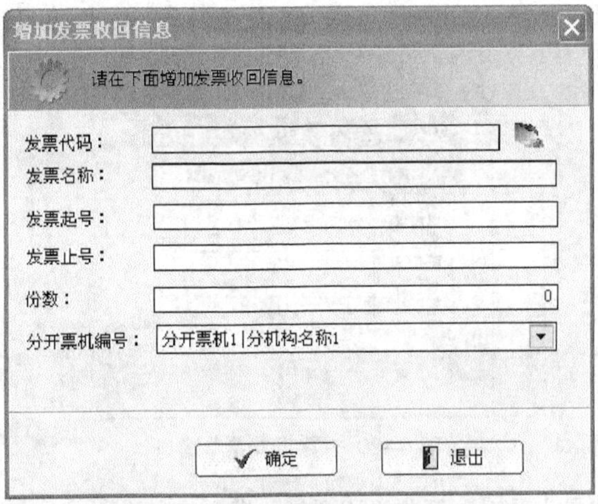

图 5-18 “增加发票收回信息”界面

选择完发票代码、发票起止号和分开票机编号后，单击“确定”按钮便完成了发票收回的操作。

注意：发票收回后，此段范围的发票号码将可以再次被主开票机使用。

9．发票退库

发票退库后将不可以再被使用。即使取消退库后发票仍不可以被再次使用。如果想使用此段范围的发票，必须再次入库。

10．发票管理

（1）发票重打。如果要对已经开具过的发票进行重新打印，只需选中此张发票，单击“发票重打”按钮，便会进入“开票信息”界面，如图 5-19 所示。单击“打印”按钮，便可以实现发票重打的功能。这里只能实现重新打印的功能，不可以对已开发票的内容进行修改。

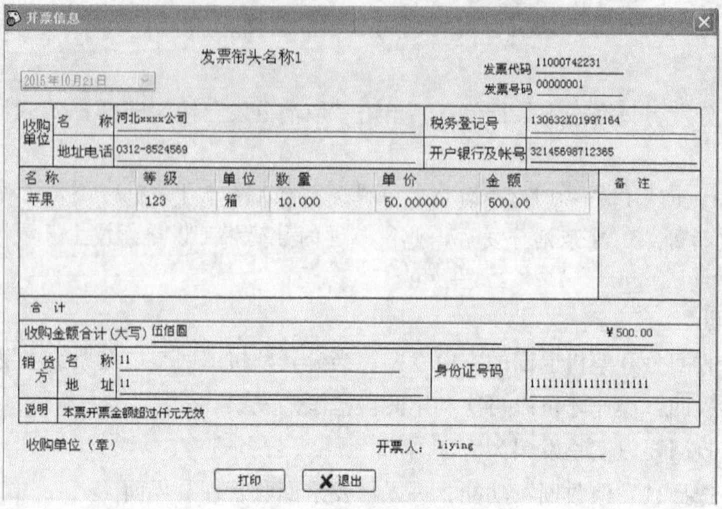

图 5-19 “开票信息”界面

要重打发票还可以单击工具栏中的“重打发票”按钮，弹出要输入打印发票代码和号码的“重打发票”窗口。输入代码和号码后单击“查询”查出要打印的发票信息，单击“再次打印”完成打印，如图 5-20 所示。

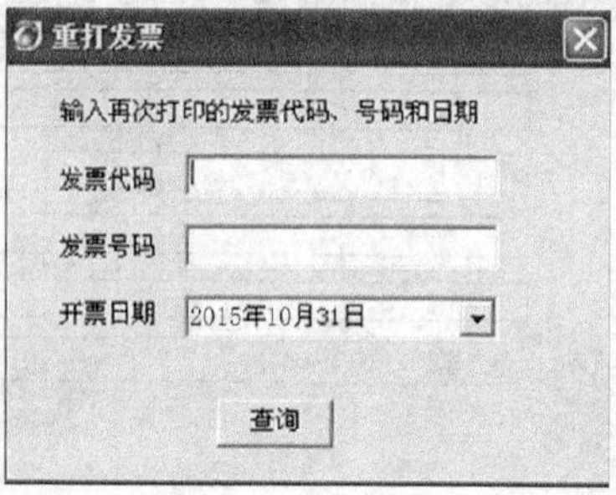

图 5-20 “重打发票”窗口

（2）发票导入。发票导入是对分开票机所开具的发票信息进行导入，导入的是 xml 文件，所以对应的分开票机就提供了“发票导出”的功能。图 5-21 所示是主开票机的“已开发票管理”界面。

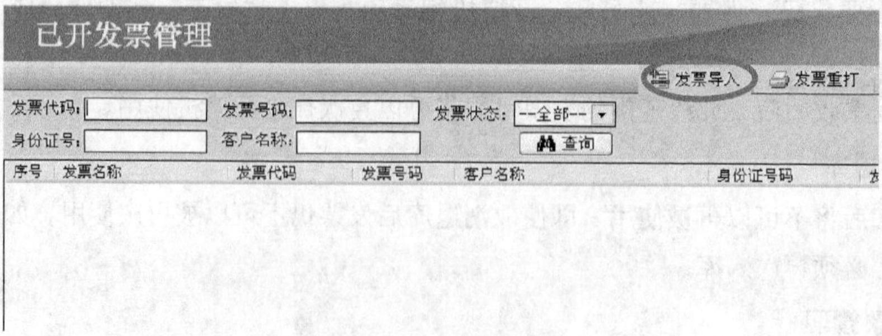

图 5-21 “已开票管理”界面

（3）遗失发票。遗失发票要做遗失登记。单击“遗失登记”按钮即可添加遗失发票的记录，如图 5-22 所示。

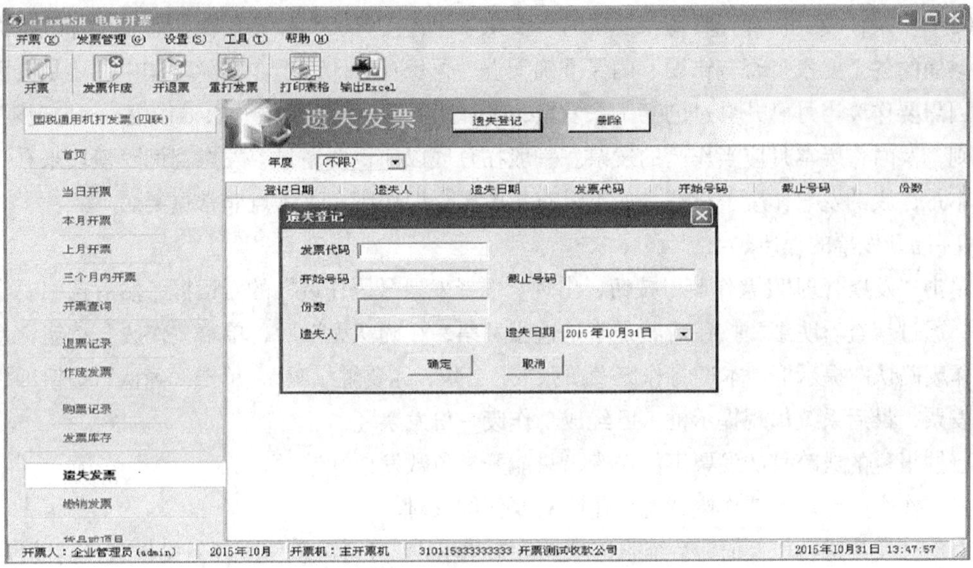

图 5-22 遗失发票登记

（4）发票缴销。发票缴销是指因为纳税人变更、注销税务登记、发票换版、丢失被盗、霉变等原因需要缴销空白发票，被缴销的发票从库存中剔除。取消缴销后发票可以重新使用。

操作步骤：选择“发票缴销”功能，进入“发票缴销管理”界面。

如果要缴销发票，只需单击“发票缴销”按钮，进入“增加发票缴销信息”界面，如图 5-23 所示。

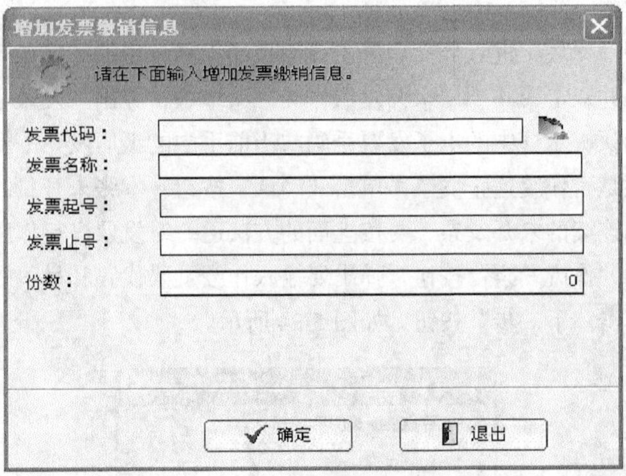

图 5-23 “增加发票缴销信息”界面

填写各项信息后，单击“确定”按钮，发票缴销操作便完成了。

> **注意** 缴销后的发票不可以再被使用，取消缴销后发票才可以再次被使用。进行发票缴销时，如果在此段范围内有发票被使用或者被分发等，便不可以进行缴销操作。

（5）发票作废。日常开具每张发票时不要急于单击“打印”按钮保存，而是要仔细检查电子发票票面的各个要素是否有错误，确保准确无误后再保存打印。但在实际工作中，还是会因为各种原因需要作废当月已开具过的某一张发票，这时就要注意掌握“谁开票谁作废，随出现随作废”的原则，及时作废本月应当作废的发票。一般在月底以前也要通过“发票查询”模块来看一下应该在本月作废的发票作废了没有，如果没有作废要立即作废，这一点非常重要。

① 已开发票的作废。

单击“发票管理/发票作废”按钮，出现“选择发票号码作废”的对话框，然后选中要作废的发票，通过“查看明细”按钮看看是不是这张发票，在确认无误后，单击“作废”按钮，系统弹出“作废确认”提示框“本期将作废发票张数：1 张，你要继续吗”，单击“确认”按钮即可作废本张发票，最后系统出现提示框“已经成功作废一份发票”。

已抄报税的或跨月的发票不能作废，只能开具负数发票冲销。

发票作废后无法改变作废状态，作废时要仔细核对。

对已开发票进行作废时，系统限定除“系统管理员”身份可以作废任何操作员开具的发票外，其他操作员身份必须遵守“谁开具，谁作废”的原则（作废时提示“当前发票库没有符合条件的发票”可能是本期本开票员没开具发票）。

② 未开发票的作废。

对于企业领购的纸质专用发票，应妥善保管，一旦出现未开具就丢失、污毁的纸质专用发票，除先告知国税分局以外，还应该通过“未开发票作废”来作废电脑上的电子票号。在日常工作中在发现某张未开具的纸质专用发票不能开具时，也要等到电脑中金税卡上的电子发票号码和当前纸质专用发票号码一致时才能进行作废操作。

具体操作如下。

单击“发票管理”模块，进入界面后单击界面顶端工具条中的“发票开具管理”按钮，出现一个下拉菜单，选中并双击第 4 项“未开发票作废”菜单项，弹出“发票号码确认”提示框，开票人要认真对照，确认提示框中的电子发票号码与当前手中的纸质发票一致后，单击“确认”按钮，系统会再次提醒是否作废这张发票，单击“确认”按钮，本张未开具的发票就成功作废了。如果是作废多张号码连续的未开发票，要按上面的方法逐一对发票进行作废。

单击工具栏中的“作废发票”按钮，弹出要输入作废发票代码和号码的“作废发票”窗口。输入代码和号码后单击“下一步”按钮，如图 5-24 所示。

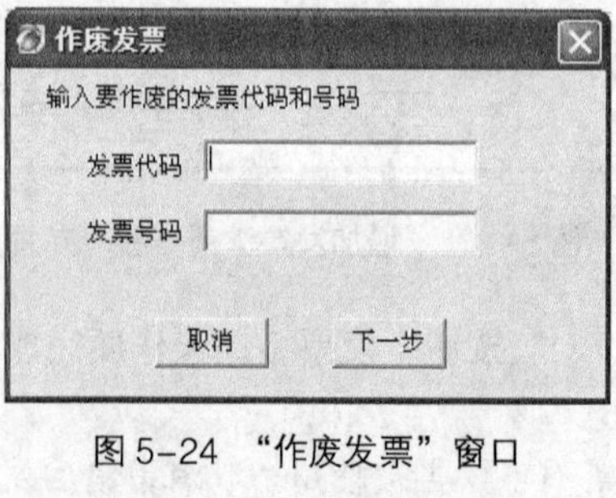

图 5-24 “作废发票”窗口

如果该票已开过，则显示发票信息，单击“作废”按钮即可作废，如图 5-25 所示。

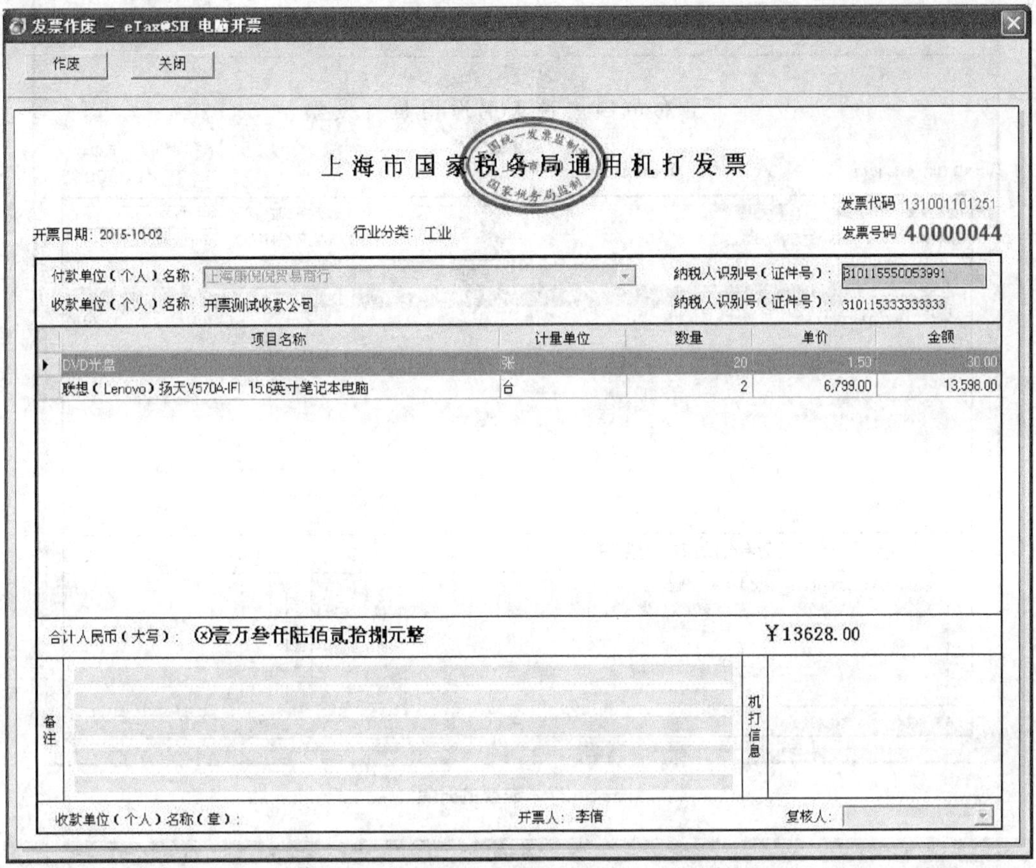

图 5–25　发票作废

（6）开退票。单击工具栏中的“开退票”按钮，弹出要输入原发票代码和号码的“发票退票（红字发票）”窗口。输入代码和号码后单击“确定”按钮显示原发票信息。单击“退票保存”按钮后再单击“退票打印”按钮即完成退票的开具，如图 5-26 和图 5-27 所示。

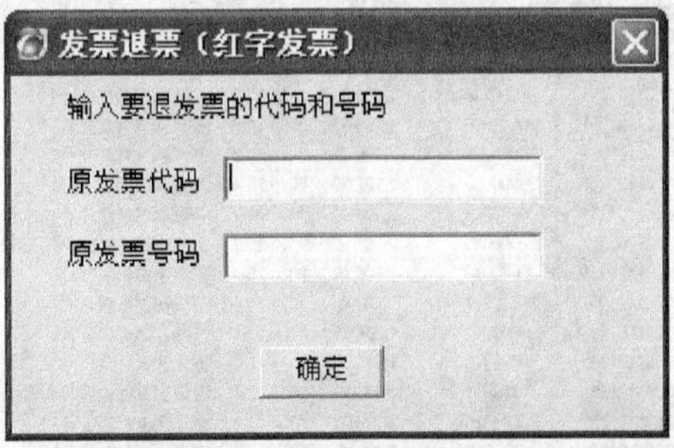

图 5–26　“发票退票（红字发票）”窗口

（7）开票记录查询。单击主界面左侧的“当日开票”“本月开票”“上月开票”“三个月内开票”按钮，即可显示相应的开票记录，如希望查询特定的发票可到“开票查询”页进行查询。图 5-28 所示为“本月开票”的查询结果界面。图 5-29 所示为“开票查询”界面。

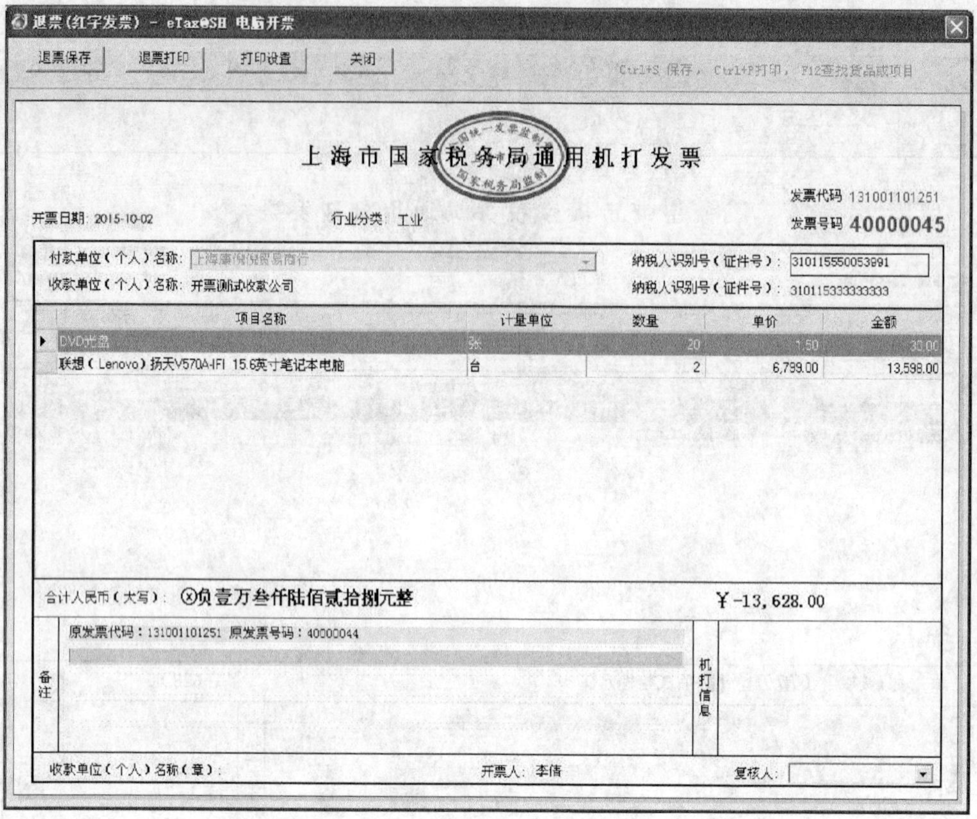

图 5–27　退票的开具

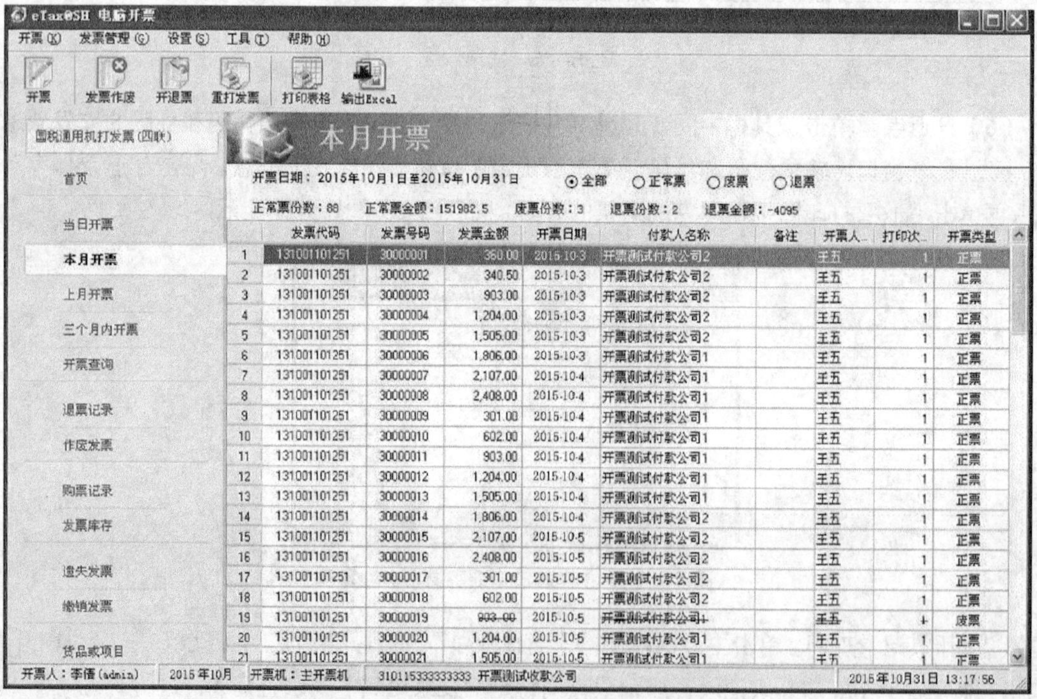

图 5–28　开票记录一览——“本月开票”

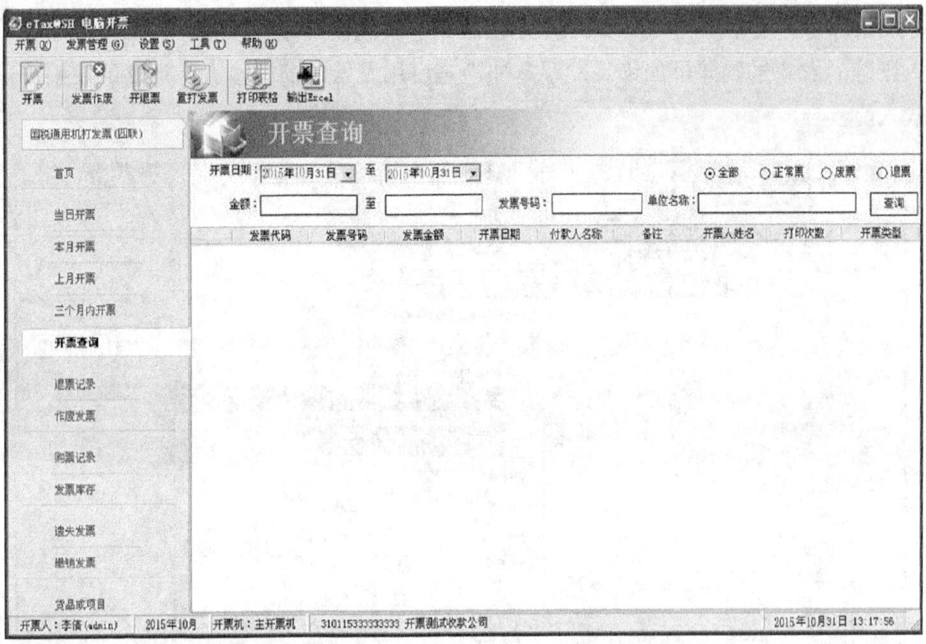

图 5-29　开票记录一览——“开票查询”

另外，可在“退票记录”和“作废发票”中直接查看退票和作废发票的记录。

（8）购票记录。购票记录如图 5-30 所示。单击“增加购票记录”按钮，弹出“增加购票记录”窗口。在该窗口中可将所购发票的信息录入。录入购票信息是开票的前提之一，也是开票的第一步。下一步是发票簿加锁。

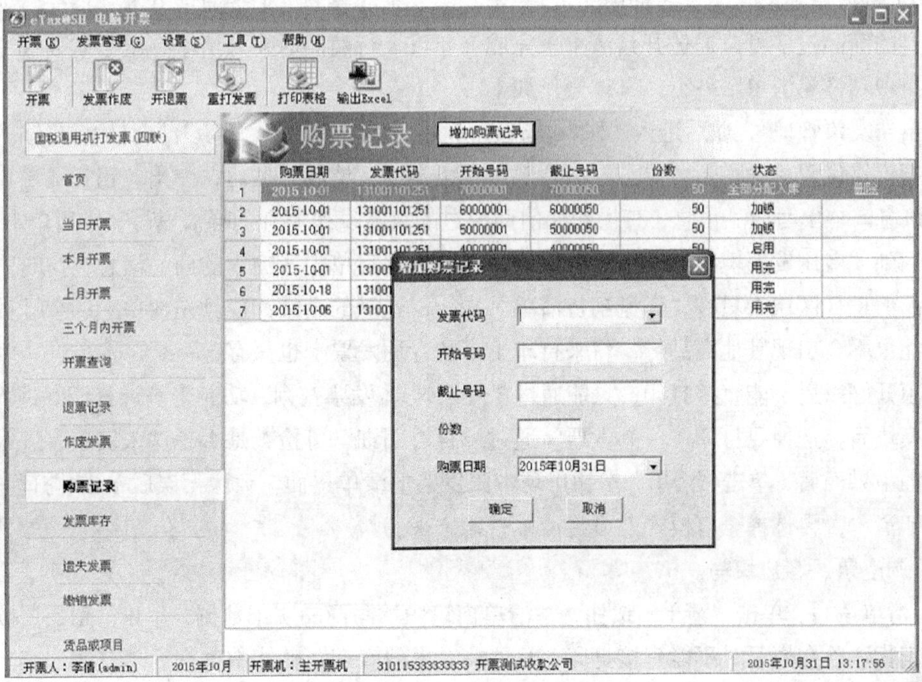

图 5-30　购票记录一览

（9）发票库存。发票库存如图 5-31 所示。单击“发票簿加锁”按钮，弹出发票簿校验加锁窗口，输入正确的发票号码即可加锁。发票簿加锁是启用发票的前提。没有加锁的发票可以理解为还未正式入库。

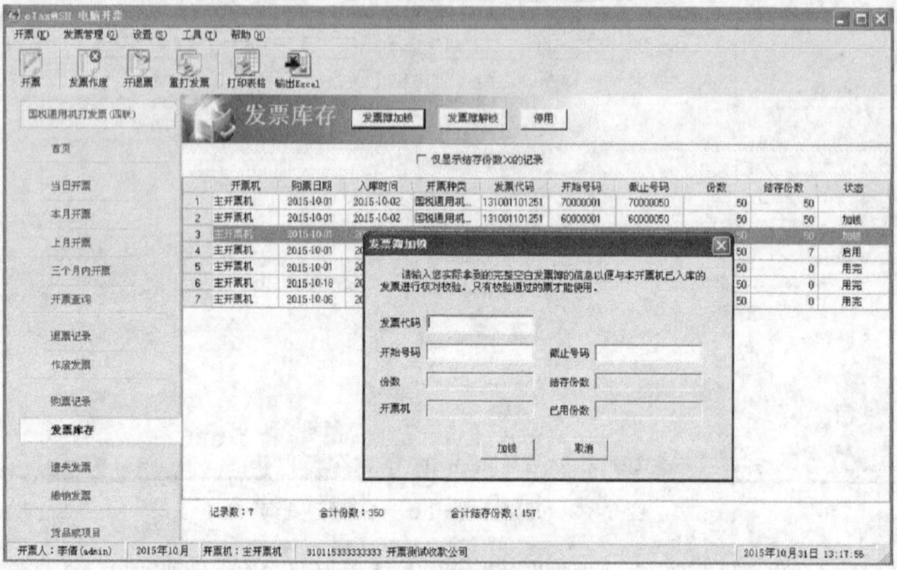

图 5–31　发票库存一览

一个号段的发票簿用完后，再开票时会自动提示用户启用新的发票簿。用户也可单击菜单“开票”→“启用发票簿”启用新的发票簿。

（10）带清单发票（超过 8 种商品）。一张专用发票的票面上最多只能开 8 行商品，如果客户要求开具的商品过多可以通过开具清单来完成。超过 8 行商品后要开清单，电子票面和专用发票上只能出现“详见清单”一行。具体操作如下。

单击“发票管理”，然后进入“发票填开”模块，弹出“专用发票填开”对话框，输入客户信息后，把价格设置成含税价，单击界面顶部工具条上的“清单”按钮，弹出“销货清单填开”窗口。在该窗口中填写商品信息，其操作如前面说过的正常发票填开一样。填写完毕后单击“退出”按钮，回到“专用发票填开”主界面，系统将自动保存清单中所输入的商品信息，这时主界面上的“商品信息”区域中只有“详见销货清单”一行，这里的金额和税额是清单上的合计数。主界面上不能也不会出现其他商品行，将来打印出来的专用发票上也只有这一行。清单在本张发票的主界面填开好以后不能直接打印，只能通过“发票管理/发票查询”功能来查询打印。进入“发票查询”模块后，选择要打印清单的发票，通过“查看明细”可检查是否是这张发票，进入本张电子发票的主界面后，单击“清单”按钮出现本张发票的清单界面，确认无误后单击“打印”按钮，选择打印清单，再选择全打模式就可将清单打印出来。

① 调空票、客户填写。

② 清单填写：单击“清单”按钮，在清单窗口中填写商品明细数据，单击“退出”按钮返回票面。销货清单在填开时不能直接打印，只能在“发票查询”功能中查询后再打印。

③ 注意：带清单的发票只能有清单行和清单的折扣行，无其他商品行。即一张发票票面既能

填商品信息也能填清单信息，但两者不能同时出现；销项正数发票可以开具清单；每张发票只能带一份销货清单。

（11）折扣销售。

① 无清单发票的折扣。调空票、客户和商品的填写同前。选中要折扣的商品，单击“折扣”按钮，在窗口中输入“折扣率”或“折扣金额”，确定其中一项则另一项自动算出。

注意 折扣行算在商品的总行数中，商品行与其折扣行之间不可再插入其他商品行；折扣后的商品不能修改，需修改时，先删除折扣行；可以对每一单行商品折扣，也可以对连续多行或所有商品统一折扣；必须所有商品行均生效后才能折扣。

② 清单发票的折扣。单击票面“清单”进入“销货清单填开”窗口，填写清单内容后，选中要折扣的商品，单击“折扣”按钮，在窗口中输入“折扣率”或“折扣金额”，确定其中一项则另一项自动算出，单击“退出”按钮返回票面。

（12）负数发票的开具。负数发票就是我们通常所说的红字发票。作废发票功能只能作废企业本月开具的专用发票，如果是跨月作废专用发票，就要开具负数发票来冲减了。如发生跨月退货或跨月发现开具的专用发票有问题必须作废，就要开具负数发票了。所以说，负数发票是冲抵上个月或几个月的已开发票，当月不能开具负数发票；负数发票既不能有清单，也不能加折扣。如果一定要开具负数发票，则必须事先通知国税分局，得到许可后方能开具。

① 功能：当企业所开发票有误或者由于商品质量等问题导致购方退货，而因已抄税不能作废发票时，可开具负数发票来冲抵。

填开负数发票时，必须先指定其对应的正数发票的代码和号码，在打印负数发票时，系统自动将对应的正数发票的代码和号码打印在负数发票“备注栏”内。

② 方法：调空票。单击“负数”按钮，输入对应的正数发票的代码、号码，并确认一遍，然后单击“下一步”按钮，再单击“确定”按钮，会出现以下两种情况。

当前发票库中有对应的正数发票时：系统会自动填入发票信息，并且数量和金额填充为负数。

当前发票库中没有对应的正数发票时：自行手工填写发票信息，并且数量或金额填负数。

保存、打印发票。

③ 注意：销项负数发票不允许附带清单，也不能加折扣；已作废的票不能开负数。

（13）复制发票。功能：当将要开的发票与以前开过的内容完全或部分相同时，可用此功能提高开票速度。

调出空票，单击“复制”按钮，双击要复制的发票（如只复制商品信息可在“选项”中取消“客户信息”）。

只有正数发票可以复制，复制的发票在打印前可以修改。

任务训练

1．任务要求

（1）发票填开。选择“发票开具管理”→“发票填开”→“专用发票填开”命令，在打开的

“发票号码确认”提示框中单击“确认”按钮后，打开“增值税专用发票填开”对话框。

输入购货单位信息，既可以从客户编码库中选取数据，也可以在文本框中直接手工输入。

输入商品信息，商品信息只能从商品编码库中选取。

输入销货单位信息，企业名称、纳税人登记号和地址、电话均由系统自动从金税卡和企业基本信息中提取并显示，只有“开户行及账号”可以选择（仅当有多个开户行时）。

打印发票。当发票填写完毕且检查无误后，单击工具栏上的“打印”按钮，即可将增值税专用发票打印出来。

（2）发票管理。管理销项发票的领、用、存信息，开具和印打密文发票，查询、作废发票，并可进行销货清单打印格式的设计。

2．任务

在模拟开票软件中进行开票设置、发票入库、填开发票、发票查询、发票重打、发票缴销、发票作废等功能操作。

3．技能考核参考标准

开票设置、发票入库、填开发票、发票查询、发票重打、发票缴销、发票作废等功能，每填错一项扣 5 分，满分 100 分，扣完为止。

任务二　网上抄报税

网络报税即远程报税系统，它是以增值税防伪税控系统软件为基础，由企业用户使用开票金税卡或 USB 远程报税器自行完成抄报税操作，将报税数据通过网络传输到税务机关，由税务机关完成解密、比对工作，最后再取得报税处理的结果信息，并进行清卡操作，完成整个报税过程，相当方便、快捷。

远程报税系统包括企业端和税务端两个部分。远程报税系统企业端首先需要一台能够接入互联网的计算机；其次，这台计算机必须安装好 USB 远程报税器或者开票金税卡；最后，这台计算机还需要安装远程报税企业端软件。远程报税系统税务端包括位于外网的公网服务器和税务内网的报税服务器以及报税工作站。

一、报税系统

eTax@SH 是用于网上电子报税的企业端软件，全称是“上海市网上电子报税企业端软件”。纳税人或纳税代理机构使用该软件可以完成纳税申报表的填写和电子签名，通过互联网发送报表、收取回执、管理申报数据等功能，方便、准确、快捷、安全地实现电子化报税。

1．eTax@SH 主界面

eTax@SH 软件中包含有所有纳税申报表、会计报表、附列资料和其他报表。eTax@SH 软件可以通过互联网进行实时更新。

eTax@SH 按照用户熟悉的邮件管理方式来管理用户的申报数据，它包括“发件箱”“收件箱”“已发件”和“申报情况”4 个文件夹。“发件箱”中保存用户填写但未发送的申报表，“收件箱”中保存收到的回执，“已发件”中保存已经成功发出的申报表，而“申报情况”则记录每个申报项目的处理情况。

主界面包括菜单栏、工具栏、状态栏、账户目录、向导区、发件箱摘要、收件箱摘要和已发件摘要，如图 5-32 所示。

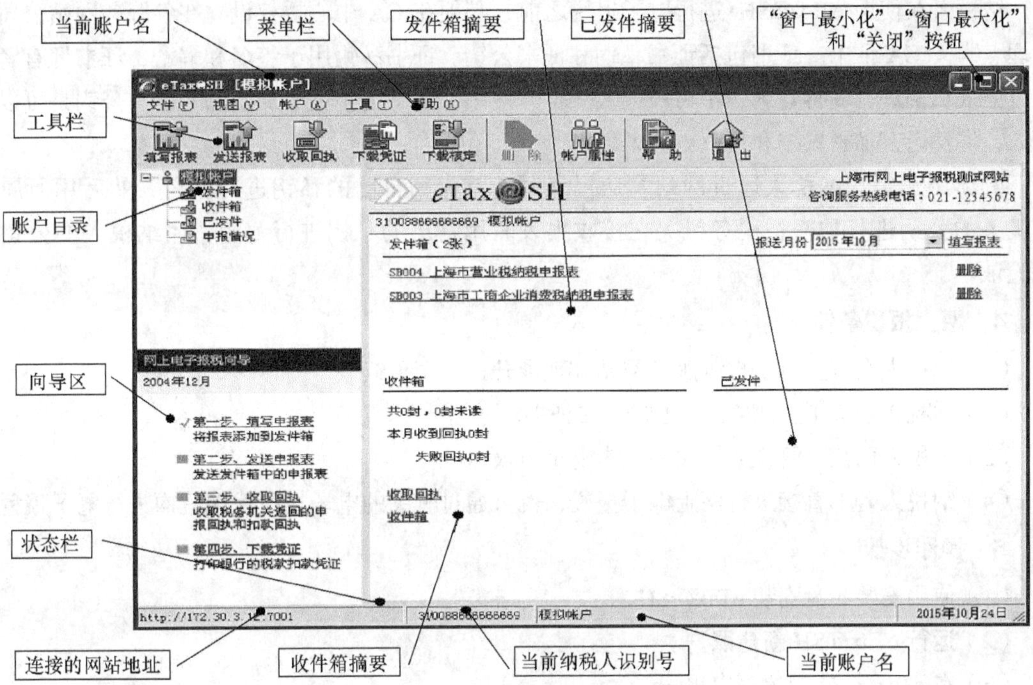

图 5-32　报税账户主界面

2．网上报税的原理

运用网上电子报税企业端软件 eTax@SH，填写电子申报表，通过 Internet 将电子报表发送到网站，网站将其转发到税务局；税务局的税收征管系统将收到的电子报表进行处理，根据处理的结果，产生相应的回执并发送到网站。如申报成功，就同时将扣款信息发送到纳税人指定的扣款银行进行扣款；税务局的税收征管系统根据银行反馈的扣款信息，产生相应的扣款回执并发送到网站。纳税人通过 Internet 接收申报回执和扣款回执，确认申报成功、扣款成功。纳税人还可通过 eTax@SH 下载、打印银行税款扣款凭证。网上报税原理如图 5-33 所示。

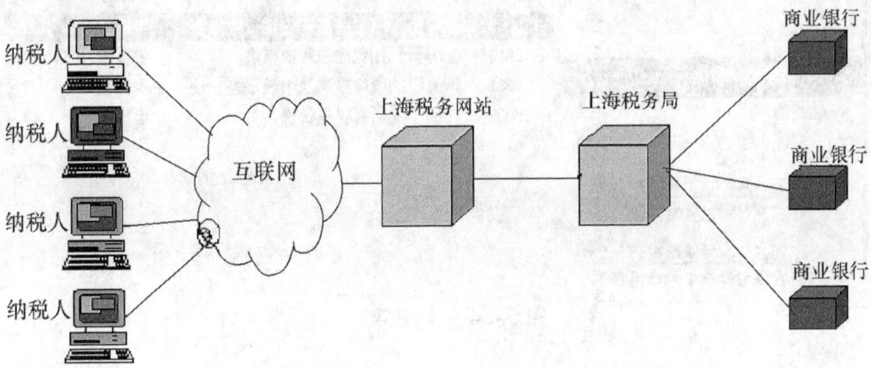

图 5-33　网上报税原理图

3．CA 证书与数字签名

CA 认证是一种网上信息安全传输的保障机制。通过这一机制，可实现申报者身份的可靠验证，实现数字签名和数据加密，保证申报行为不可抵赖及申报数据不被泄露、篡改。

纳税人在使用 eTax@SH 进行电子报税之前，必须在 CA 中心授权设立在各服务网站公司的受理点购买 CA 证书。证书包括证书私钥和证书公钥。证书私钥用于签名和解密，证书拥有者必须对证书私钥进行妥善管理，不可被他人获得并使用；证书公钥用于加密和验证，公钥是可以公开的，供发送方加密数据和接收方验证签名。

具体用法是：纳税人通过网站发送报表时，首先用自己的私钥进行签名，然后用所属税务机关的公钥进行加密；税务机关在接收报表时用自己的私钥进行解密，用纳税人的公钥进行验证。

4．网上报税条件

（1）纳税人在网上电子报税服务网站办理了开户登记手续。

（2）纳税人购买了上海 CA 中心的 CA 证书。

（3）纳税人已被主管税务机关核定为电子申报户。

（4）纳税人若不直接进行网上电子报税，也可通过有关的电子报税代理机构进行电子报税。

5．操作步骤

（1）使用安装光盘安装 eTax@SH。

（2）运行 eTax@SH 新建账户。

（3）在 eTax@SH 中填写申报表。

（4）发送所填写的申报表。

（5）收取税务机关返回的回执。

6．账户文件夹

（1）发件箱。发件箱中存放填写好但未发送的申报表，如图 5-34 所示。

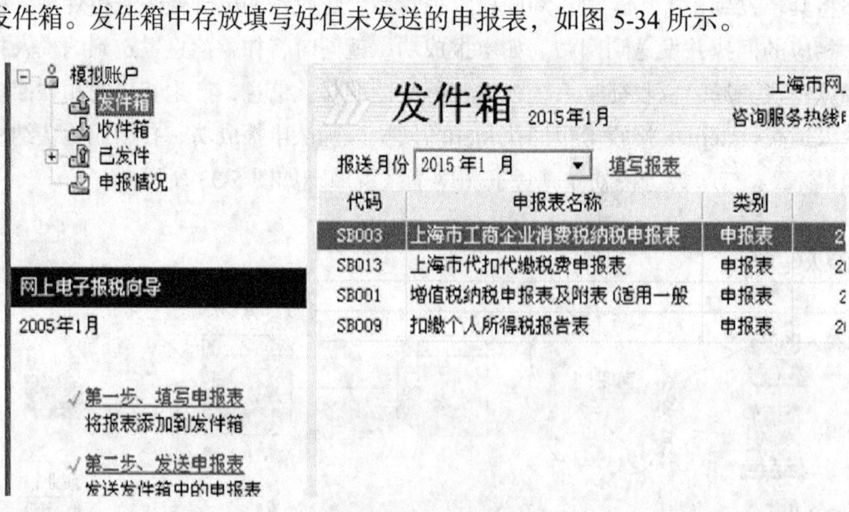

图 5-34 “发件箱”

（2）收件箱。收件箱中存放税务机关发送给纳税人的回执，如图 5-35 所示。

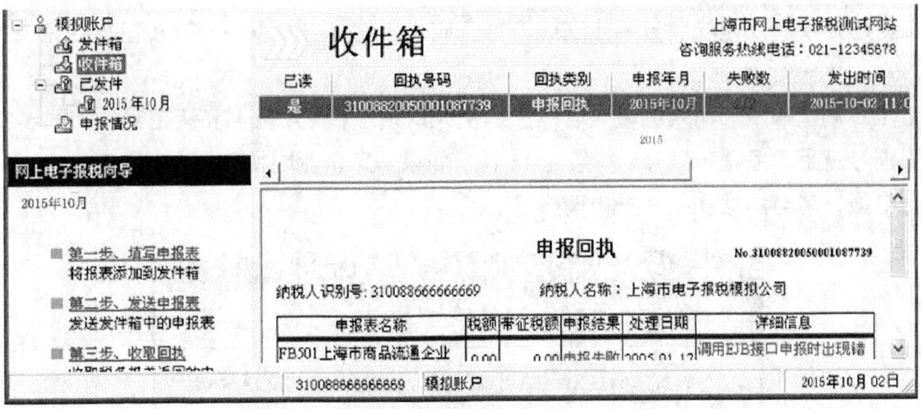

图 5–35 “收件箱”

（3）已发件。已发件中存放已成功发送出去的申报数据，如图 5-36 所示。申报情况如图 5-37 所示。

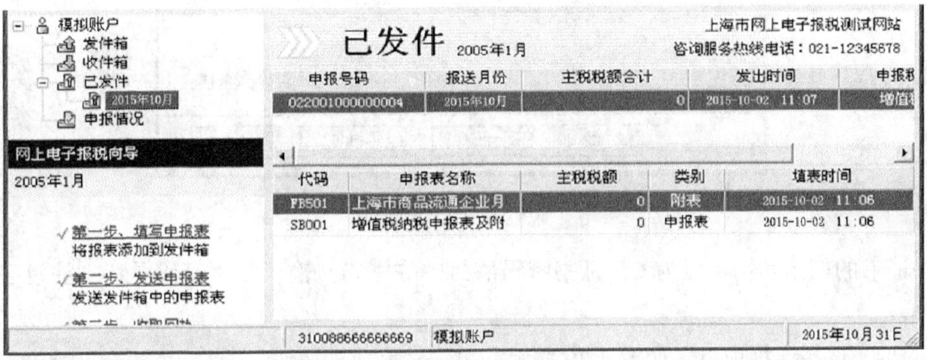

图 5–36 “已发件”

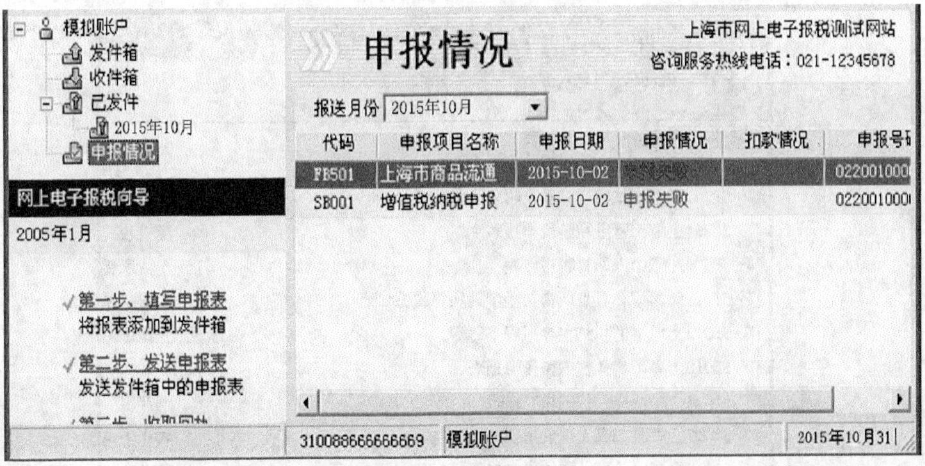

图 5–37 “申报情况”

7. 第一次运行 eTax@SH

运行 eTax@SH，首次运行会出现新建账户的向导，帮助用户完成账户的建立。

（1）新建账户。新建账户分两步完成，每完成一步就单击“下一步”按钮直到完成。各步说明如下。

第 1 步：创建账户。输入纳税人名称、纳税人识别号和 CA 证书私钥密码，如图 5-38 所示。纳税人识别号就是税务登记证号，一般为 15 位。如果一家企业因特殊情况，需要两个或两个以上账户进行申报，请与网站联系另外申请账号。

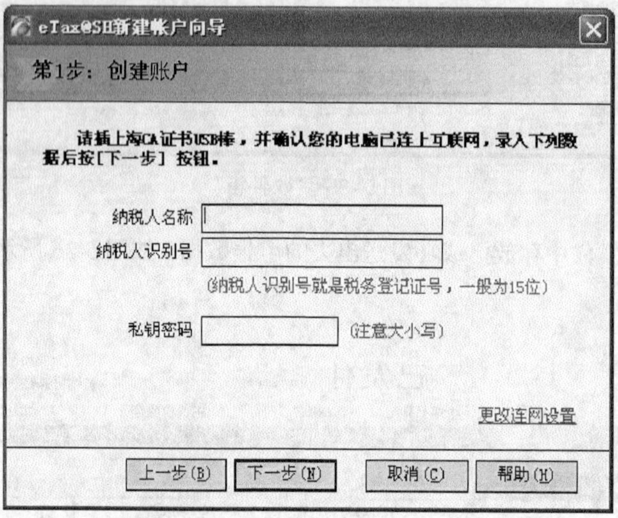

图 5–38　创建账户

CA 证书的初始私钥密码为 CA 证书密码信封中的密码。输入私钥密码要特别注意字母一般为小写。

第 2 步：选择申报项目，如图 5-39 所示，单击“完成”按钮。

大部分申报项目都已由软件依据纳税人核定信息自动选择好了，一般不需要改变。

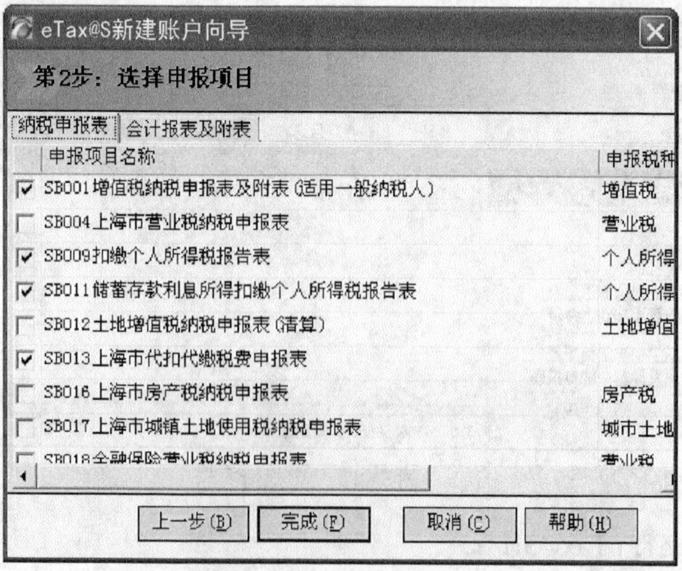

图 5–39　选择申报项目

（2）新建账户后的登录。新建第一个账户后，即显示图 5-40 所示的登录窗口。接下来操作步骤为：“登录”→“确认”输入私钥密码→“确定”。具体操作如下。

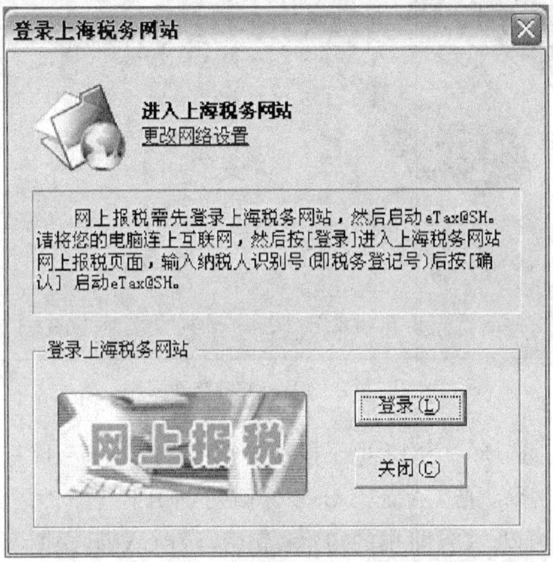

图 5-40　登录税务网站

第 1 步：单击“登录”按钮即进入上海税务网站登录页，如图 5-41 所示。在该页中单击“登录”按钮，出现 eTax@SH 启动图片，如图 5-42 所示。eTax@SH 在此进行软件更新等操作，结束后要求用户输入 CA 证书私钥密码。正确输入密码后，单击“确定”按钮后开始更新核定。核定更新结束后则进入 eTax@SH 主界面。

图 5-41　上海税务网站网上报税登录页

图 5-42 eTax@SH 启动图片

第 2 步：选择网站。选择一个网上电子报税服务网站，单击“下一步”按钮。

第 3 步：输入私钥密码。把 CA 证书 USB 棒插到 USB 口上，然后输入私钥密码，单击“下一步”按钮进入第 4 步窗口。CA 证书的初始私钥密码为 CA 证书密码信封中的密码。输入私钥密码要特别注意字母一般为小写。

第 4 步：选择申报项目。大部分申报项目都已由软件依据纳税人核定信息自动选择好了，一般不需要改变。单击“完成”按钮则进入“登录税务网站”窗口。到此，新建账户过程已成功完成。

二、抄税处理

征期抄税：每月 1 日开票时系统提示“已到抄税期请及时抄税”，此时必须做抄税处理，否则无法开票；报税期内必须报税，否则系统自动锁死；1～10 日系统提示“金税卡已到锁死期，请及时抄报税”，则需抄税后再报税。

非征期随时抄税：抄税时间不受限制，但在下次抄税前必须报税。

注意 系统支持随时抄税，是为了解决开票量不断增大的问题及税务机关的管理，系统提示“发票写入区已满”企业可以执行非征期抄税，然后才能继续开具发票，因此如无需要不允许操作，每月只进行征期抄报税即可，并且无论该月是否领用及开具发票都必须进行征期抄报税。

“抄税处理”功能可将金税盘中本期或上期的各种发票明细与系统数据抄到本机税控盘上，从而为报税子系统提供报税的电子数据。本任务仍然以上海的 eTax@SH 系统为例进行抄报税处理。

1．数据导出

方法一：发数据给 eTax@SH。

第 1 步：双击运行桌面快捷方式。

第 2 步：单击菜单栏“数据收发”→“发数据给 eTax@SH”，如图 5-43 所示。

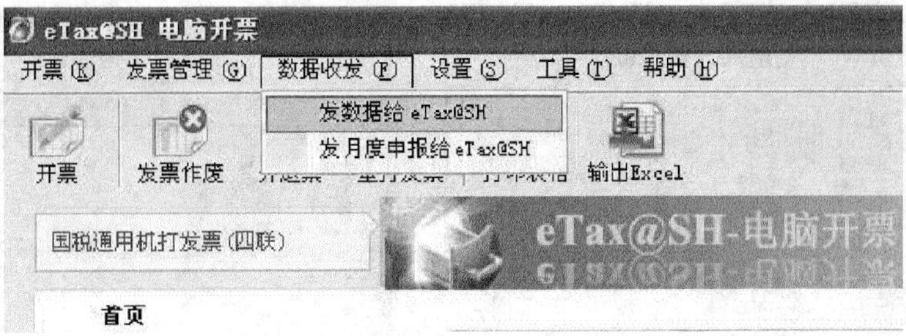

图 5-43 “电脑开票”中的“数据收发”

第 3 步：选择需要导出开票数据的时间段，单击“下一步”按钮，如图 5-44 所示。

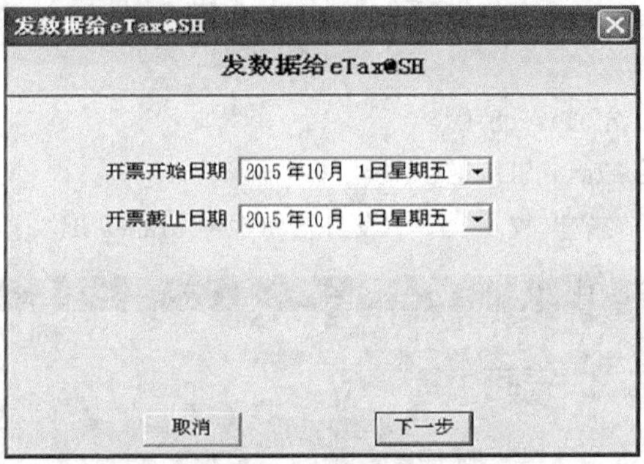

图 5-44 选数据时间

第 4 步：系统提示导出信息，如纳税人识别号、纳税人名称。核对无误后，单击“下一步”按钮，如图 5-45 所示。

第 5 步：在申报文件导出窗口中单击“浏览”按钮，选择需要存放开票申报文件的路径，单击“发送”按钮（用户可以选择导出到 U 盘或直接导出到指定目录），如图 5-46 和图 5-47 所示。

导出的申报文件格式为 TYFP_企业税号_日期（yyyymmdd）.kp，如 TYFP_310110123456789_20120601.kp。

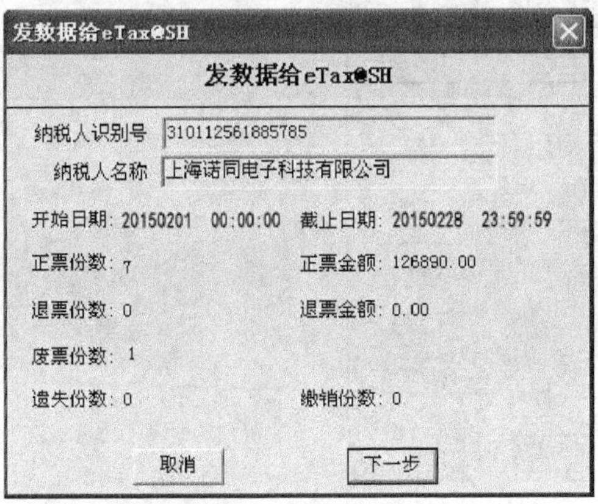

图 5-45 填纳税人信息

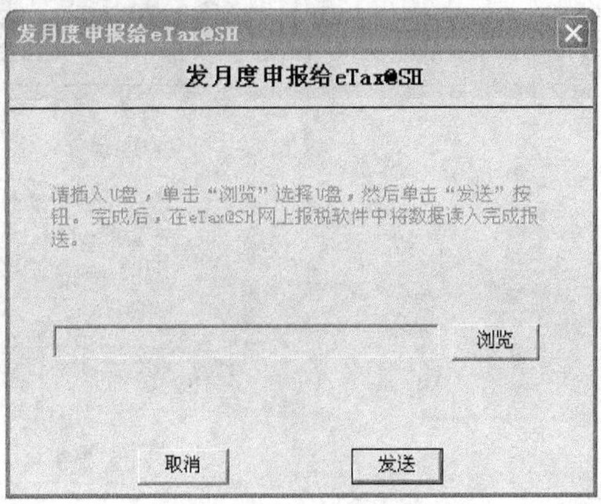

图 5-46 发月度申报

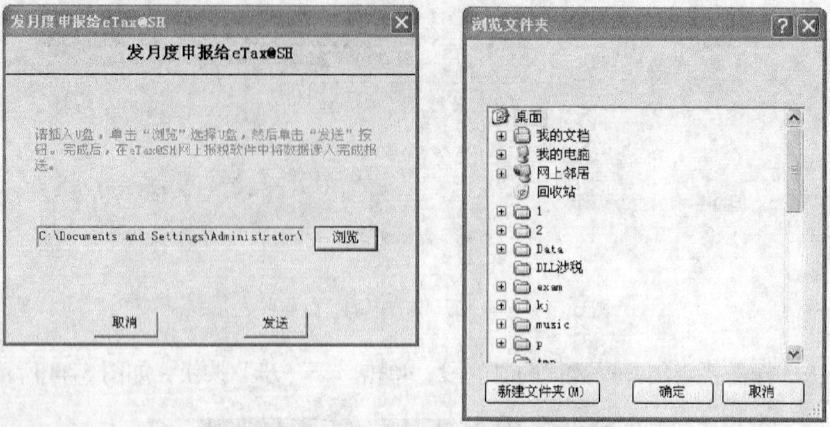

图 5-47 选择文件

方法二：发月度申报给 eTax@SH。

第 1 步：同发数据给 eTax@SH 的第 1 步。

第 2 步：单击菜单栏“数据收发”→“发月度申报给 eTax@SH”，如图 5-48 所示。

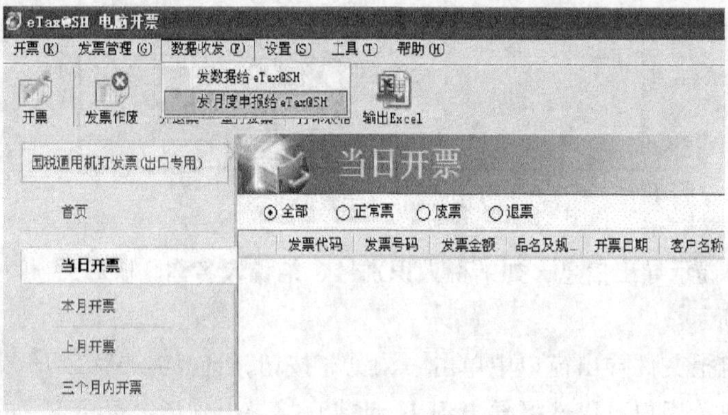

图 5-48 数据收发菜单

第 3 步：确认开票月度（开票月度为所属月度），单击“下一步”按钮，如图 5-49 所示。

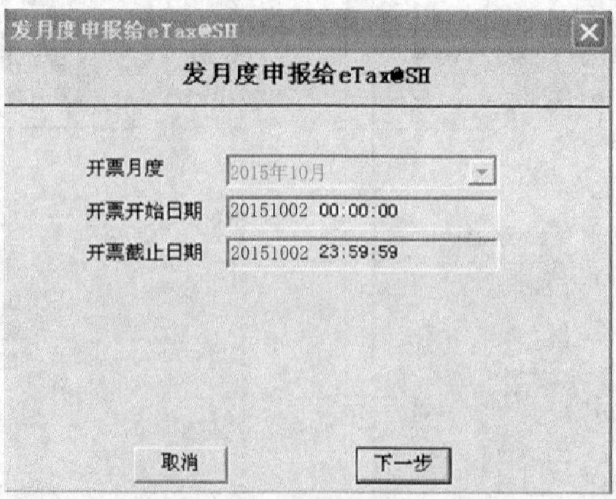

图 5-49 选择数据时间

第 4～5 步：同“发数据给 eTax@SH”第 4～5 步。

“发数据给 eTax@SH”和“发月度申报给 eTax@SH”区别如下。

（1）“发数据给 eTax@SH”是用于补报数据。开票申报文件导出后，打开网上报税软件，填写发票明细数据报送。

（2）“发月度申报给 eTax@SH”是每月正式申报。开票申报文件导出后，打开网上报税软件，填写发票明细数据月度报送。

（3）“发月度申报给 eTax@SH”，每月只能成功申报一次。

2．开票数据申报

（1）发票明细数据报送。

第 1 步：双击运行桌面快捷方式。

第 2 步：选择要申报开票数据的公司，单击工具栏中的“涉税事项”按钮，如图 5-50 所示。

图 5–50 “涉税事项”按钮

第 3 步：选择当前报送月，单击打开“发票明细数据报送”，如图 5-51 所示。

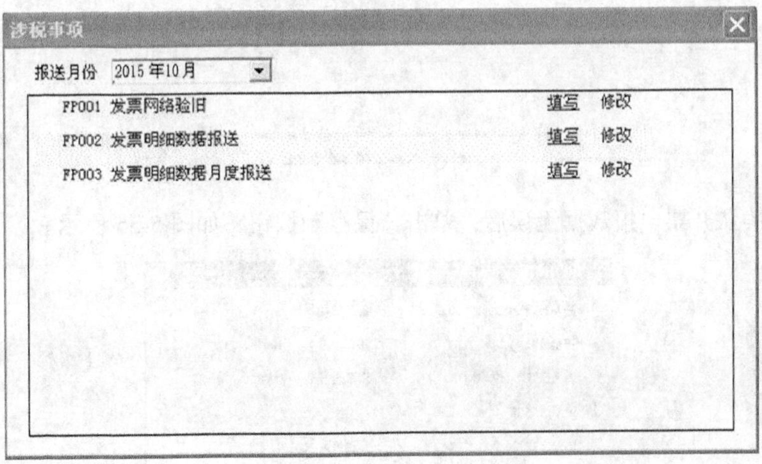

图 5–51 发票明细数据报送

第 4 步：系统显示“选择数据源”窗口，单击“下一步”按钮，如图 5-52 所示。

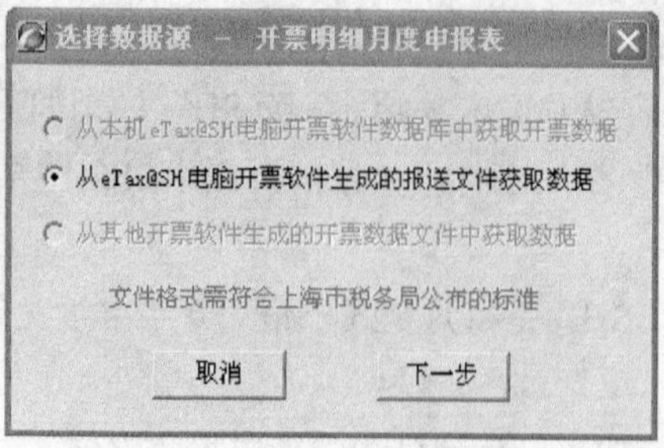

图 5–52　选择数据源

第 5 步：在申报文件导入窗口中单击“浏览”按钮，选择从“eTax@SH 电脑开票”导出的开票申报文件（如 TYFP_310115756119642_20120609.kp）的存放路径，单击“下一步”按钮，如图 5-53 和图 5-54 所示。

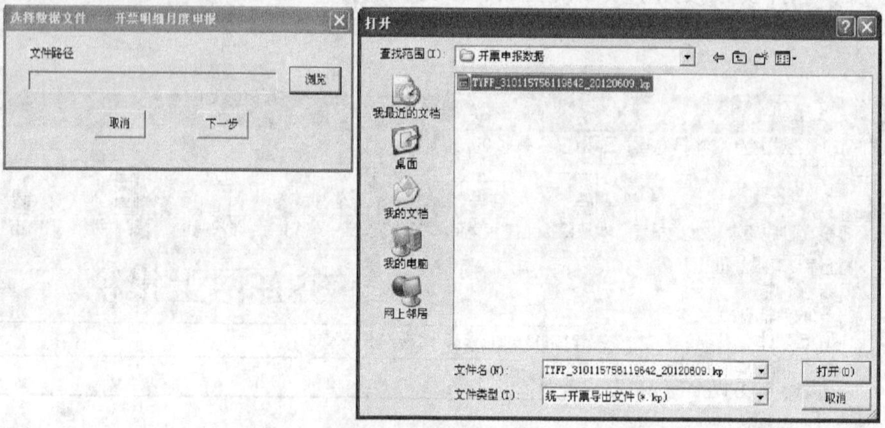

图 5–53　文件路径选择

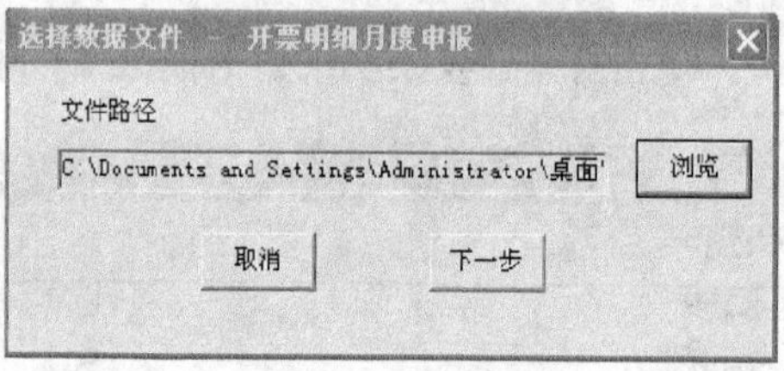

图 5–54　选择文件

第 6 步：确认开票申报数据无误后，单击“保存”按钮，如图 5-55 所示。

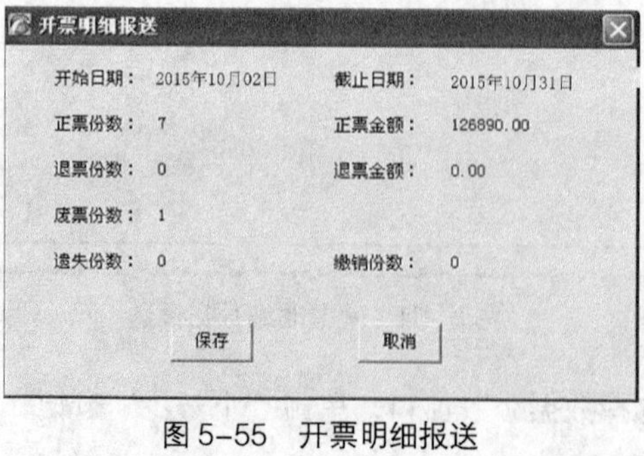

图 5–55　开票明细报送

第 7 步：发送数据给税务机关。单击工具栏中的“发送报表”按钮，如图 5-56 所示。

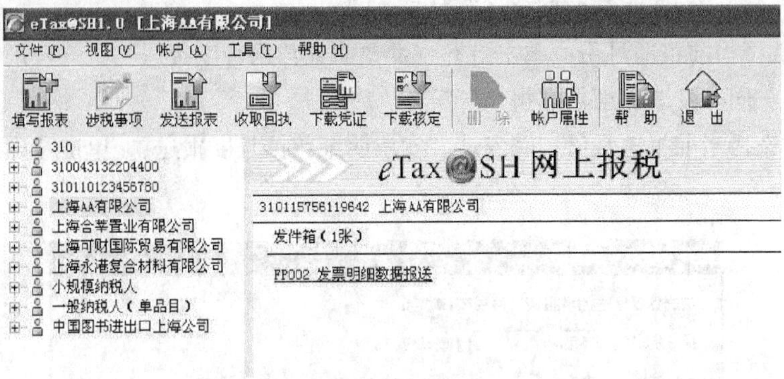

图 5–56　报表报送

第 8 步：选择当前报送月份，并勾选“发票明细数据月度报送”，单击“确定”按钮，如图 5-57 所示。

第 9 步：在“申报发送确认”窗口，单击“发送”按钮，如图 5-58 所示。

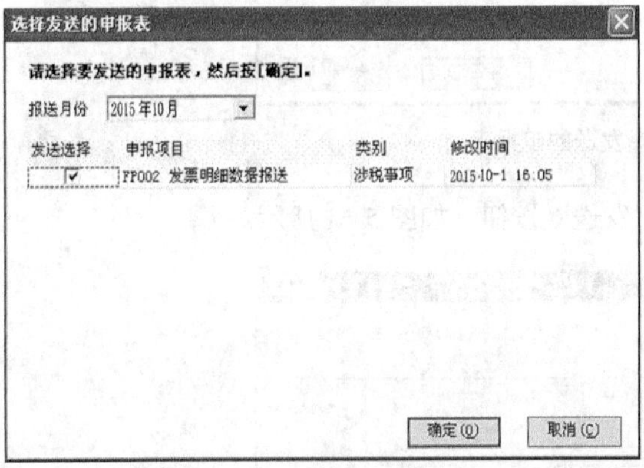

图 5–57　选择发送的申报表

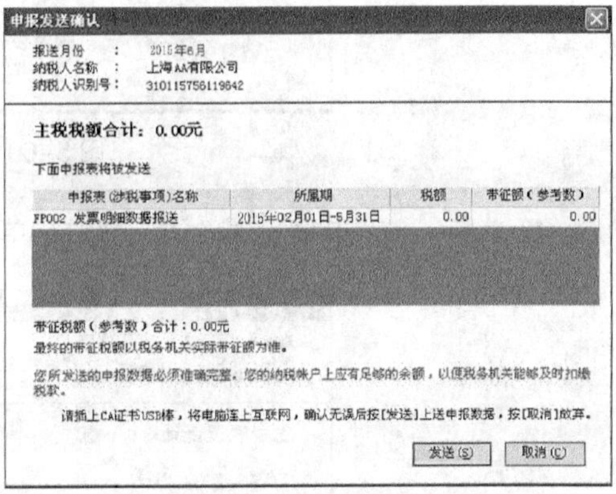

图 5–58　申报发送确认

第 10 步：申报成功后，单击“收取回执”按钮收取回执，如图 5-59 所示。

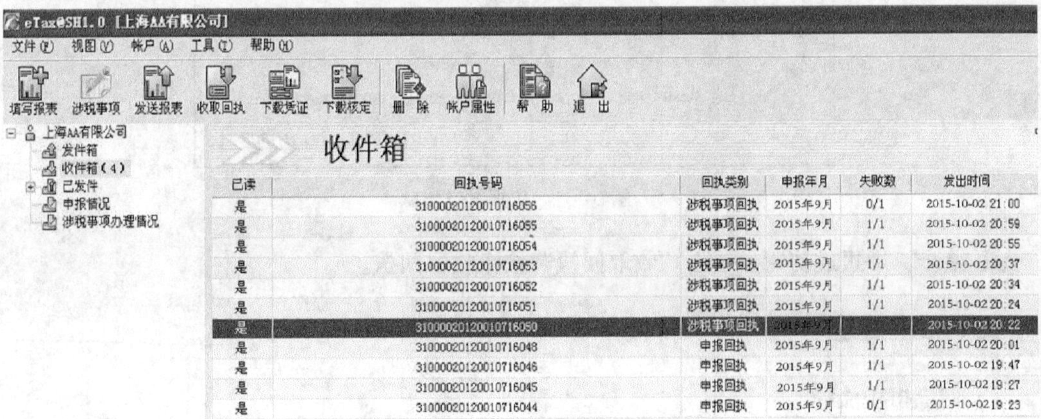

图 5–59　收取回执

（2）发票明细数据月度报送。

第 1～2 步：同“发票明细数据报送”第 1～2 步。

第 3 步：选择当前报送月份，单击打开“发票明细数据月度报送”。

第 4～7 步：同“发票明细数据报送”第 4～7 步。

第 8 步：选择当前报送月份，并勾选“发票明细数据月度报送”，单击“确定”按钮，如图 5-60 所示。

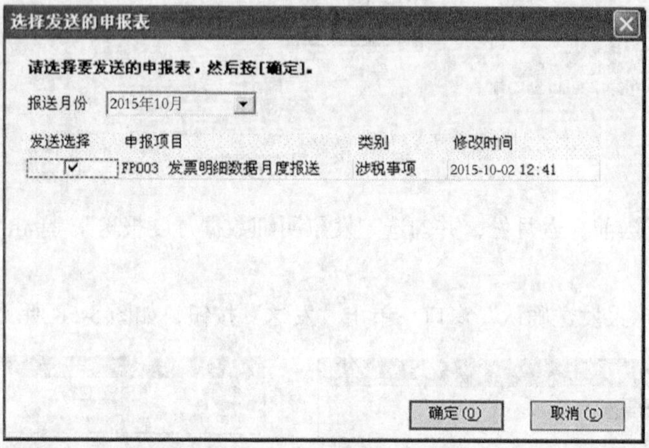

图 5-60　选择发送的申报表

第 9 步：在“申报发送确认”窗口，单击“发送”按钮，如图 5-61 所示。

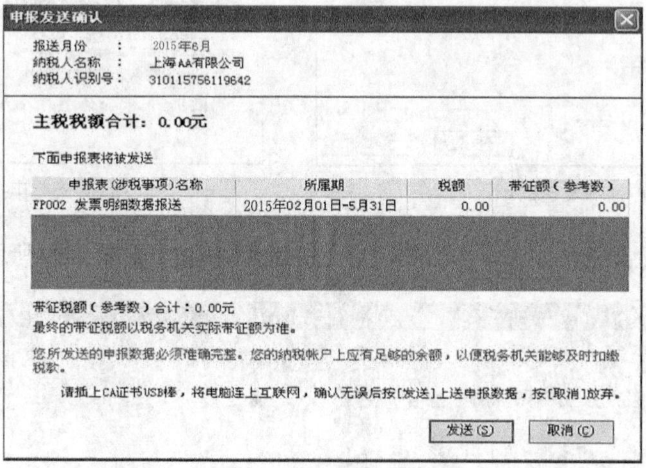

图 5-61　申报发送确认

第 10 步：申报成功后，单击“收取回执”按钮收取回执。

三、报税处理

1．网上报税流程

第 1 步：启动 eTax@SH 软件。启动前电脑必须已连接互联网。启动时软件会检测核定数据是否已更新、软件版本是否为最新，并且会自动更新核定数据和软件。

第 2 步：填写报表。单击工具栏中的“填写报表”按钮，弹出如图 5-62 所示的窗口，单击“填写”或“修改”即显示相应的申报表录入窗口。

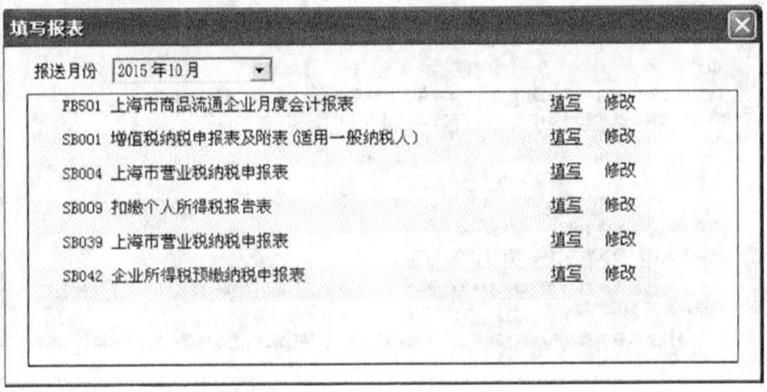

图 5-62 “填写报表”窗口

填写申报表需注意如下几点。

表中一些必需的基本信息不用填写，系统会自动把账户中的基本信息导入进来。

所属期是根据选择的“报送月份”确定的，月度申报表跨度是 1 个月，季度申报表跨度是 3 个月，而年度申报表跨度则为 1 年。填表日期默认值是当前日期。“报送月份”就是发送申报数据的月份。

申报表窗口下部的状态栏提供相应的输入提示，输入过程中需注意这些提示信息。

第 3 步：发送报表。

（1）首先确认 CA 证书 USB 棒已插上，计算机已连上互联网，然后单击工具栏上的“发送报表”按钮，出现报表选择提示窗口，确认报送月份，并再次选择报送月份，并选中要发送的申报表，如图 5-63 所示。单击“确定”按钮后弹出“申报发送确认”窗口，如图 5-64 所示。

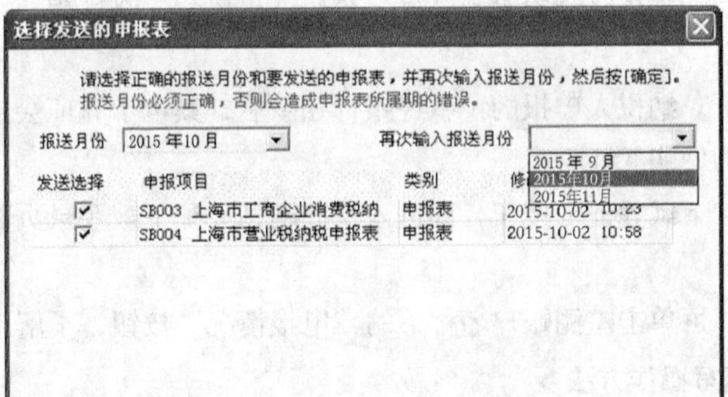

图 5-63 选择要发送的报表

（2）仔细核对“申报发送确认”窗口中的信息，特别要核对合计税额（该税额不包括带征的部分）。其中的带征税额仅做参考，税务机关的税收征管系统会依据申报表自动计算出准确的带征税额。确认正确后，单击“发送”按钮，弹出用户登录窗口。

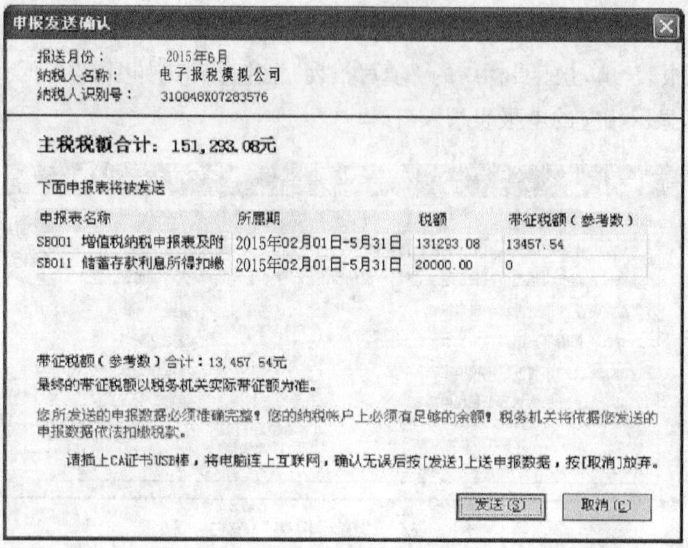

图 5-64　申报发送确认

（3）正确输入私钥密码（注意大小写）后，单击“确定”按钮就开始发送。发送成功或者失败，都会有窗口显示结果和相关信息。成功发送的报表自动转到“已发件”中保存。

注意　在未发送前，如有报表需要修改，可打开“发件箱”，根据报送月份找到要改动的报表，修改数据后，再保存。成功发送的申报表不能再次发送，如需再次申报需到主管税务机关办税服务厅办理。

第 4 步：收取回执。成功发送报表后，一般过半个小时就可以收取回执了，以确认申报和扣款的结果。

首先确认计算机已连上互联网，然后单击工具栏上的“收取回执”按钮收取回执。此时，需输入私钥密码，收完后会提示收到多少封邮件，然后就可以在“收件箱”中查看回执。一般应收到申报回执和扣款回执。

第 5 步：下载凭证。纳税人申报的税款经银行扣款后，其电子凭证会放到上海税务网站，供纳税人下载打印，作为做账凭证。

单击工具栏中的“下载凭证”按钮，即进入税务网站凭证下载登录页面，输入证书私钥密码后，即可登录。

申报发送成功后，可单击左侧账户名称下的“申报情况”按钮，了解申报的处理情况。

2．申报表基本填写操作方法

进入一个申报表的填写窗口，其基本样式如图 5-65 所示，相关说明如下。

（1）打开申报表。有以下 3 种方式可以打开要填写的申报表。

① 单击工具栏中的“填写报表”按钮，出现如图 5-66 所示的窗口，在该窗口中单击“填写”或“修改”按钮可打开申报表。

② 在账户主界面中单击报表名称可以打开申报表。

③ 在“发件箱”中可以打开已填写未发送的申报表。

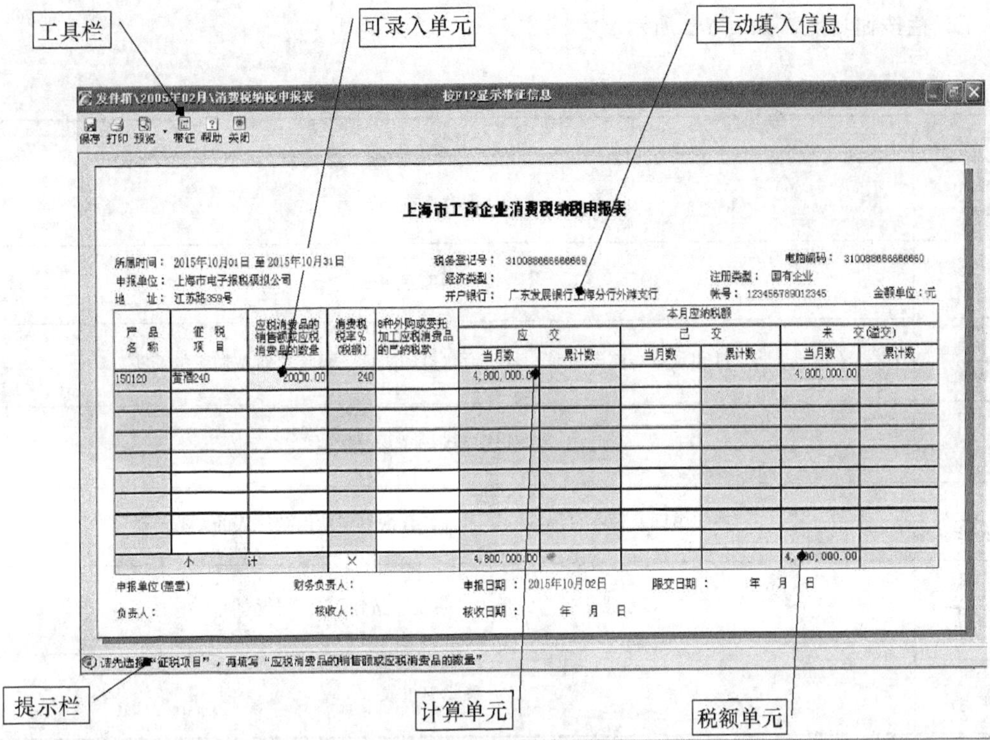

图 5-65　申报表填写界面

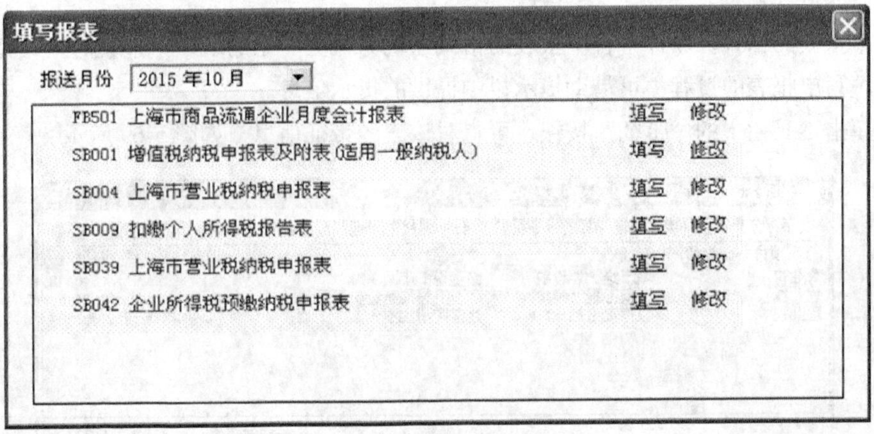

图 5-66　“填写报表”窗口

（2）将鼠标指针放在按钮上，在按钮的下方就会出现该按钮功能的提示，如图 5-67 和图 5-68 所示。

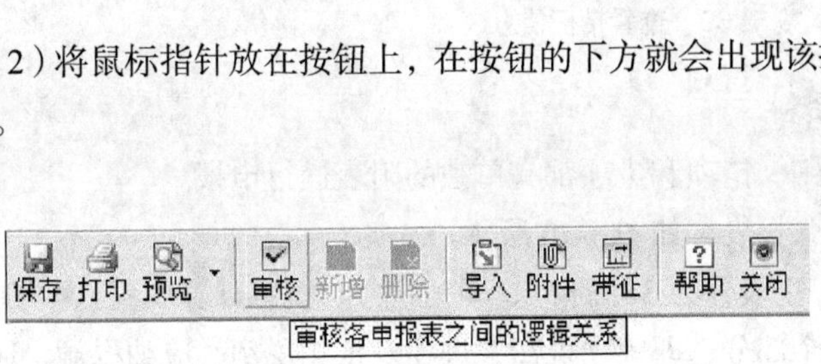

图 5-67　“审核”按钮功能提示

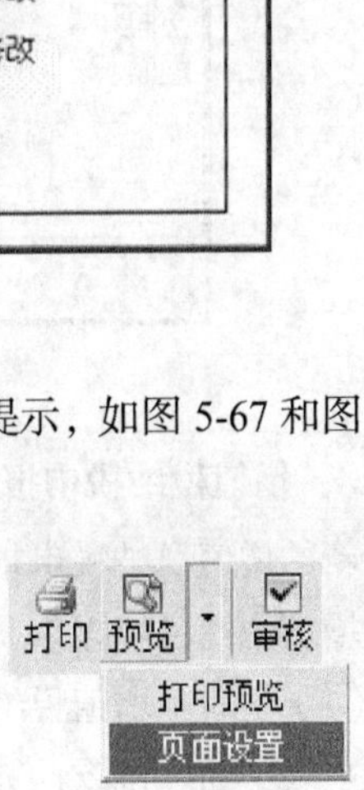

图 5-68　“预览”按钮功能提示

工具栏按钮功能，如表 5-2 所示。

表 5-2　　工具栏按钮功能介绍

按钮名称	功能介绍
保存	保存申报表
打印	打印当前申报表
预览	打印预览当前申报表，若要设置打印页面，可单击该按钮旁的箭头
审核	审核报表与附件的数据关系
附件	添加由国家税务总局的“通用税务数据采集软件”输入的发票清单
带征	显示带征信息，单击“带征”按钮可查看带征信息
关闭	关闭申报表

（3）申报表中的数据单元分类。申报表中数据单元分为两类：可录入单元，颜色为白色；不录入单元，颜色为灰色。

（4）申报表的格式。软件中各申报表的格式与税务机关印制的纸质申报表的格式完全一样。

（5）填写申报表的过程中可借助提示栏中提供的提示信息。

（6）单击工具栏中的“带征”按钮，可查看该表的带征信息，如图 5-69 所示。

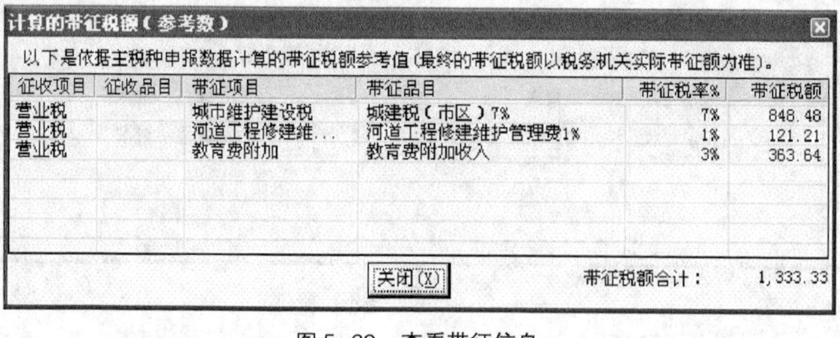

图 5-69　查看带征信息

3．增值税纳税申报表及其附列资料

新的增值税纳税申报信息更加详细，销项和进项都有单独的附表进行申报。

增值税纳税申报表及附表包括 3 张报表，如图 5-70 所示。

（1）主表（增值税纳税申报表）。主表分为 3 个部分，即销售额、税款计算和税款缴纳。

主表中的“税款计算”又分为 3 个部分，即销项税额、进项及抵扣税额、应纳税额，应纳税额=销项税额-抵扣税额。

主表的“销售额”部分和“销项税额”数据来自附表一（本期销售情况明细）。

主表的“进项及抵扣税额”部分数据来自表二（本期进项税额明细）。

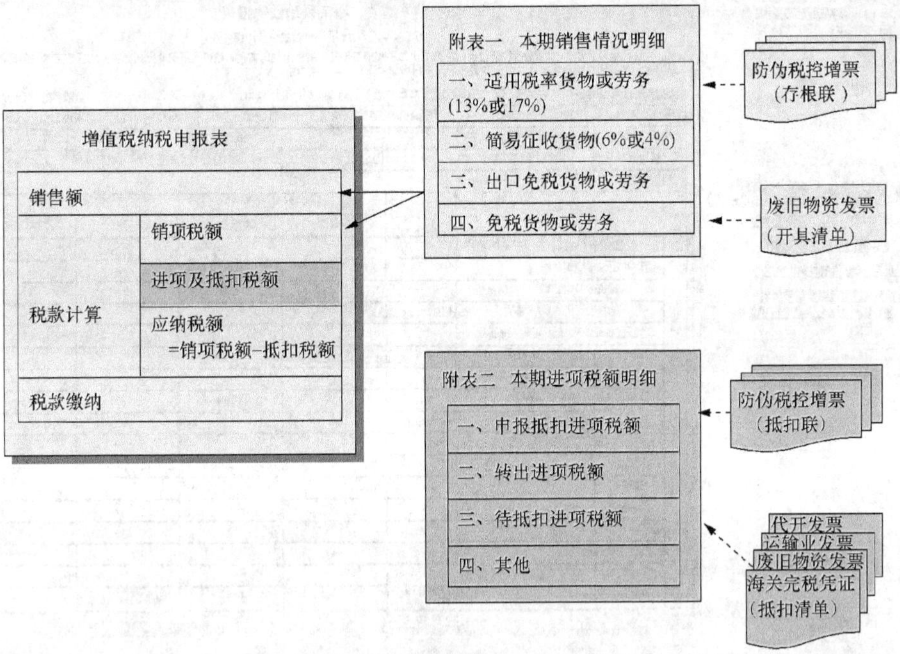

图 5-70 增值税纳税申报表及附表的结构

（2）附表一（本期销售情况明细）。

附表一分为 4 部分：适用税率货物或劳务（13%、17%）、简易征收货物（6%、4%）、出口免征货物或劳务、免征货物或劳务。

附表一数据需依据增值税防伪税控专用发票存根联和废旧物资发票等来填写。

（3）附表二（本期进项税额明细）。

附表二分为 4 个部分，即申报抵扣进项税额、转出进项税额、待抵扣进项税额 、其他。

附表二数据需依据增值税防伪税控专用发票抵扣联、运输业发票、废旧物资发票及海关完税凭证等来填写。

4．填写操作方法

增值税纳税申报表及附表的填写窗口如图 5-71 所示。左下角为填表向导；左侧为申报表目录，添加了附件后，则有附件的目录。工具栏如图 5-72 所示。

填写步骤如下。

（1）填写本期销售情况明细。

（2）填写本期进项税额明细。

（3）填写增值税纳税申报表。主表中有很多数据直接由附表自动计算得到，不需要填写。

（4）如有“通用税务数据采集软件”输入的发票清单，单击“附件”按钮添加。

（5）单击“审核”按钮审核。

（6）保存申报表，关闭退出。

图 5-71　增值税纳税申报表及附表的填写窗口

图 5-72　工具栏

四、网络税款缴纳

1. 现行申报缴纳税款的几种主要方式

第 1 种，在法定的纳税申报期内，由纳税人自行计算、自行填开缴款书并向银行（国库经收处）缴纳税款，然后持纳税申报表和有关资料，并附盖有经收银行收讫税款印戳的缴款书报查联，向主管税务机关办理申报。这种方式简称“自核自缴”。采用这种方式既方便了纳税人，又减轻了税务机关填开税票的工作量，但必须在保证纳税人能正确计算税款并使用预算科目和预算级次的前提下使用。

第 2 种，纳税人在主管税务机关指定的银行开设“税款预储账户”，按期提前储入当期应纳税款，并在法定的申报纳税期内向主管税务机关报送纳税申报表和有关资料，由主管税务机关通知指定银行划款入库。

第 3 种，在法定的纳税申报期间，纳税人自行填写纳税申报表，并携带其他有关纳税资料，向主管税务机关办理申报纳税，由主管税务机关开具完税凭证，交由纳税人向银行缴纳税款。

第 4 种，在法定的申报纳税期内，纳税人持纳税申报表和有关资料以及应付税款等，报送主管税务机关；主管税务机关归集报缴数字清单、支票，统一交由作为同城票据交换参与单位的国库办理清算。

对于未在银行开立账户的纳税人，可按现行办法在办理申报纳税时以现金结算税款，提倡并逐步推行使用信用卡。

2．税收电子缴库概述

税收电子缴库是基于税、库、行已实现联网的条件下，对税款征收业务的处理直接依据电子信息完成税款收缴、上解、入库的过程。税务、国库和银行对税款征收业务的处理直接依据经发送方审核确认后的税款电子信息，不再使用原开具的纸质完税凭证，税务、国库经收处和国库依据税款电子信息记账核算。其主要内涵是税、库、行信息一体化和征税无纸化。

实行税收电子缴库，符合国家“金税工程”三期的总体思路，进一步方便了纳税人，避免了纳税人为缴纳税款奔波于国税局与银行之间；同时也减少了税、库、行 3 个部门的手工操作，节约了经济成本和人力成本，提高了各部门的经济和社会效益，实现了税款的及时入库。

税收电子缴库的总体设计为：国税局根据申报信息等产生缴税信息，并通过税行专线传递至人民银行，联入同城电子清算网络，再由人民银行通过与各商业银行间的信息传输网络通知各商业银行进行扣款，各商业银行进行扣缴税款的回单打印交付给纳税人，并将扣款信息反馈给人民银行，由人民银行与国税局进行对账，实现以人民银行为中心的税、库、行三方网络一体化。

3．税收电子缴库的适用范围

税收电子缴库目前暂适用于市区范围内非个体纳税人正常申报税款、清缴欠税、查补税款、加收滞纳金、预缴税款、预提所得税、缓缴税款等。这里所称的税收电子缴库不适用于采取网上银行的方式缴纳税款的纳税人。

4．税收电子缴库纳税人操作步骤

现以上海市推行的网上申报系统为例，介绍税收电子缴库纳税人的操作步骤。

（1）网上申报。

① 登录“网上申报系统”。纳税人运行“网上申报系统”后，输入税号和密码，单击“登录”按钮。

② 网上申报。纳税人在“网上申报系统”中在线填写纳税申报表及附表，并进行纳税申报。

③ 电子缴库。在选择税种后单击“申报”按钮后，纳税人可选择何时缴纳税款。如果选择在申报后立即缴纳税款，则单击“确定”按钮；如果纳税人不选择申报后立即缴纳税款，则应单击“取消”按钮，再退出“网上申报系统”。当纳税人不选择在申报后立即缴纳税款，应在申报期满前一日再次登录进入“网上申报系统”，单击左边菜单中的“电子缴库”按钮，在系统出现下一个页面后选择税种，单击“缴款”按钮。

注意

Ⅰ. 纳税人在进入“电子缴库”模块单击“缴款”按钮的当日必须保证自己的缴税账户余额不少于当期申报应纳税款。

Ⅱ. 如果纳税人在申报期最后一日进行网上申报，则不能选择，必须在申报后立即进入“电子缴库”模块进行缴款确认。

Ⅲ. 如果纳税人已单击“缴款”按钮，则当期申报税款已进入电子缴库的扣划过程，此时，纳税申报不可撤销。因此，应在确认纳税申报无误后再单击“缴款”按钮。

④ 退出。单击“缴款”按钮后，系统出现新的页面，再单击“确定”按钮，出现另一页面，在选择税种后提示“已提出缴税申请”，此时，纳税人退出“网上申报系统”即可。

⑤ 电子缴库查询。纳税人在“网上申报系统”确认缴纳税款后，可在2日后进入“网上申报系统”单击左边菜单中的“电子缴库查询”按钮查询缴纳情况。

（2）清理欠税。纳税人持税源管理中心、稽查局开具的清理欠税通知书到办税服务中心要求缴纳欠税，由办税服务中心进行受理和录入，无需取得税收通用缴款书（税票）。纳税人在到办税服务中心办理的当日必须保证自己的缴税账户余额不少于应清理的欠税金额和应加收的滞纳金之和。

（3）查补税款。纳税人收到稽查局、税源管理中心的“税务处理决定书”并填写送达回证即可。纳税人在送达回证的当日必须保证自己的缴税账户余额不少于应补税款和应加收的滞纳金之和。

（4）滞纳金。纳税人有未按规定期限缴纳税款情形的，依法需缴纳滞纳金，无需到国税局办理任何手续。纳税人在实际缴纳滞纳税款的当日必须保证自己的缴税账户余额不少于应纳滞纳金（应纳滞纳金=滞纳税款×滞纳天数×万分之五，其中，滞纳天数自滞纳税款之日起至实际缴纳税款之日止）。

（5）大户预缴税款、延期申报预缴税款。纳税人只需持“预缴税款通知书”或“延期申报申请审批表”到办税服务中心，由办税服务中心受理和录入。纳税人在到办税服务中心办理的当日必须保证自己的缴税账户余额不少于应预缴的税款。

（6）稽查补税预缴税款。纳税人只需持“稽查补税开票通知书”到办税服务中心，由办税服务中心受理和录入。纳税人在到办税服务中心办理的当日必须保证自己的缴税账户余额不少于应预缴的税款。

（7）预提所得税。纳税人只需持“扣缴外国企业所得税申报表”到办税服务中心，由办税服务中心受理和录入。纳税人在到办税服务中心办理的当日必须保证自己的缴税账户余额不少于应纳税款。

（8）缓缴税款。为保证税款的及时、准确入库，纳税人应在批准的缓缴期限到期前1日持“延期缴纳税款申请审批表”到办税服务中心办理有关手续。纳税人在批准缓缴期限届满之日必须保证自己的缴税账户余额不少于应纳税款。

五、打印缴税凭证

根据上海市启用“电子缴款凭证”的公告，自2012年9月1日起，上海市启用“电子缴款凭证”，以取代“电子报税付款通知”作为记账核算凭证。相关宣传资料可进入如下网址查询。http://www.tax.sh.gov.cn/pub/SY/zcjd/jdxq/201209/t20120904_400087.html。

如需获取2012年9月1日之前的凭证，可使用原方法下载“电子报税付款通知”。下载地址是 http://www.tax.sh.gov.cn/shuiy/index.jsp。

使用“电子缴款凭证”的基本操作如下。

（1）单击“下载凭证”按钮，弹出如图5-73所示的提示框。

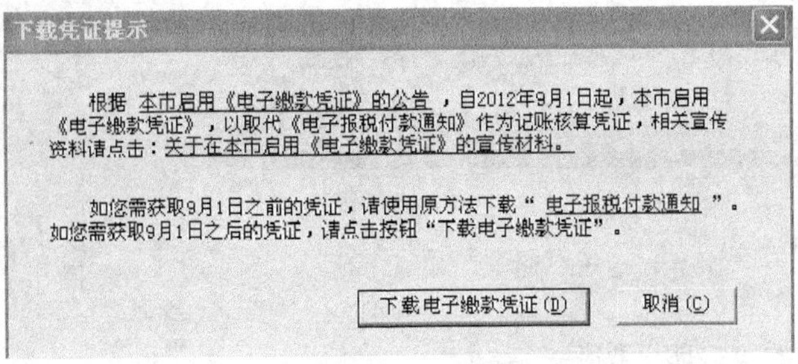

图 5-73　下载凭证

（2）单击“下载电子缴款凭证”按钮，弹出“输入密码”对话框。

（3）按照提示，输入密码，单击“确定”按钮，进行纳税人识别，如图 5-74 所示。

（4）下载完毕后，单击左边的“电子缴款凭证”按钮，如图 5-75 所示。

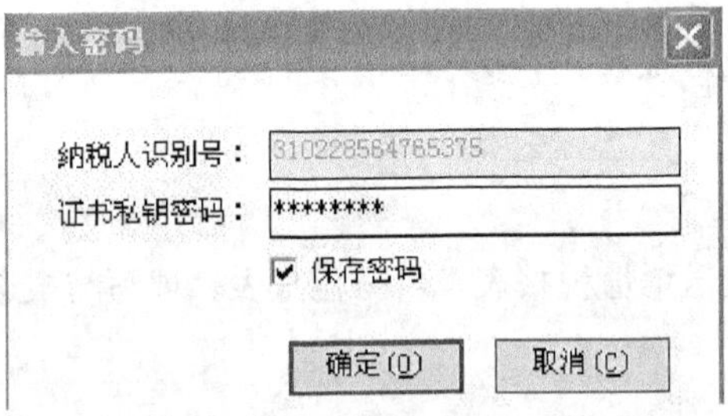

图 5-74　纳税人识别

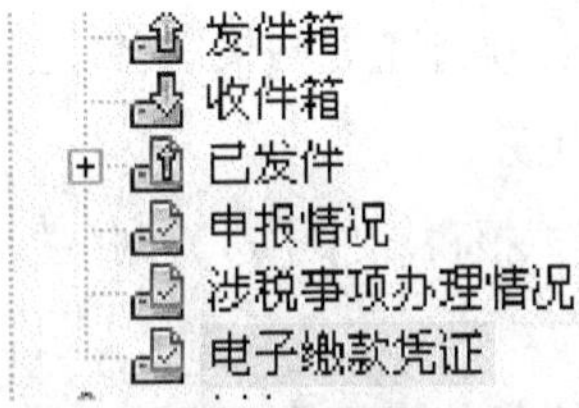

图 5-75　“电子缴款凭证”菜单

（5）在正常情况下，会显示可以打印的记录，如图 5-76 所示。

金额合计	开户银行	银行账号	生成时间	打印时间	打印次数
899.28	上海银行金山支行	3001445781	2015-10-02		0
0			2015-10-02		0

图 5-76　打印记录

（6）双击有金额且需打印的记录，弹出如图 5-77 所示的界面。

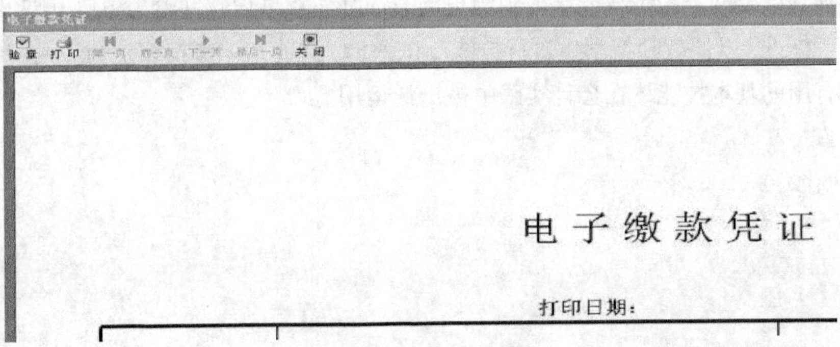

图 5-77　电子缴款凭证

（7）单击左上角的“验章”按钮，如图 5-78 所示。

（8）提示验章通过，单击“确定”按钮，如图 5-79 所示。

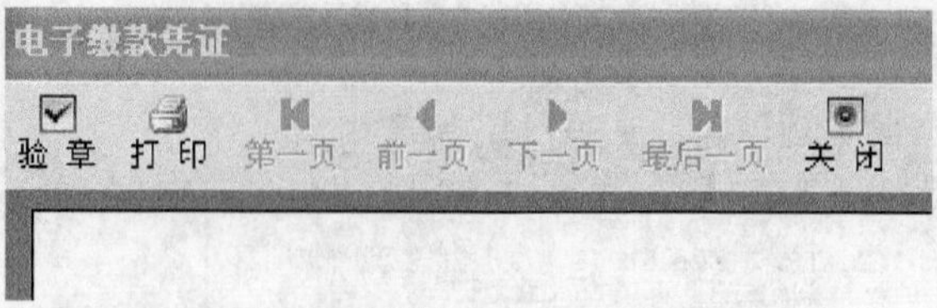

图 5-78　验章

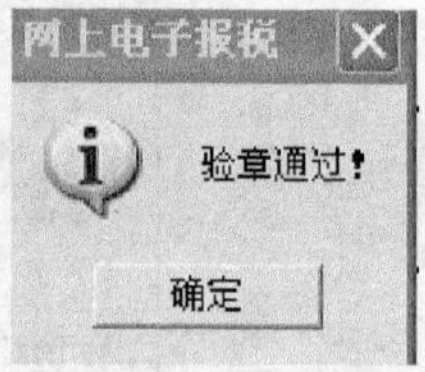

图 5-79　验章通过

（9）单击左上角的“打印”按钮。

任务训练

1．任务要求

（1）正确地操作网络抄税。

（2）正确地填写与报送增值税报表及所得税等报表。

（3）正确地填写与报送会计报表。

2．任务

在模拟报税软件中进行网络抄税、填写与报送增值税报表及所得税报表、填写与报送月度报表等操作。

3．技能考核参考标准

1 个小时内完成模拟企业的抄税、填写与报送增值税报表、填写与报送会计月度报表等操作，每填错 1 项扣 5 分，满分 100 分，扣完为止。

项目小结

本项目讲解了发票购买、发票入库、发票退回、发票填开、发票查询、发票认证等，并在此基础上，学习了报税系统的安装、初次使用的设置、网上抄税、网上报税。在任务训练中，我们总结出了电脑开票及网上报税技能练习中的技巧与训练注意事项，并给出电脑开票及网上报税技能的考核参考标准，以便教师与学生进行技能测试评价。这些知识和技能是会计入门的基本要素，它们是十分有用的基本技能，在会计实践中被广泛运用。

项目六 会计凭证的整理与装订技能

学习目标

（1）熟练掌握对各种原始凭证的分类整理和粘贴方法与技巧。

（2）熟练掌握包角法和包边法的装订流程与方法。

项目描述

（1）工作对象：原始凭证、记账凭证。

（2）技能训练用品：锥子、专门用于装订凭证的针（回形针、大头针）、线、胶水、对角纸（会计装订专用的）、剪刀、凭证装订机。

（3）工作场所：从事会计、审计、统计、金融、税务、营销等各种经济管理工作的场所。

（4）资格和能力：从事会计工作的人员需具备必要的专业知识，且必须取得会计从业资格证书。

能力训练

能力训练项目、目标、相关知识及训练步骤，如表 6-1 所示。

表 6–1　能力训练项目、目标、相关知识及训练步骤

项目	拟实现的能力目标	相关支撑知识	训练方式及步骤
凭证整理	① 能熟练地对各种原始凭证进行分类整理； ② 能熟练地对各种原始凭证进行粘贴	① 原始凭证分类整理的基本规范； ② 原始凭证的粘贴技巧	进行原始凭证分类整理及粘贴训练
凭证装订	① 能熟练地运用包角法进行凭证的装订； ② 基本能用包边法进行凭证的装订	① 运用包角法进行凭证装订的流程与方法； ② 运用包边法进行凭证装订的流程与方法	运用用包角法和包边法进行会计凭证的装订训练

项目导入

天达商贸的业务员王刚来财务处报销，他觉得出差时的高铁车票、出租车票等需散发票易丢失，便用订书机把它们钉在了一起，将住宿费发票用大头针穿在一起，然后一起粘在一张报销单的后面，请指出王刚对于原始凭证整理存在哪些问题？

任务一　会计凭证的整理技能

会计凭证是记录经济业务发生和完成情况的书面证明，是记账的重要依据，是会计资料的重要组成部分，也是形成其他会计资料的重要来源。会计凭证包括记账凭证和原始凭证。

原始凭证是在经济业务事项发生时由经办人员直接取得或填制，用以表明某项经济业务事项已经发生或其完成情况，明确有关经济责任的一种原始依据，如发货票、进货单、差旅费报销单等。原始凭证一般作为记账凭证的附件附在记账凭证后面。

记账凭证是对经济业务事项按其性质加以归类、确定会计分录，并据以登记会计账簿的凭证。记账凭证是根据原始凭证编制的。

会计凭证登记完毕后，应将记账凭证连同所附的原始凭证或者原始凭证汇总表，按照编号顺序折叠整齐，准备装订。会计凭证在装订之前，必须进行适当的整理，以便于装订。会计凭证的整理主要是对记账凭证所附的原始凭证进行整理。

一、会计凭证的整理规范

1. 要素填写完整

检查会计凭证要素填写是否齐全。重点检查：从个人取得的原始凭证，必须有填制人员的签名或者盖章，同时应写明住址，必要时需注明身份证号码；自制原始凭证（如入库单、领料单等）

必须有经办单位负责人（或其指定的人员）和经办人签名或者盖章；凡需填写大写和小写金额的原始凭证，大写与小写金额必须相符；购买实物的原始凭证，必须有实物验收证明；支付款项的原始凭证，必须有收款单位和收款人的收款证明；记账凭证编号、日期、附件要填写完整。

2．凭证同类别归集

把所有应归档的会计凭证收集齐全，并根据记账凭证进行分类。专用记账凭证要按收款凭证、付款凭证、转账凭证分类整理。

原始凭证按照经济内容项目进行分类，如办公用品、电话费、差旅费、招待费等，按照类别分别整理到一起，如图 6-1 所示。

3．逐张按序整理

根据不同的种类，按顺序号或按时间将原始凭证逐张摆放好，如图 6-2 所示。检查凭证顺序号，如有颠倒要重新排列，发现缺号要查明原因。再检查附件是否有缺漏，领料单、入库单、工资单、奖金发放单是否随附齐全；原始凭证附在记账凭证后的顺序应与记账凭证所记载的内容顺序一致，不应按原始凭证的面积大小来排序。

图 6–1　分类别整理

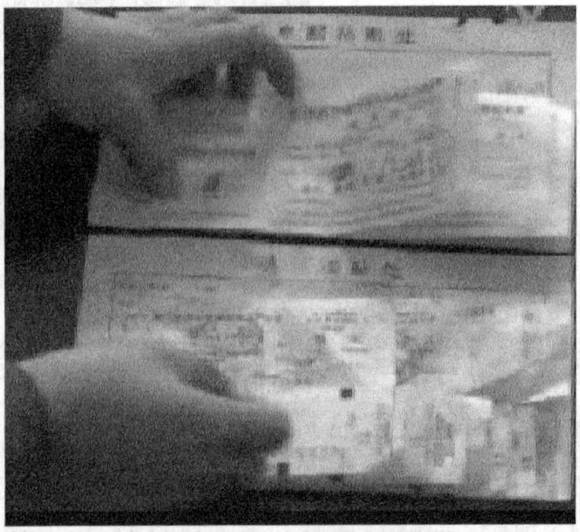

图 6–2　逐张整理

要将褶皱的原始凭证摊开、压平；若有折叠欲断的原始凭证，要在其背面用纸条贴补；折角叠张的要展开。

4．区别尺寸整理

（1）对面积大于记账凭证的原始凭证采用折叠的方法，按照记账凭证的面积尺寸，将原始凭证先自右向左，再自下向上两次折叠。折叠时应注意将凭证的左上角或左侧面空出，以便于装订后的展开查阅。

按封面大小（略小于封面）折叠（先折角、后向上折、再左折），如图 6-3 所示。

按封面大小（略小于封面）折叠（先对角或半对角折、后向上折、再向下折），如图 6-4 所示。

（2）对于纸张面积过小的原始凭证，则采用粘贴的方法，即按一定次序和类别将原始凭证粘贴在一张与记账凭证大小相同的白纸上。粘贴时要注意，应尽量将同类、同金额的单据粘在一起；如果是板状票证，可以将票面、票底轻轻撕开，厚纸板弃之不用。粘贴完成后，应在白纸一旁注明原始凭证的张数和合计金额。

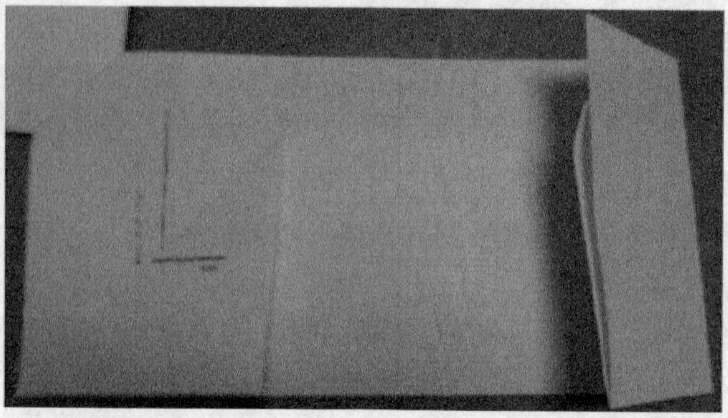

图 6-3　折叠方法一

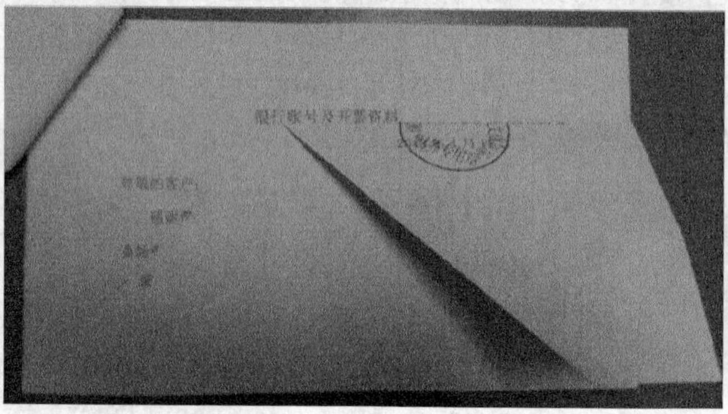

图 6-4　折叠方法二

（3）对于纸张面积略小于记账凭证的原始凭证，则可以用回形针或大头针别在记账凭证后面，待装订凭证时，抽去回形针或大头针。

5．所附凭证全面必要且突出重点

整理记账凭证的附件（原始凭证），能补充遗漏的必不可少的核算资料，剔除不属于会计档案范围和没有必要归档一些资料。

经上级有关部门批准的经济业务，应当将批准文件作为原始凭证附件。如果批准文件需要单独归档，则应当在凭证上注明批准机关名称、日期和文件字号。

各种经济合同、存出保证金收据以及文件等重要原始凭证，应当另编目录，单独登记保管，并在有关的记账凭证和原始凭证上相互注明日期和编号。

清除订书钉、曲别针、大头针等金属物，要避开装订线，以便翻阅时保持数字完整。

6．凭证数量合适

将每一类记账凭证按适当厚度分成若干本。

对于数量过多的原始凭证，如工资结算表、领料单等，可以单独装订保管，但应在封面上注明原始凭证的张数、金额，所属记账凭证的日期、编号、种类。封面应一式两份，一份作为原始凭证装订成册的封面，封面上注明“附件”字样；另一份附在记账凭证的后面，同时在记账凭证上注明“附件另订”，以备查考，如图 6-5 所示。

图 6–5　合适数量整理

二、原始凭证的粘贴技巧

所有原始凭证必须粘贴在粘贴单上。原始凭证的粘贴一般要求达到“四边齐、表面平、无凹凸、书本型”的标准，即表面平整，左边和中间无凹凸现象，上下左右各成平面；凭证内部分类清晰、位置到位、排列美观、数量易记。

原始凭证应使用优质胶水进行粘贴，以保证凭证的粘贴效果。粘贴凭证如果数量较多、厚度较大，粘贴好后应及时用重物压平，以防褶皱、膨松，确保凭证整体平整。

1．按费用项目分类粘贴

发票包括住宿费、电话费、邮费、资料复印与打印费、办公用品、医疗费、材料款、设备费等除车票外的一切票据。

发票原始凭证应按照末级会计科目（如办公费、招待费、差旅费、教学业务费、实验教学维持费等）进行分类整理，同类末级会计科目的原始凭证应粘贴在一起。同分类粘贴在一张粘贴单上，并将大票贴在下面，小票贴在上面。所有发票也都要错层粘贴，不能罗列在一起，如图 6-6 所示。

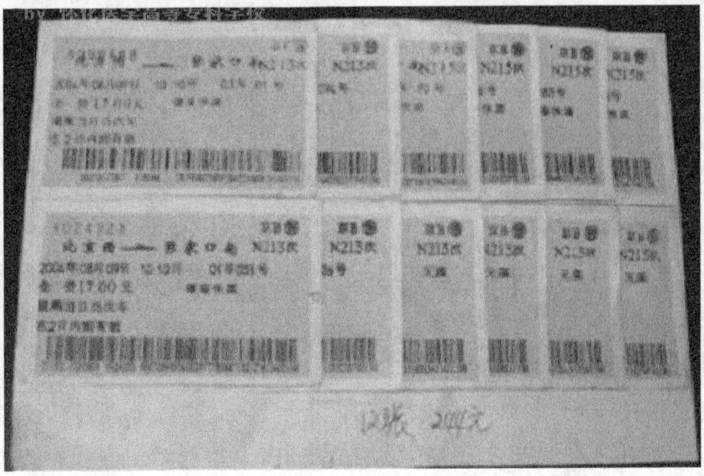

图 6–6　按项目分类粘贴

2．按序有规律地粘贴

车票报销时须按出差的时间顺序分别粘贴。

所有原始凭证必须在粘贴单上由上而下、自左至右均匀排列粘贴。将胶水涂抹在票据左侧背面，从装订线（粘贴单左侧 2 厘米位置）开始粘贴，将票据向右边均匀排开横向粘贴，注意不要将票据集中在粘贴单中间，以免造成中间厚四周薄、凭证装订起来不整齐的现象；每张发票均应直接粘贴在单据粘贴单上，而不能粘贴在另一张发票上，以免日后全部脱落丢失；原始凭证必须粘贴在粘贴单的装订线内，上方及右方不得超出粘贴线，个别规格参差不齐的凭证，可先裁边整理后再进行粘贴，但必须保证原始凭证内容的完整性。

粘贴时应横向进行，从右至左，并应粘在原始凭证的左边，逐张左移，后一张右边压住前一张的左边，每张附件只粘左边的 0.6～1 厘米长，粘牢即可。粘好以后要捏住记账凭证的左上角向下抖几下，看是否有未粘住或未粘牢的原始凭证。最后，还要在粘贴单的空白处分别写出每一类原始凭证的张数和总金额。

如果同类票据大小不一样，可以在同一张粘贴单上按照先大后小的顺序粘贴；票据比较多时可使用多张粘贴单；对于比粘贴单大的票据或其他附件，粘贴位置也应在票据左侧，沿装订线粘贴，超出部分可以按照粘贴单的大小折叠在粘贴范围之内，如图 6-7 所示。

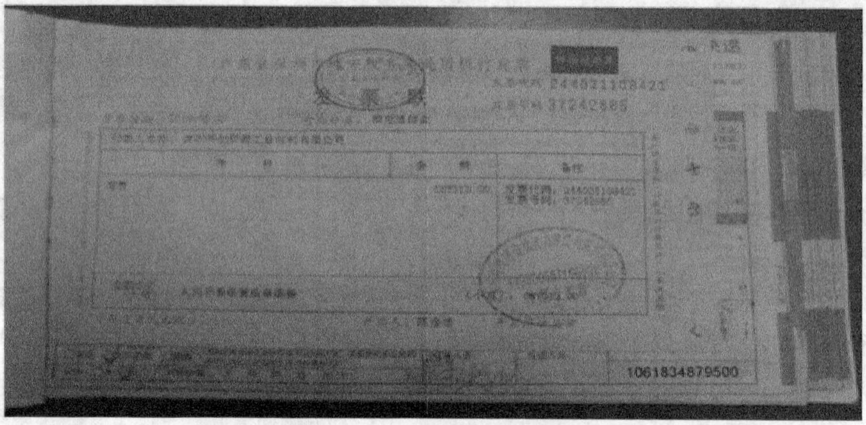

图 6–7　有规律地粘贴

3．错层粘贴

所有原始凭证必须贴在粘贴单的装订线内，装订线在粘贴单的 2 厘米处。粘贴的原始凭证必须将左边贴住，从左向右依次粘贴。

将已填写完毕的正式报销单粘贴在已贴好原始凭证的空白报销单上（将左边对齐粘贴）。在空白报销单上将原始凭证按小票在下、大票在上的要求，从右至左呈阶梯状依次粘贴。车票都须错层粘贴，不能罗列在一起，如图 6-8 所示。

4．区别尺寸粘贴

（1）一般凭证。在实际工作中，一般凭证数量最多。此类凭证经过初步整理、排列后，按照从下向上、从右向左的方式粘贴。首先从粘贴单的右下角开始，齐线、齐边地下贴一张、上贴一张，适度左移后再下贴一张、上贴一张，粘贴的距离根据凭证数量的多少来确定，但必须在粘贴单左侧留出装订的位置。尺寸太小的凭证如汽车票，可按下、中、上或右、中、左的方式进行复式粘贴，但不得累压粘贴。如果凭证数量少，可下贴一张、上贴一张或右贴一张、左贴一张；但凭证数量多时，就要均匀排列，不能贴成“大肚子”。必要的时候，可多次重复使用粘贴单。

图 6–8　错层粘贴

一般情况下，与粘贴单大小完全相同的原始凭证较少，要么长度相同、要么宽度相同。长度相同，考虑粘贴的宽度；宽度相同，则考虑粘贴的长度。剩下的步骤，可以参照一般规格凭证的粘贴方法。

（2）超大凭证。在工作中，还会遇到规格比粘贴单大很多的原始凭证或附件。将胶水涂抹在票据左侧背面，从装订线（粘贴单左侧 2 厘米位置）开始粘贴，以装订后不影响内容的完整性为原则。在具体粘贴时先要进行分类：不影响主要内容的，可将多余部分修剪后再粘贴；不可修剪的，只能通过折叠的办法处理，除特殊情况外，一般方法为齐左折右或齐上折下，并要在装订位置适度粘贴，右折和下折位置要留有余地，以免日后凭证磨损。如果同类票据大小不一样，可以在同一张粘贴单上按照先大后小的顺序粘贴；票据比较多时可使用多张粘贴单；对于比粘贴单大的票据或其他附件，粘贴位置也应在票据左侧，沿装订线粘贴，超出部分可以按照粘贴单大小折叠在粘贴范围之内。一张粘贴单粘贴数量最多不可超过 30 张。

（3）过宽、过长的凭证。凭证过宽、过长时，应进行纵向或横向的折叠。折叠后的附件外形尺寸，不应长于或宽于记账凭证，同时还要便于翻阅；附件本身不必保留的部分可以裁掉，但不得影响原始凭证内容的完整性。

（4）过窄、过短的凭证。过窄、过短的凭证不能直接装订时，应进行必要的加工后再粘贴于特制的原始凭证粘贴单上，然后再装订粘贴单。原始凭证粘贴单的外形尺寸应与记账凭证相同，纸上可先印一个合适的方框，各种不能直接装订的原始凭证，如汽车票、地铁车票、市内公共汽车票、火车票、出租车票等，都应按类别整齐地粘贴于粘贴单的方框之内，不得超出方框。

（5）尺寸太小的凭证如汽车票，可按上、中、下（二行或三行）或右、中、左（二列或三列）的方式进行复式粘贴，但不得累压粘贴。必要的时候，可多次重复使用单据粘贴单。

5．加封面粘贴

原始凭证进行粘贴时，必须使用统一印制的费用报销单、差旅费报销单、汇款申请单、单据粘贴单等相关单据，不得使用自行印制或购买的单据粘贴单和差旅费报销单等，如图 6-9 和图 6-10 所示。

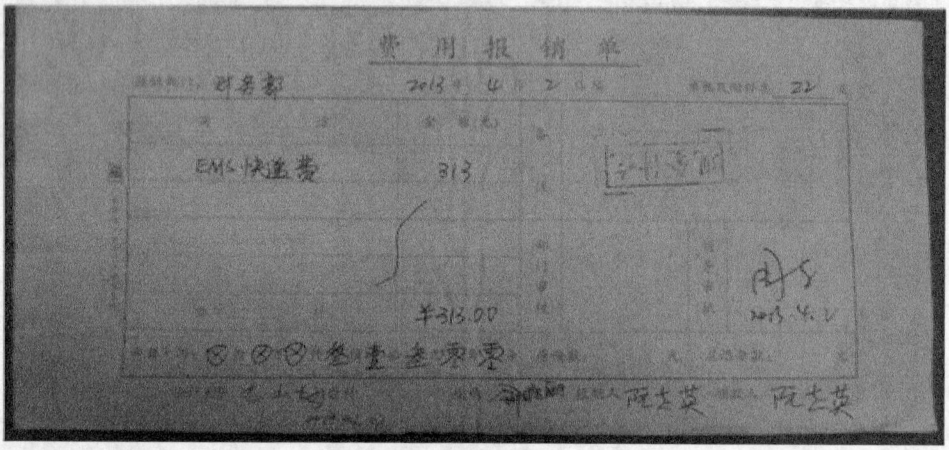

图 6–9 粘贴封面（1）

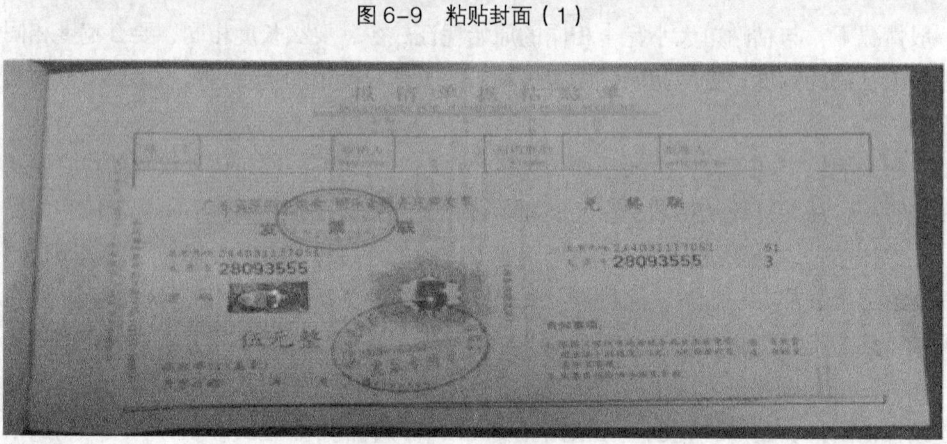

图 6–10 粘贴封面（2）

出差报销凭证（如住宿费、过桥过路费、车船票等），均应使用差旅费报销单做封面。粘贴时，应先将原始凭证粘贴在单据粘贴单上，然后加贴差旅费报销单，不得直接在差旅费报销单的背面粘贴报销凭证。出差期间因工作需要支出的招待费凭证需单独粘贴，不得混同于差旅费报销。交通费原始凭证要按时间顺序粘贴，并且在报销单上注明车号。

6．考虑数量粘贴

同类原始凭证如果数量较多，大小不一，应按凭证规格的大小进行分类，同一张单据粘贴单上所粘贴的凭证应尽量保持大小一致。每张单据粘贴单所粘贴的凭证不得过多，规格较大的凭证（如购物发票等）可粘贴 2～6 张；规格较小的凭证（如停车费、过路过桥费、定额餐饮发票等）

可粘贴 8～10 张。

在单据粘贴单上粘贴凭证时，应自左至右、呈鱼鳞状均匀排列粘贴，一般粘贴 2 行，每行 4～5 张，在粘贴线内均匀粘贴，上、下及右方不得超出粘贴线，两列之间不得重叠、留空或大量累压粘贴。原始凭证应保持原样粘贴，有奖发票应去掉对奖联。个别规格参差不齐的凭证，可先裁边整理后再进行粘贴，但必须保证原始凭证内容的完整性，如图 6-11 所示。

图 6-11　合适数量粘贴

记账凭证的粘贴工作，并不是一项复杂的“工序”，只要认真、细致就可以装订得舒展、整洁了。如粗心大意，就会导致查阅不便，甚至丢失原始凭证，给工作带来一定的困难。

任务训练

1．训练要求

（1）搜集较多种类的原始凭证，让学生练习分类整理。

（2）搜集较大尺寸的原始凭证，让学生练习折叠。

（3）重点练习错层粘贴。

2．任务

（1）原始凭证分类整理训练。

（2）原始凭证粘贴训练。

3．任务考核参考标准

任务考核参考标准如表 6-2 所示。

表 6-2　考核参考标准

考核内容	分类整理、粘贴完全规范	分类整理、粘贴有个别错误	分类整理、粘贴有几个错误	分类整理、粘贴有很多错误	分类整理、粘贴完全不正确
评价等级	优秀	良好	中等	及格	不及格

任务二　会计凭证的装订技能

会计凭证的装订是指把定期整理完毕的会计凭证按照编号顺序，外加封面、封底，装订成册，并在装订线上加贴封签的一系列工作。

会计凭证的装订是件简单却繁琐的手工活，很多人都会，但是在信息化日益完善的今天，多数人对此不屑一顾。会计凭证至少要保存 15 年，这期间会被多次翻看，因此其装订绝不能被忽视。

一、会计凭证的装订规范

（1）摘除凭证内的金属物（如订书钉、大头针、回形针），对大的附件要折叠成记账凭证的大小，且要避开装订线，以便翻阅时保持数字完整。

（2）整理、检查凭证的顺序号，序号每月一编，如有颠倒要重新排列，发现缺号要查明原因。再检查附件，确保其无缺漏，领料单、入库单、工资单、奖金发放单应随附齐全。

（3）按凭证汇总日期归集（如按上、中、下旬汇总归集），确定装订成册的本数。

（4）记账凭证上有关人员（如财务主管、复核、记账、制单等）的印章应齐全。

（5）装订凭证厚度一般约为 1.5 厘米，才能保证装订牢固，且美观大方。

（6）会计凭证不得跨月装订。记账凭证少的，可以一个月装订一本；一个月内凭证数量较多的，可装订成若干册。

（7）装订成册的会计凭证必须加盖封面，封面纸用上好的牛皮纸印制，封面规格略大于所附记账凭证；封面上应注明单位名称、年度、月份和起讫日期、凭证种类、起讫号码，由装订人在装订线封签外签名或者盖章。

（8）封面后是记账凭证汇总表、银行存款余额调节表，本月最后一本凭证的所有记账凭证之后是纳税申报表、资产负债表、利润表，最后是封底。

（9）对各种重要的原始单据，以及各种需要随时查阅和退回的单据，应另编目录，单独登记保管，并在有关的记账凭证和原始凭证上相互注明日期和编号。

会计凭证的装订要求既美观大方又便于翻阅。为了使装订成册的会计凭证外形美观，在装订时要考虑到凭证的整齐均匀，特别是装订线的位置，如果太薄可用纸折一些三角形纸条，均匀地垫在此处，以保证它的厚度与凭证中间的厚度一致。

二、会计凭证的装订方法与流程

会计凭证的装订方法有包边法（侧订法）和包角法（角订法）两大类。在小幅面单据的环境下，日常使用的大多是包角两孔引线法、三孔引线法和包边三孔引线法等。

1．凭证装订的通用规则

（1）首先将凭证以左边、上边为准对齐，然后加封面纸、封底纸，如图 6-12 所示。

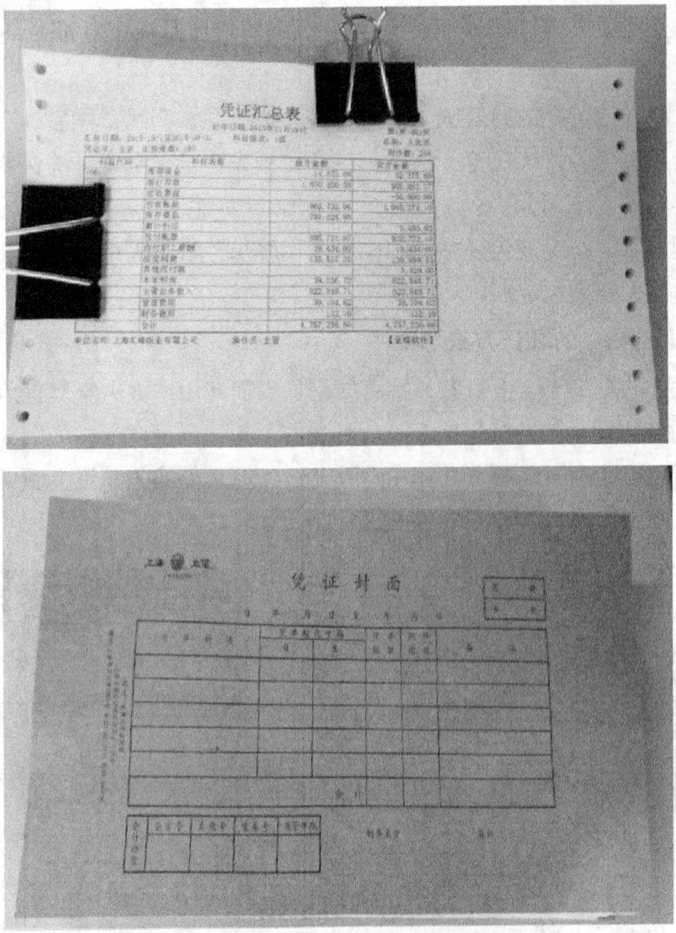

图 6-12　整理齐整加封面

（2）封面纸应该用较好的牛皮纸印制或打印，A4 幅面。凭证封面必须具有公司名称、凭证所属月份、凭证起止号码、凭证张数、装订人签章、会计主管人员签章等内容。

（3）封底纸是空白的牛皮纸。可以是 A4 幅面，但是最好稍长一些，满足包边占用的长度。若装订后太长，可以减去封底多余的长度。

（4）凭证整理妥当后，先将封面纸敷上，然后将封底纸反面附在封面纸上。若发现上边右侧厚度不足的，应加入硬纸板适当填平。完成后，用大铁夹固定，保证不发生位置移动，然后将其放到装订机上固定打孔。

（5）打孔要从正面打向背面，尽量避免正面出现破损；要先打靠近上边两角的孔，然后以等距方式在直线位置打中间三个孔。打孔处距离上边位置要适当，一般为 1 厘米，太宽、装订位置太深，都可能影响凭证的打开和查看；太窄、装订位置过浅，都可能影响凭证的牢固度。

（6）装订线用棉线。要先穿左角第一个孔，脊背、左部都要绕一圈；然后引线到第二个孔，线要在脊背处绕一圈；完成后依同样方式再到第三个孔、第四个孔、第五个孔（右角第一个孔）。第五个孔要绕线到右边。第五个孔穿线、绕脊背后，依次穿线回到第一个孔。每次穿线后，要尽量拉紧，固定线后再进行下一步穿线，保证穿线的紧密度是保证凭证最终装订结实度的关键要点。

（7）订线后，将先前折叠的封底纸向上沿着装订线折回，刮线；然后确定第一个脊背线位置后，刮线；再确定第二个脊背线位置，刮线。注意，预先定位、刮线是确保装订后的会计凭证脊背棱角分明的关键。

（8）定位、刮线后，在应该包裹粘贴的位置抹上胶水，将封面纸向后折叠包裹，用手指压紧必要的位置，然后用大铁夹固定。

2．包角法（角订法）的装订方法与流程

（1）将记账凭证的左、上、下对齐，接着便是加封面并用铁夹夹牢。包角纸的大小一般为边长 13 厘米的正方形剪去 1/3，先将包角纸的角对准左上角，反面向上，如图 6-13 所示。

（2）在包角纸上沿距左边 5 厘米处和左沿距上边 4 厘米处的包角纸上画一条直线，并用两点将此直线等分，以确定装订孔，如图 6-14 所示。

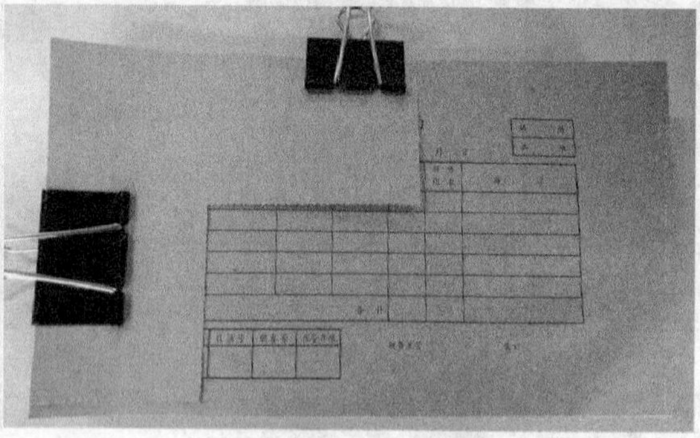

图 6–13　固定包角

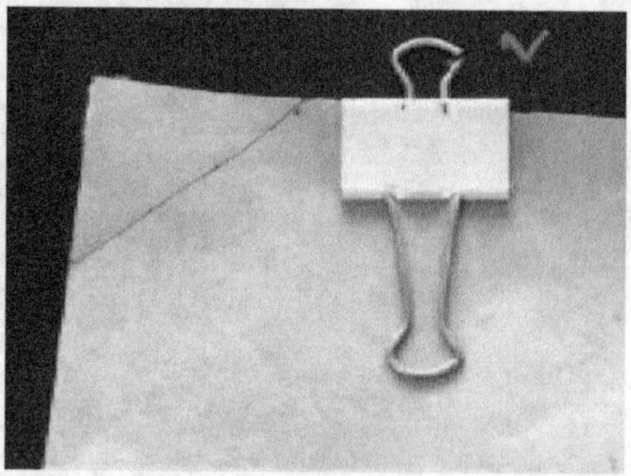

图 6–14　划线、确定装订孔

（3）用夹子夹住凭证，分别在等分直线的两点处在包角纸和记账凭证打上两个装订孔，如图 6-15 所示。

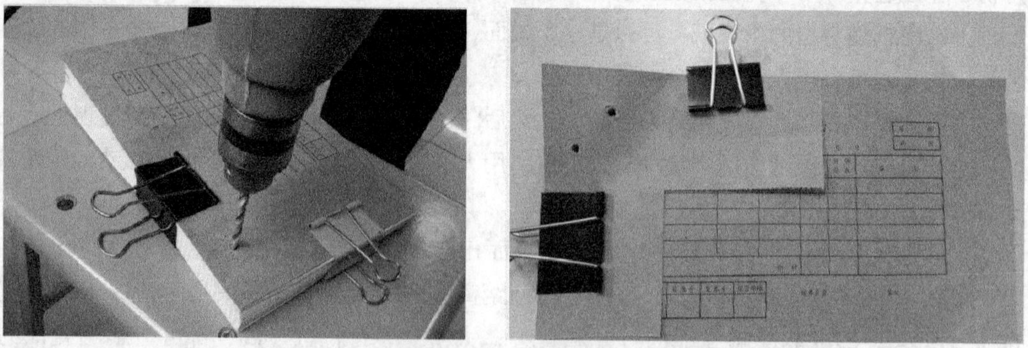

图 6–15　包角法打孔

（4）从正面折叠包角纸，并将画斜线的部分剪掉。包角的要求是按虚线折叠后，剪去左上角。

（5）用大针引线绳穿过两个眼儿。如果没有针，可以将回形别针顺直，然后将两端折向同一个方向，将线绳从中间穿过并夹紧，即可把线引过来，如图 6-16 所示。

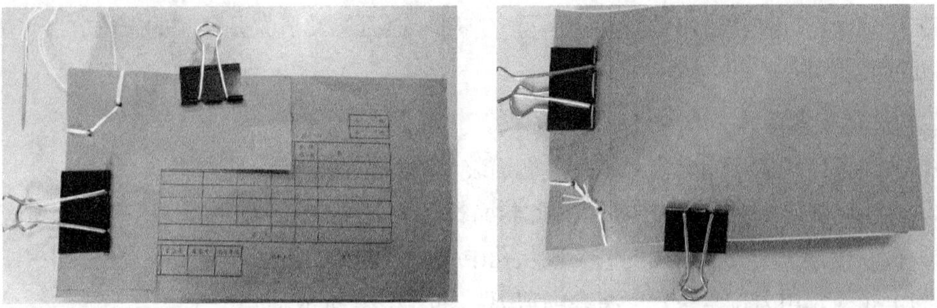

图 6-16　包角法穿线

（6）将护角向左上侧折，并将一侧剪开至凭证的左上角，然后抹上胶水，如图 6-17～图 6-19 所示。

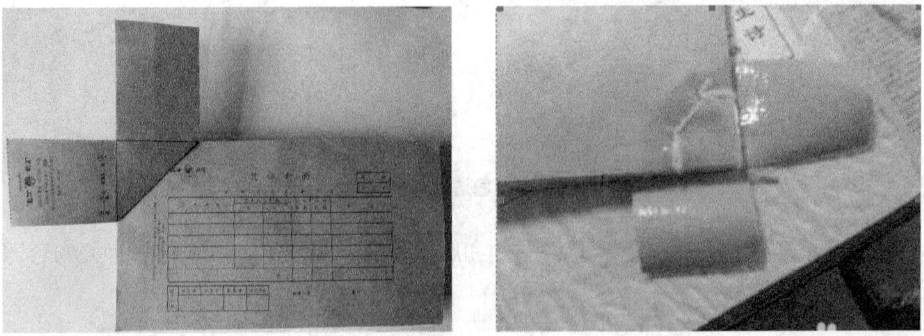

图 6-17　包角法包角粘贴（1）

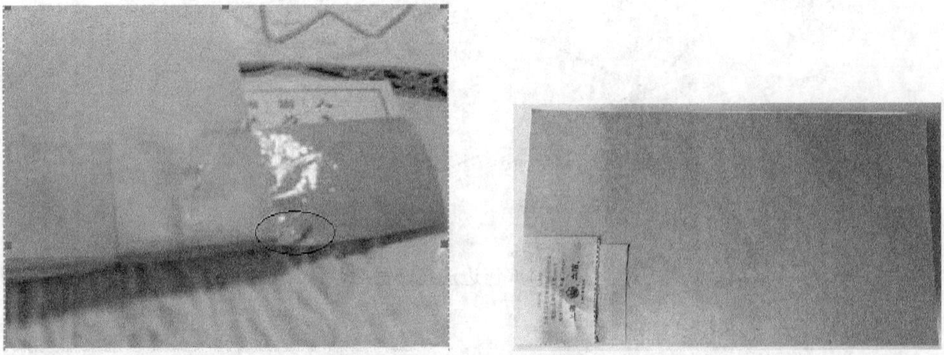

图 6-18　包角法包角粘贴（2）

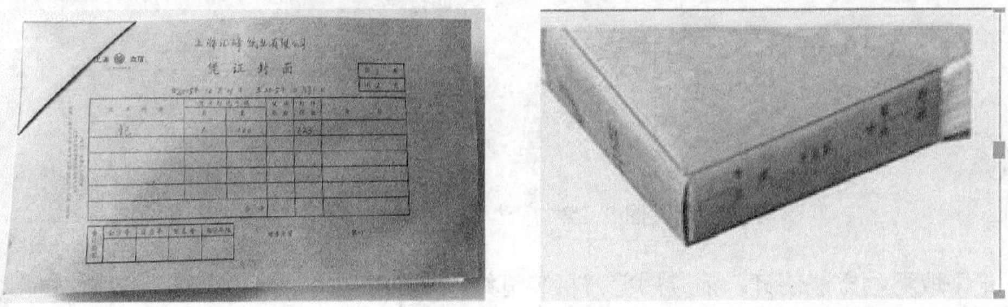

图 6-19　包角法包角粘贴（3）

（7）待晾干后，在凭证本的脊背上面写上“某年某月第几册共几册”的字样，装订人在装订线封签处签名或盖章。

3．包边法（侧订法）的装订方法与流程

侧订法与角订法的不同之处是采用左侧面装订。

（1）装订时在封面之上再加一张纸（此封面长，反面朝上），以底边和左侧为准，墩齐、夹紧。

（2）在左侧打3个孔，把线绳的中段从孔中引出，留扣，再将线绳从两端的孔中引出，并套入中间的留扣中，用力拉紧系好，将余绳剪掉，如图6-20所示。

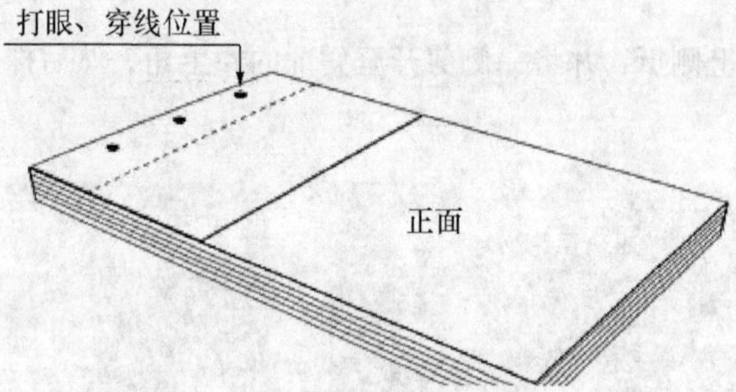

图6-20　包边法装订第1步

（3）在复底纸上涂上胶水。翻转后将左侧和底部粘牢，晾干后，写好封面有关内容即可存查，如图6-21和图6-22所示。

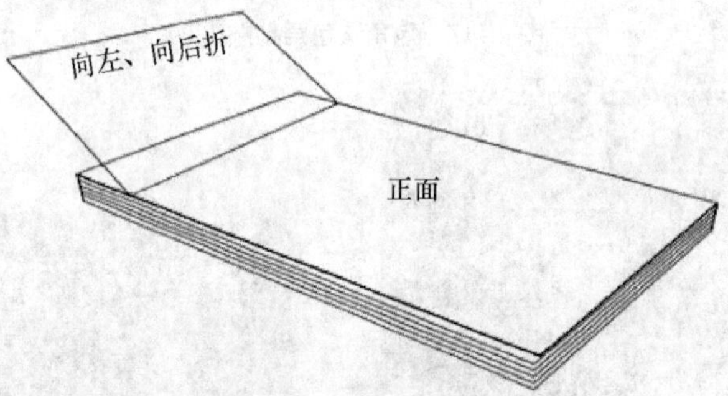

图6-21　包边法装订第2步

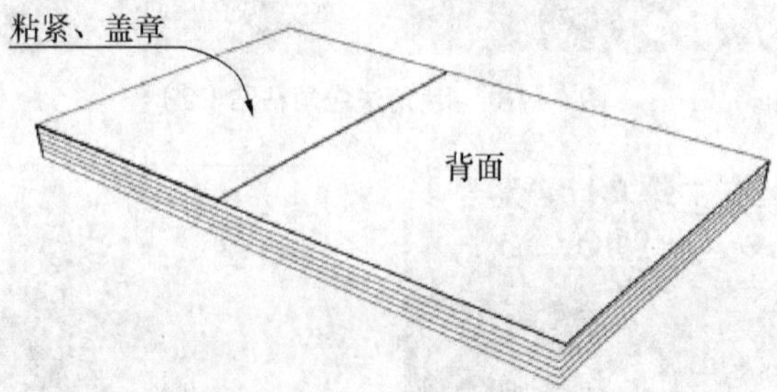

图6-22　包边法装订第3步

不论采取哪种方法装订，都应用剪刀将装订线一边的表、单的毛边剪齐，这样才能避免订后脱页、丢失。装订好的会计凭证要四边成线，有角有棱，坚固、规整。

三、装订后的注意事项

（1）装订后，要将会计凭证压上重物并平放，晾干胶水，注意不要发生偏斜。装订成册的会计凭证晾干前不要随意移动，避免错位和松散。

（2）待确认装订的凭证已经晾干后，再填写凭证封面和编号。

（3）每册凭证本的脊背上面要写上“某年某月第几册共几册”的字样。

（4）装订人在装订线封签处签名或盖章，填写封面内容。

（5）每本凭证的封面上填写好凭证种类、起止号码、凭证张数、会计主管人员和装订人员的签章。

（6）在封面上编好卷号，按编号顺序入柜，并在显露处标明凭证种类编号，以便以后调阅。

任务训练

1．训练要求

（1）尽量以右、下两面为基准追求凭证四边齐。装订凭证，要追求四边都整齐，但有时却因实际情况所限而达不到，但至少要做到右、下两边齐。将一本凭证平放在桌上，四边中最先映入眼帘的是凭证的下边，所以下边齐不齐对凭证装订质量有很大的影响。右边对齐了，即使左边不太齐也好处理，可以在装订成册后用刀片将左边打磨平整。

（2）考虑用尺子打造装订线。在凭证封面涂上胶水还未干之前，可以用两把塑料尺子对装订部位进行打磨，就像用瓦刀砌墙一样，使得装订出来的凭证本有棱有角。

2．任务

（1）会计凭证包边法装订方法的训练。

（2）会计凭证包角法装订方法的训练。

3．任务考核标准

任务考核标准如图 6-3 所示。

表 6-3　　考核参考标准

考核内容	装订完全规范、边缘齐整、不散落	装订基本规范、边缘齐整、不散落	装订基本规范、边缘不齐、不散落	装订基本规范、边缘不齐、个别散落	装订不规范、边缘不齐、有散落
评价等级	优秀	良好	中等	及格	不及格

项目小结

本项目结合实务操作讲解了会计凭证的整理、原始凭证的粘贴规范与技巧，并在此基础上，讲解了会计凭证包角法与包边法的操作流程与方法。在任务训练中，我们总结出了这些基本技能练习中的技巧与训练注意事项，并给出每一项技能的参考考核标准，以便教师与学生进行技能测试评价。这些知识和技能是会计入门的基本要素，它们是十分有用的基本技能，在会计实践中被广泛运用。

参考文献

[1] 朱圻贤. 会计基本技能. 北京：经济科学出版社，2010.

[2] 姜燕，曲焕波，刘洪亮. 新编会计基本技能. 北京：电子工业出版社，2012.

[3] 离启庶，张建强. 会计基本技能. 北京：中国财政经济出版社，2013.

[4] 赵孝廉，焦丽. 会计基本技能. 北京：中国财政经济出版社，2010.

[5] 高香林. 会计基本技能. 北京：中国财政经济出版社，2008.

[6] 谢小春. 财经基本技能与出纳实务. 北京：人民邮电出版社，2015.